Max Fuchs

KULTUR und SUBJEKT

D1699640

Kulturelle Bildung vol.26

Eine Reihe der BKJ - Bundesvereinigung Kulturelle Kinder- und Jugendbildung, Remscheid (vertreten durch Hildegard Bockhorst und Wolfgang Zacharias) bei kopaed

Kulturelle Bildung setzt einen besonderen Akzent auf den aktiven Umgang mit künstlerischen und ästhetischen Ausdrucksformen und Wahrnehmungsweisen: von Anfang an und lebenslang. Sie umfasst den historischen wie aktuellen Reichtum der Künste und der Medien. Kulturelle Bildung bezieht sich zudem auf je eigene Formen der sich wandelnden Kinderkultur und der Jugendästhetik, der kindlichen Spielkulturen und der digitalen Gestaltungstechniken mit ihrer Entwicklungsdynamik.

Entsprechend der Vielfalt ihrer Lernformen, Inhaltsbezüge und Ausdrucksweisen ist Kulturelle Bildung eine Querschnittsdisziplin mit eigenen Profilen und dem gemeinsamen Ziel: Kultur leben lernen. Sie ist gleichermaßen Teil von Sozial- und Jugendpolitik, von Kunst- und Kulturpolitik wie von Schul- und Hochschulpolitik bzw. deren Orte, Institutionen, Professionen und Angebotsformen.

Die Reihe „Kulturelle Bildung" will dazu beitragen, Theorie und Praxis Kultureller Bildung zu qualifizieren und zu professionalisieren: Felder, Arbeitsformen, Inhalte, Didaktik und Methodik, Geschichte und aktuelle Entwicklungen. Die Reihe bietet dazu die Bearbeitung akzentuierter Themen der ästhetisch-kulturellen Bildung, der Kulturvermittlung, der Kinder- und Jugendkulturarbeit und der Kulturpädagogik mit der Vielfalt ihrer Teildisziplinen: Kunst- und Musikpädagogik, Theater-, Tanz-, Museums- und Spielpädagogik, Literaturvermittlung und kulturelle Medienbildung, Bewegungskünste, Architektur, Stadt- und Umweltgestaltung.

Max Fuchs

KULTUR und SUBJEKT

Bildungsprozesse zwischen Emanzipation und Anpassung

www.kopaed.de

Bibliografische Information Der Deutschen Nationalbibliothek
Die Deutsche Nationalbibliothek verzeichnet diese Publikation
in der Deutschen Nationalbibliografie; detaillierte bibliografische Daten sind im Internet über http://dnb.ddb.de abrufbar

gefördert von

 Bundesministerium
für Familie, Senioren, Frauen
und Jugend

ISBN 978-3-86736-326-6

Titelabbildung: Akademie Remscheid

Druck: Kessler Druck+Medien, Bobingen

© kopaed 2012
Pfälzer-Wald-Str. 64, 81539 München
Fon: 089. 688 900 98 Fax: 089. 689 19 12
E-Mail: info@kopaed.de Internet: www.kopaed.de

Inhalt

Vorwort

Der vorliegende Text beschreitet kein Neuland. Er befasst sich vielmehr mit einem Standardthema zumindest der Erziehungswissenschaften, der Psychologie und der Soziologie: nämlich mit dem Zusammenhang zwischen den Entwicklungsprozessen des Einzelnen und seinem gesellschaftlichen Kontext. Insbesondere interessiert die Frage, wie der Einzelne für sich das zentrale Versprechen der Moderne auf Autonomie, Freiheit und ein gutes, gelingendes und glückliches Leben realisieren kann angesichts von Umständen, die zwar dieses Ziel für jeden formulieren, aber zugleich seiner Realisierung erheblichen Widerstand entgegensetzen.

Dies ist nämlich einer der zentralen Widersprüche der Moderne: Wünsche und Visionen zu entwickeln, quasi als Versprechungen, die erheblichen Anklang bei den Menschen finden, und zugleich die Realisierung dieser Wünsche zu verhindern. Heinz-Joachim Heydorn (1970) sprach in diesem Zusammenhang von dem „Widerspruch zwischen Bildung und Herrschaft".

Etwas konkreter geht es um die speziellere Frage nach der individuellen Verarbeitung der Dynamik der Moderne, vor allem aber der Verarbeitung der zahlreichen Krisen, die sie mit sich brachte und für deren Bewältigung sich das Subjekt verantwortlich fühlen soll. Bekanntlich wurden die Gestaltungsmöglichkeiten des Subjekts spätestens seit der Jahrhundertwende 1800 immer höher eingeschätzt. Es gab mit Fichte und der Romantik geradezu einen Kult um das kreative Subjekt, dem nichts unmöglich war. Doch machte sich allmählich die Einsicht breit, dass die Gestaltungsmöglichkeiten vielleicht doch begrenzter sind als erhofft. Das Pendel schlug in die Gegenrichtung aus, sodass seit Nietzsche und verstärkt seit etwa 40 Jahren die Rede vom „Tod des Subjekts" ist. Es ist daher die Frage zu stellen, was Subjektivität heute bedeuten kann und wie sich das Verhältnis zwischen individueller Autonomie und gesellschaftlichen Rahmenbedingungen gestaltet. Dies ist ein Problem, mit dem sich mehrere Disziplinen und speziell die Sozialisationsforschung an der Nahtstelle Individuum/Gesellschaft befassen.

Ich konzentriere mich in dieser Arbeit auf die kulturelle Dimension dieses Prozesses, weil die Problematik mit der zentralen Wirkungsfrage in der kulturellen Bildungsarbeit und in der Kulturpolitik zu tun hat: Was richten die Künste im individuellen Gebrauch in Hinblick auf die Bildung und die Emanzipation des Einzelnen aus? Welche Rolle spielen die verschiedenen Erziehungs- und Sozialisationsinstanzen, welche Konzepte des Subjekts und der Subjektivität werden diskutiert? Es liegt dabei auf der Hand, dass Pädagogik und Politik zwei Seiten derselben Medaille sind. Der Philosoph Ernst Cassirer sprach einmal davon, dass es kein Staat dem Selbstlauf überlasse, wie die Subjekte beschaffen sind, die in ihm leben. Vielmehr unternimmt jeder Staat erhebliche Anstrengungen, dass solche Subjekte „produziert" werden, die ihn auch tragen können. Doch wo bleibt dann die Hoffnung auf Freiheit, auf souveräne Lebensgestaltung? Die Einflussnahmen auf die Formung der Person werden dabei immer subtiler. Schon seit vielen Jahrzehnten ist es dabei die innere Formung, ist es die Einwirkung auf die Psyche, die im Mittelpunkt des Interesses der „Formung des Subjekts" steht.

Viele Wissenschaftler sind sich einig darin, dass wir es bei der neuesten Entwicklung des Kapitalismus (man spricht von digitalem Kapitalismus oder vom aktuellen Neoliberalismus) auch mit einer neuen Stufe der Formung des Subjekts zu tun haben. Es handelt sich um eine weitere Vereinnahmung des mentalen Innenlebens, der Psyche des Menschen, eine Tendenz, die Elias (1981) für die gesamte Entwicklung in der Neuzeit beschrieben hat: Eine Binnenverlagerung von äußeren Zwängen. Nunmehr geht es um eine noch weitreichendere Formung des Subjekts, die hinter Begriffen wie „Unternehmer seiner selbst" steckt. Gleichzeitig werden neue Forschungsstrategien vermehrt angewandt, etwa die Gouvernementalitätsstudien von Foucault (2006), die genau diese Zurichtung des Subjekts, die die Entwicklung neuer Formen von Machtausübung und „Subjektivierung" zu entschlüsseln versuchen. Die Künste und die ästhetischen Praxen spielen hierbei eine doppelte Rolle: Wenn es stimmt, dass sie hervorragende Mittel des individuellen mentalen Selbstausdrucks sind, müssen sie geradezu in den Mittelpunkt des Interesses rücken. Zum anderen ist die Rede von einer „Ästhetik der Existenz", einer neu entdeckten Lebenskunst – ebenfalls in Anschluss an Foucault und Nietzsche –, mit der Formen einer Fremdregierung oder einer zu angepassten und konformistischen Selbstregierung entgegengesteuert werden soll.

Die vorliegende Arbeit versucht, dieses komplexe Geschehen ein Stück weit zu entziffern – auch als Basis für eine Politik und Pädagogik, die den Glauben an ein „Leben im aufrechten Gang" (E. Bloch) noch nicht verloren hat. Ich kann bei diesem erneuten Versuch, bei dem keine schlüssige Theorie anvisiert wird, sondern vielmehr explorativ Ideen, Ansätze und Befunde vorgestellt und ausgelotet werden, auf einige eigene Arbeiten zurückgreifen, in denen ich etwa die historische Genese des modernen Kunstbegriffs, des aktuellen Verständnisses von Bildung und Kultur oder die politische Rolle der Sprache bei der Beeinflussung gesellschaftlicher Mentalitäten untersucht habe. So gesehen handelt es sich um einen Zwischenbericht in einem „work in progress". Eine Zusammenfassung der ersten drei Teile, die vielleicht die Orientierung erleichtert, findet sich am Ende von Teil 3.

1. Einleitung:
Zum Zusammenhang von Subjektgenese und Gesellschaft – ein Problemaufriss

Es hat sich in den letzten Jahren eingebürgert, anstelle des abstrakten, in jedem Fall aber ideologisch hochgradig belasteten Bildungsbegriffs mit den Begriffen „Lebenskompetenz" (Münchmeier 2002) oder „Lebenskunst" (BKJ 1999, 2000, 2001) zu arbeiten. Obwohl auch der Begriff des Lebens – ebenso wie alle anderen Begriffe, die in Frage kämen – vorbelastet ist (etwa durch das heterogene Feld der sich gegen Ende des 19. Jahrhunderts entwickelnden Lebensphilosophie; zur Kritik vgl. Lukacs 1983/84), eröffnet er einige Chancen für ein genaueres Verständnis dessen, was mit Bildung erfasst werden soll: Es geht darum, je individuell diejenige Handlungskompetenz zu entwickeln, die ein gelingendes Leben in der jeweiligen konkreten Gesellschaft ermöglicht. Dieser Ansatz lässt sich anthropologisch gut stützen, etwa unter Bezug auf Helmut Plessner (Fuchs 2008a). „Bildung" bedeutet also zunächst Überlebenskompetenz. Bei Plessner heißt dies „bewusste Lebensführung" und ist das unterscheidende Merkmal des Menschen gegenüber anderen Formen von Leben. „Bildung" in diesem Verständnis und die Fähigkeit, sie zu entwickeln, ist wesentliches Ergebnis der Anthropogenese. Nunmehr ist der Mensch in der Lage, seine Geschichte selbst zu machen. Er hat immer mehr Wahlmöglichkeiten bei seinem Handeln, wobei die gewonnene Möglichkeit der Freiheit zu einem Zwang zur Freiheit wird: Er kann nicht nur, er *muss* ständig lebensrelevante Entscheidungen treffen (Fuchs 2008a). Am vorläufigen Ende dieser Entwicklung steht die entwickelte moderne Gesellschaft.

Der bislang formal bestimmte Bildungsbegriff kann daher konkretisiert werden. Bildung und Lebenskompetenz heißt dann nämlich: Gestaltung des individuellen Projektes des guten Lebens unter den Bedingungen einer ausdifferenzierten modernen Gesellschaft. Damit wird klar, dass man zur genaueren Bestimmung dessen, was zur Lebenskompetenz an einem bestimmten Ort zu einer bestimmten Zeit gehört, diese „moderne Gesellschaft" mit ihren Handlungsanforderungen und ihren Möglichkeiten zum Erwerb von Handlungskompetenzen genauer beschreiben muss: Kurz, man braucht die Gesellschaftswissenschaften mit ihren Befunden und Analysen. Selbst wenn diese Aufgabenstellung befriedigend gelöst ist, wäre unser Problem nur zur Hälfte bewältigt. Denn dann hätte man bestenfalls eine Bestimmung von Lebenskompetenz, die eher standardisiert das Überleben sichert. Zur Moderne gehört jedoch auch die Idee eines autonomen Subjekts (Fuchs 2001b). Das heißt hier insbesondere, dass es inzwischen sogar einen als Menschenrecht abgesicherten Anspruch jedes Einzelnen auf eine optimale Entwicklung seiner Persönlichkeit gibt. Und dies geht weit über das bloße Überleben in der Gesellschaft hinaus. Selbst wenn man ein – inzwischen häufig kritisiertes – systemtheoretisches Gesellschaftsmodell hinzuzieht (hier in Anschluss an T. Parsons, so wie es heute etwa von R. Münch 1991 vertreten wird), das die vier Subsysteme Wirtschaft, Politik, Gemeinschaft und Kultur unterscheidet, kommt man auf eine komplexe Darstellung der Situation des Subjekts im gesellschaftlichen Kontext (Abb. 1; all diese Überlegungen sind in Fuchs 2008a, Teil I, ausführlicher dargestellt).

Ein wichtiger Aspekt der im Vergleich zur mittelalterlichen Ständegesellschaft komplizierter gewordenen modernen Gesellschaft besteht darin, dass es sich die moderne Gesellschaft immer mehr an Zeit und Aufwendungen kosten lässt, die Heranwachsenden systematisch für ein (Über-)Leben in der Gesellschaft vorzubereiten. Damit ist zum einen das sich ausdehnende Feld der Bildungs- und Erziehungseinrichtungen gemeint. Es geht aber auch um die vielfältigen Formen der Beeinflussung durch Einrichtungen und Organisationen, deren primärer Auftrag nicht in Bildung und Erziehung besteht, die aber trotzdem bildungswirksame Angebote (als Teil der so genannten „informellen Bildung") bereitstellen. Abb. 2 versucht, dies – ausgehend vom Subjekt – zu verdeutlichen:

>> Im Mittelpunkt steht das Subjekt mit seinen individuellen Dispositionen, Kompetenzen, Werten etc.
>> Dieses Subjekt ist handelnd in den verschiedenen Gesellschaftsfeldern aktiv und eignet sich feldspezifische Kompetenzen an. Dies bedeutet, dass Lernen eine zentrale Kategorie in unserem Problemkontext ist (siehe Teil 4).
>> Es gibt zudem zahlreiche Vermittlungsagenturen, die den Einzelnen mit der Gesellschaft in Verbindung bringen, wobei alle Bildungs- und Lernmöglichkeiten ausgeschöpft werden (formal, nonformal, informell).
>> Dabei eignet sich der Einzelne die von Pierre Bourdieu ins Spiel gebrachten Kapitalsorten an (politisches, ökonomisches, soziales und kulturelles Kapital).
>> Auszufüllen sind die bestimmten, hier nur in einer Auswahl präsentierten Rollenbilder (Frevert/Haupt 1999).

Die beiden Abbildungen (1 und 2) verdeutlichen zudem, dass es sowohl geistige (mentale) wie materielle Bedingungen der Subjektgenese gibt. Für die Zwecke dieser Arbeit genügt dies. Insbesondere muss nicht die Grundfrage der Geschichte entschieden werden, ob es eher die Politik, die Wirtschaft oder die Kultur ist, die bestimmend den Vorlauf der Geschichte beeinflusst. Die ökonomischen und politischen Prozesse rund um die Jahrhundertwende 1800, 1900 und 2000 habe ich in Fuchs 2000 ausführlicher dargestellt, sodass hier die geistige Dimension eine größere Rolle in der Darstellung spielen kann.

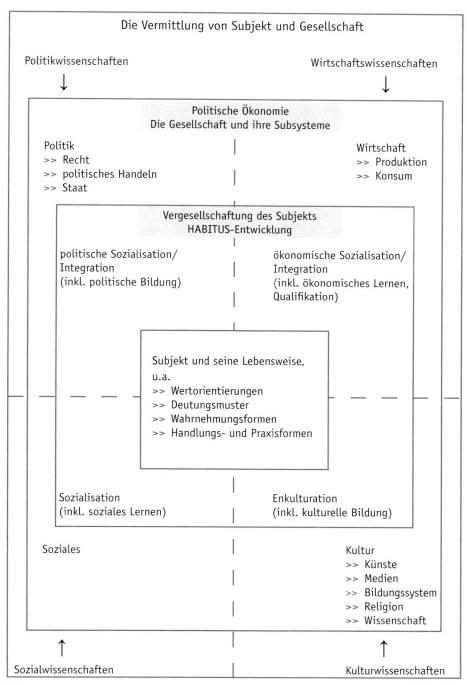

Abb. 1

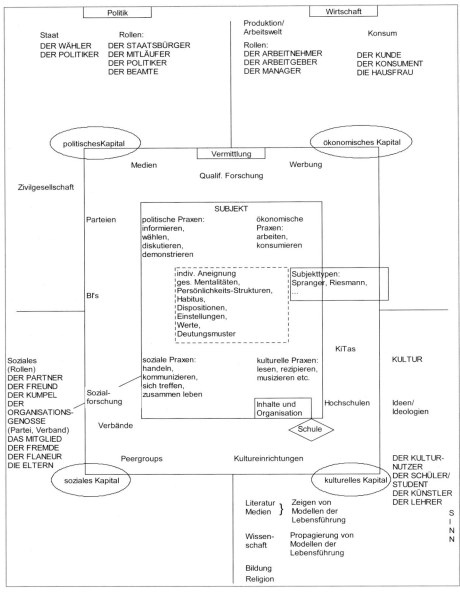

Abb. 2

Damit ist die Grundstruktur des vorliegenden Textes beschrieben:

1. In einem ersten Teil wird es darum gehen, präziser die Herausforderungen, vor allem aber auch die Pathologien der Moderne (Honneth 1994 sowie Fuchs 1998, Kap. 2) zu beschreiben. Dabei steht eine vielfältige, bunte, in ihrer Zuverlässigkeit und Qualität allerdings oft schwer zu beurteilende Menge an Literatur zur Verfügung. Denn Zeitdiagnose ist nicht nur ein beliebtes Feld von unterschiedlichen Professionen: Seit der Entstehung einer „Kultur der Moderne" ist Kulturanalyse vor allem Kulturkritik (Bollenbeck 2007). Da die Gegenwart schwieriger zu erfassen ist als vergangene Entwicklungen (u.a. deshalb, weil die zukünftigen Folgen bestimmter Entwicklungstrends noch nicht abzusehen sind), gehe ich in diesem Zusammenhang immer wieder auf vergangene Zeitabschnitte und deren Analysen zurück. Insbesondere interessiere ich mich für Analysen aus dem Bereich der Künste. Denn eine Kulturfunktion der Künste (vgl. Fuchs 2011b) besteht darin, gesellschaftliche (Fehl-)Entwicklungen aufzugreifen und in die Gesellschaft zurückzuspiegeln. So ist etwa rund um die Jahrhundertwende 1900 eine reichhaltige Essayistik bedeutender Schriftsteller und Dichter entstanden (Döblin, Broch, Thomas und Heinrich Mann, Musil etc.), die in Hinblick auf ihre oft hellsichtigen Gegenwartsbeschreibungen genutzt werden können. Die Frage, die sich hier anschließt, besteht nicht nur darin, wie diese Analysen seinerzeit aufgegriffen wurden, man kann dann auch fragen, ob und wie zeitgenössische Künstler heute diese Aufgabe annehmen. In diesem Teil werde ich mich auch auf undeutliche und gelegentlich umstrittene Begrifflichkeiten wie „Zeitgeist", Mentalität, kollektives Bewusstsein etc. einlassen.

2. In einem zweiten Teil werden unter der Überschrift „Kultur leben" solche Konzepte vorgestellt, mit denen der Einzelne in seinem gesellschaftlichen Kontext erfasst werden soll: Es geht um die Konstitution von Subjektivität, wobei die Debatte über den Stellenwert des Subjektbegriffs eine Rolle spielt.

3. Ein dritter Teil stellt einige theoretische und empirische Befunde zusammen, die sich auf eine Analyse der (deutschen) Gegenwartsgesellschaft beziehen.

4. Ein letzter Teil befasst sich konkret mit Prozessen der Genese von Subjektivität, also mit der Entstehung der jeweils notwendigen Handlungsfähigkeit der Menschen. Notwendig hierfür ist eine Auseinandersetzung mit unterschiedlichen Vorstellungen darüber, mit welchen Konzepten dieser Tatbestand überhaupt erfasst werden kann. Ein Ansatz besteht dabei darin, die Genese von Subjektivität als Lernprozess zu begreifen, so wie ich es bereits im Titel meiner ersten Gesamtdarstellung der Kulturpädagogik ausgearbeitet habe: „Kultur lernen". In diesem Teil werde ich dabei – neben der Berücksichtigung des informellen Lernens – das intentionale Lernen stärker betonen und auch die professionelle Anleitung zu einem gelingenden Lernen, also das Lehren, thematisieren. Dabei bleibt meine spezifische Sichtweise die Betonung der ästhetischen Dimension.

Um eine erste Vorabinformation über die Richtung der folgenden Überlegungen zu geben, zitiere ich zwei Gesellschaftsbeschreibungen, die auf der Basis unterschiedlicher politischer und theoretischer Grundüberzeugungen formuliert wurden. Das Interessante daran ist, dass sich die eher konservative und die „linke" Position wenig unterscheiden. Der Moralphilosoph Wolfgang Kersting (in Kersting/Langbehn 2007, S. 7) schreibt:

„Wir sehen die moralischen Ressourcen unseres Zusammenlebens schwinden, fürchten, dass die Solidaritätsvorräte aufgebraucht sind, leiden an der ethischen Ausbleichung des politischen Lebens, beklagen das durch die Selbstverwirklichungsdynamik hervorgerufene Klima gesellschaftlicher Gereiztheit, und wir misstrauen schließlich unseren Begriffen. Wir argwöhnen, dass die in dem Modernisierungsprozess der Neuzeit herausgebildeten Rationalitätskonzepte dieser Selbstbesinnung keinen Rückhalt geben können. Zuweilen ratlos greifen wir auf die Konzepte der Tradition zurück und speisen die Motive des zu Beginn der Neuzeit ausgemusterten politischen Aristotelismus als Fermente moderner Selbstkritik in unsere Diskurse ein. Renaissancen sind ein Dementi der Moderne. Die Moderne macht sich selbst den Prozess, und die Krise der Gegenwart wird zu einer Begegnungsstätte für Wiedergänger. Allerorten hört man Plädoyers für die Wiederentdeckung des Politischen, für eine Wiedergeburt des Bürgers, für die Wiedergewinnung von Gemeinsinn und Erziehung."

Oskar Negt, Philosoph und Soziologe aus dem Umkreis der Frankfurter Schule, schreibt:

„Ich glaube, dass wir es heute mit einem Zeitalter zu tun haben, das man auch als ein Zeitalter von Vertreibung oder von Bindungszerstörungen bezeichnen kann. Sicherlich kann man dieses Zeitalter vielfach bezeichnen. Aber dass zum ersten Mal ein System da ist, eine Produktions- und Lebensweise, die darauf ausgeht, Bindungen zu zerstören, bewusst zu zerstören, und nicht zu bewahren und nicht Bindungen herzustellen, ist meines Erachtens neuartig und führt natürlich auch dazu, dass alte komplexe Milieus, in denen solche Bindungen existieren, wie in der Arbeiterbewegung, zusätzlich unter Druck geraten. Inzwischen ist es so, dass selbst Liberale wie Dahrendorf, die die Zerstörung von Bindungen im Sinne eines hochflexiblen, kapitalistischen Bewegungsmodus mitgetragen haben, vor der Haltlosigkeit der Welt warnen, wie das in seinem neuesten Buch geschieht. Die Gefahr dieser Haltlosigkeit bestehe darin, dass die Gewaltanfälligkeit in der Welt wächst, was sicher richtig ist. Aber es zeigt sich eben auch, dass diese Bindungslosigkeit natürlich für Unternehmen wie Siemens und andere einen großen Vorteil hat. Es sind dort inzwischen Menschen beschäftigt, die nicht mehr davon träumen, dass ihr Großvater schon bei Siemens war und der Vater ebenfalls, dass also eine Siemensfamilie existierte. Dass dieses gekappt, zerstört wird, erleichtert es natürlich, Massenentlassungen über die Bühne zu bringen. Deshalb glaube ich, dass wir es mit einer Krise zu tun haben, die nicht so sehr nach dem Schema von Konjunktur und Rezession abläuft. Der Glaube, dass mit dem Anziehen der Konjunktur die alten Verhältnisse sich wiederherstellen, ist trügerisch. Konjunkturen sind dazu da, die Krise gewissermaßen zu erleichtern. Insgesamt aber handelt es sich um eine Krise viel größeren Ausmaßes und größter Umbrüche. Diese Krise bezeichne ich als eine kulturelle Erosionskrise. Umfassend ist sie gerade auch dadurch, dass die Subjektivität in ihr ein mitentscheidender Faktor ist. Was im Inneren der Menschen geschieht in dieser Krisensituation, ist ein entscheidender, auch materieller Faktor, und ist nicht nur subjektiver Faktor, den man den objektiven Faktoren noch hinzufügen könnte. Wie die Subjektausstattung angesichts dieser kapitalistischen Entwicklung beschaffen ist, ist entscheidend für das Überleben des Kapitalismus und für das Überleben von Alternativen zum Kapitalismus. Deshalb bezeichne ich das als *kulturelle Erosionskrise*. Das heißt als eine Krise, in der alte Werte, Normen, menschliche Haltungen nicht mehr unbesehen und deshalb auch nur noch schwer tradiert werden können. Sie können nur noch schwer überliefert werden, weil sie ihre Überzeugungskraft verloren haben und neue Haltungen, Normen und Werte noch nicht da sind, aber intensiv gesucht werden." (Negt in Demirovic u.a. 2010, S. 12f.)

Die Folge für das Individuum wird von den Herausgebern (Demirovic u.a. 2010, S. 8) beschrieben wie folgt:

„Das Individuum wird mit den Mustern einer neoliberal reorganisierten Kapital-verwertung einer Vielzahl von neuen Anforderungen ausgesetzt: Unsicherheit der Beschäftigung und der Daseinsvorsorge, diskontinuierliche Biographien, schneller Wechsel der Tätigkeiten, Bereitschaft zum ständig neuen Lernen und Vergessen des einmal Erworbenen, Arbeitszeiten, die ihrer Verteilung und dem Quantum nach ein Privatleben tendenziell verunmöglichen, die Selbstvorsor-ge. Die Entwicklung hin zur Ich-AG, zum Unternehmer seiner selbst in vielen Bereichen des Alltags ist vielfach als neue Subjektpositionierung und Subjek-tivierungsweise beschrieben worden. Es scheint sich ein Homo oeconomicus zu entwickeln, für den sämtliche zeitlichen und sozialen Aspekte seines Lebens in der Arbeit aufgehen, der mit der Arbeit und dem Wettbewerb vollständig identifiziert ist." (Demirovic in ders. u.a. 2010, S. 8)

Diese Entwicklungen könnten – durchaus im Sinne von Kersting und Negt – beschrieben werden als Weg von der „allseitig entwickelten Persönlichkeit" als humanistischem Leit- und Menschenbild der Renaissance zur „allseitig verfügbaren Persönlichkeit" des postfordistischen Kapitalismus. „Korrosion des Charakters" ist eigentlich die wörtliche und genauere Übersetzung des Bestsellers „Der flexible Mensch" von Richard Sennett (1998). Flexibilität ist dabei nur ein Mittel, um diese Korrosion zu bewirken. Die folgenden Überlegungen wollen diese Gesamtanalyse vertiefen und erweitern, es sollen Theorieansätze und weitere Befunde vorgestellt werden und es soll schließlich der Blick auf das „Kerngeschäft" des Einzelnen, sein Lernen in der „kulturellen Erosionskrise" (Negt) geworfen werden.

Im Hinblick auf die Grundhaltung, die durchaus Pessimismus nahelegen könnte, scheint mir die von Negt (a.a.O.) zitierte Haltung von Gramsci angemessen zu sein. Dieser antwortete auf eine entsprechende Frage, dass er in Bezug auf die Analyse Pessimist sei. Aber als praktischer Mensch des Alltags, der lebendige Arbeit und le-bendige Menschen vor sich habe, sei er Optimist. Denn kein System sei stark genug, um die Menschen auf Dauer in den Grenzen dieses Systems zu halten.

Teil 1:
Kultur verstehen - Analysen der Moderne

2. Vielfalt der Kulturen – Vielfalt der Kulturtheorien: Ein Überblick

Max Weber gilt als Begründer einer „verstehenden Soziologie". Zu verstehen war, was die Gesellschaft eigentlich ist und was sie zusammenhält (Weber 1972). Denn dies wurde spätestens im 19. Jahrhundert deutlich: Die Selbstverständlichkeiten früherer Gesellschaftsordnungen waren verschwunden und damit auch die Bindekräfte, die über Jahrhunderte im Grundsatz für einen stabilen Zusammenhalt gesorgt haben. Nunmehr stellte sich verschärft das Problem der Integration. Deshalb betrieb Max Weber – ebenso wie die anderen Klassiker – Soziologie im wesentlichen als Kultursoziologie: Es ging um Religion, um Werte, um die Kräfte der Bindung oder des Zerfallens in der Gesellschaft. „Verstehen" als Programm war damals – speziell bei Wilhelm Dilthey – ein Gegenprogramm zu dem Erklärensprinzip des Positivismus, so wie es von den erfolgreichen Naturwissenschaften nahe gelegt wurde. Doch was muss man „verstehen"? Wieso braucht es hierzu spezifische Methoden und was war so rätselhaft, dass sich ganz neue Wissenschaftsdisziplinen etablierten? Offenbar ist es „die Gesellschaft", die nunmehr nicht mehr so leicht zu entschlüsseln ist. Es ist die „ausdifferenzierte moderne Gesellschaft", eine hoch industrialisierte Gesellschaft, deren Wirtschaftsordnung, der Kapitalismus, in den letzten Jahrzehnten des 19. Jahrhunderts eine dynamische Entwicklung erfährt. Der imperialistische Grundzug aller größeren Nationen wird der Gier nach mehr Rohstoffen, größeren Märkten, mehr Kunden und vor allem: mehr Gewinn zugeschrieben. „Ausdifferenzierung" bedeutet dabei bei den Klassikern, deren Ansätze der in Europa studierende amerikanische Soziologie Talcot Parsons in einem System zusammengefasst hat, dass sich zunehmend autonomer werdende Subsysteme Wirtschaft, Politik, Gemeinschaft und Kultur entwickeln mit je eigenen Kommunikationsmedien Geld, Macht, Solidarität und Sinn. Dies ist das (später so genannte) AGIL-Schema, bei dem der „Welt" (Wirtschaft, Politik, Gemeinschaft) das Kultursystem als institutionalisierte Dauerreflexion gegenübersteht. Das Subsystem „Kultur" besteht dabei aus den Künsten, der Religion, der Sprache, den Wissenschaften und dem Bildungsbereich. Die „Kultur" zu verstehen heißt also, ein plurales gesellschaftliches Reflexionssystem zu verstehen, wobei dieses eine Vielzahl von Möglichkeiten bereitstellt, in denen die Kommunikation über Sinn stattfindet. Es geht dabei nicht nur um geistige Prozesse, sondern es entstehen Kultur-Institutionen, Kultur-Professionen und kulturelle Artefakte. Es entsteht vor allem eine handfeste Kritik der Kultur: Die ständig wachsende Selbstreflexion der Moderne hat eindeutig eine (selbst-)kritische Tendenz. Die bedeutendsten Kulturhistoriker sind dabei oft genug bedeutende Philosophen. Rousseau und Schiller sind hier für die erste Phase zu nennen, Marx und Nietzsche sind die Giganten der zweiten Hälfte des 19. Jahrhunderts (Bollenbeck 2007). Es gibt

dabei eine Kultur- und Gesellschaftskritik von rechts und von links: Für die einen
sollte die Entwicklung am besten zurückgedreht werden, während es anderen nicht
schnell genug ging. Dabei sahen alle Kritiker eine erhebliche Ungleichzeitigkeit in
den Entwicklungsprozessen jeweils von Politik, Wirtschaft, Gesellschaft und Kultur.
Gerade in Deutschland gab es gegen Ende des 19. Jahrhunderts eine ausgesprochen dynamische ökonomische Entwicklung, während das politische System mit der
Wiederbelebung eines (zweiten) Kaiserreiches sich eher an zurückliegenden Zeiten
orientierte – mit erheblichen Ausstrahlungen auf die Gesellschaft.

Die Ausdifferenzierung der Gesellschaft als ein zentrales Kennzeichen der Moderne
erstreckte sich nicht nur auf die realen Geschehnisse, auch die Theorien, die hierfür
entwickelt wurden, wurden immer zahlreicher. Heute macht es diversen Handbüchern
keine Mühe, ca. 40 gut begründete und entwickelte Gesellschaftstheorien zusammenzustellen. Zu jedem der genannten Subsysteme – deren Existenz von bestimmten
Theorien auch bestritten wird – gibt es zudem zahlreiche Spezialtheorien.

Insbesondere gibt es einen inzwischen unüberschaubaren Bereich von Kulturtheorien. Nachdem inzwischen jede wissenschaftliche Disziplin ihren „cultural turn"
erlebt hat (Bachmann-Medick 2006), ist das entsprechende Feld geradezu uferlos.
Alleine ein veritables Handbuch soziologischer Kulturtheorien (Moebius/Quadflieg
2006) stellt 44 solche Theorien vor. Ähnliche Handbücher gibt es auch für andere
Disziplinen und insbesondere für die sich inzwischen in Kulturwissenschaften umge-
tauften Geisteswissenschaften. Immerhin gibt es eine inzwischen auch zweistellige
Zahl an Einführungen in die Kulturtheorie, die das Sortieren und Orientieren ein wenig
erleichtern. Man kann daher leicht einige Dimensionen und Bestimmungsmerkmale
identifizieren, die in verschiedensten Kulturtheorien immer wieder auftauchen (vgl.
Lüddemann 2010, Fuchs 2008b), u.a.:
>> die Rolle von Symbolen, oft in Anschluss an Klassiker wie Ernst Cassirer
>> die Rolle von Bedeutung und Sinn, so schon bei Max Weber
>> die Frage von Identität und Fremdheit
>> der Aspekt einer dynamischen Entwicklung
>> der Aspekt der Pluralität und Interkulturalität.

Mein Vorschlag (u.a. in Fuchs 1999 und 2008b) besteht darin:
>> einen anthropologischen Kulturbegriff (Kultur als das von Menschen Gemachte)
>> einen ethnologischen Kulturbegriff (Kultur als Lebensweise)
>> einen soziologischen Kulturbegriff (i. S. des oben erwähnten, sinn- und werte-
   kommunizierenden Subsystems)
>> einen normativen humanistischen Kulturbegriff (in Anschluss an die Weimarer
   Klassiker)
>> und einen engen Kulturbegriff (Kultur als Kunst)
zu unterscheiden. Bei genauerer Lektüre findet man diese Aspekte als additive Anei-
nanderreihung bei dem Kulturbegriff der UNESCO-Konferenz 1982 in Mexiko.

Einflussreich ist aktuell die Aufteilung von Andreas Reckwitz (2000), der
>> einen differenztheoretischen Kulturbegriff (von Schiller bis Parsons)
>> einen bedeutungs- und wissensorientierten Kulturbegriff (von Cassirer über den Pragmatismus bis Geertz)
>> einen totalitätsorientierten Kulturbegriff (von Herder bis heute)
>> einen normativen Kulturbegriff (von Cicero bis A. Weber)
unterscheidet, wobei er nur den Zweitgenannten heute noch für akzeptabel hält. Allerdings genügt auch seine Deutungshoheit nicht, um dies auch durchzusetzen. So verwendet die Kulturpolitik etwa als Grundlage ihrer Arbeit alle Kulturbegriffe gleichzeitig (Fuchs 2007) – und benötigt sie auch.

Mit Kulturanalysen befassen sich jedoch nicht nur anerkannte Scientific Communities: Jedes Feuilleton, jeder Fachwissenschaftler, jeder Publizist, jeder Guru, jeder Politiker betreibt munter Kulturanalyse, weil Kulturanalyse (meist kritische) Zeitdiagnose ist und diese benötigt wird, um angestrebte Ziele plausibel zu machen (Abb. 3). Einflussreiche Kulturdiagnosen kommen daher auch nicht aus dem akademischen, sondern aus dem publizistischen Feld. Spenglers „Untergang des Abendlandes" ist vielleicht die berühmteste derartige Analyse, mit der sich auch ausgewiesene Kulturphilosophen befassten. Houston Steward Chamberlain oder Langbehn sind andere einflussreiche Stichwortgeber aus der Zeit der Jahrhundertwende 1900. Heute wimmelt der Fachbuchmarkt geradezu von Globaldiagnosen, man möge sich nur einmal die entsprechenden Bestsellerlisten anschauen. Wenn es nicht gleich um eine Gesamtanalyse geht, dann werden zumindest gesellschaftliche Teilbereiche mit großem Gestus und kritischer Attitüde erfasst. Beliebt ist in den letzen Jahren vor allem der „Erziehungsnotstand".
   Im folgenden werden in einem Schnelldurchgang daher vorgestellt:
>> Theorien der Moderne und vor allem der Kultur der Moderne
>> eine Zusammenstellung der „Pathologien" der Kultur der Moderne und ihre Reflexion in der Kulturkritik
>> einige Konzepte einer Erfassung der „Kultur" der Moderne
>> einige Einblicke in das spezifische Feld künstlerischer, v.a. literarischer Zeitdiagnosen.

Abschließend wird versucht, relevante und belastbare Aussagen zur Gegenwart (und Zukunft) unserer Gesellschaft zusammenzustellen, weil diese den Rahmen für die „Produktion von Subjektivität" darstellen, die im zweiten und dritten Teil im Mittelpunkt stehen wird.

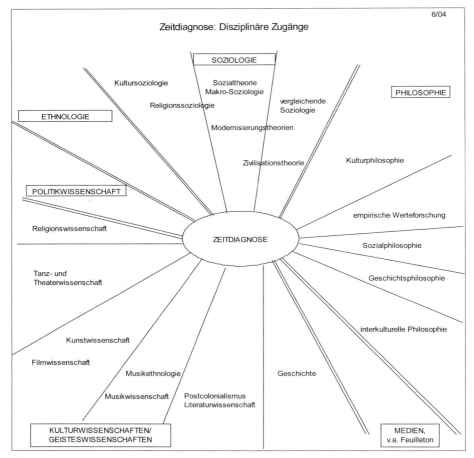

Abb. 3

Zur Ideologiegeschichte von „Kultur"

So wichtig die oben angeführten wissenschaftlichen Versuche der Klärung des zentralen Begriffs der Kultur auch sind, so ist die Ideologie-Geschichte gerade des Begriffs der Kultur ebenfalls zu berücksichtigen. Denn wenn es um Mentalitäten der Menschen geht, ist die ideologische Dimension der Begriffe eher noch relevanter als eine nüchterne definitorische Klärung. Dabei fing es eindrucksvoll an. Nach einer ersten Erwähnung des Kulturbegriffs durch Cicero, der jedoch für lange Zeit stets einen Genitiv nach sich zog (cultura agri, cultura animi), wurde Kultur als eigenständiger Begriff von Johann Gottlieb Herder eingeführt. Er brauchte diesen Begriff zur Unterscheidung unterschiedlicher, aber gleichwertiger (!) Lebensweisen des Menschen. Damit wurde ein wichtiger Schritt getan, in einer (später so zu nennenden) ethnologischen Perspektive den seinerzeit nicht nur verbreiteten, sondern für selbstverständlich und alternativlos gehaltenen Eurozentrismus zu überwinden: Kultur ist Lebensweise, Lebensweisen gibt es viele, diese Pluralität macht sogar ein Spezifikum der Menschen aus, sich nämlich überall menschlich einrichten zu können. „Kultur" war ein Begriff der Ganzheitlichkeit (es geht um das ganze Leben), ein Begriff der Humanität (er bezieht sich auf den Menschen), ein Begriff der Unterscheidung (die Lebensweisen sind verschieden), er wurde in einem aufklärerisch-humanistisch-politischen Kontext verwendet (die Menschen sind alle gleich): Totalität, Differenz, Humanität, Politik sind also wichtige Bedeutungebenen. Wie bei Cicero, wo es um Hege und Pflege, also letztlich um klassische pädagogische Themen geht, bei denen Vergleiche der Erziehung mit gärtnerischen Tätigkeiten bis heute eine Rolle spielen, ist auch hierbei Politik von Pädagogik kaum zu trennen (Fuchs 2008b).

Parallel zu dieser Entwicklung, aber relativ unabhängig von ihr, gibt es einen Diskurs über Künste (Fuchs 2011a). Hier nur knapp einige Hinweise: Alexander Baumgarten ist hier zu nennen, der in der Mitte des 18. Jahrhunderts nicht nur gegen den kontinentalen Rationalismus eine zumindest teilweise Rehabilitation der Sinne versucht (aisthesis als sinnliche Erkenntnis) und zugleich – ähnlich wie sein französischer Kollege Batteaux – einen einheitlichen Begriff von „Kunst" entwickelt, der alle künstlerischen Ausdrucksformen zusammenfasst. Für uns ist das heute selbstverständlich. Doch haben sich die Literatur, die Bildende Kunst, das Theater, der Tanz und die Musik völlig unterschiedlich entwickelt. Musik war in pythagoräischer Tradition nicht bloß musikalischer Ausdruck, sondern mathematische Welterklärung. Mit „Literatur" waren zunächst die Epen von Homer, später die dramatische Kunst der Tragödie und Komödie gemeint. Im Laufe der Zeit gab es verschiedene Leitdisziplinen innerhalb dessen, was heute unter Literatur subsumiert wird. So hat sich der Roman erst im 19. Jahrhundert als literarisches Hauptmedium durchgesetzt, nachdem man vorher eher die Nase darüber gerümpft hat. Zugleich gab es eine Konkurrenz zwischen Literatur und Bildender Kunst. Letztere war lange Zeit als Handwerk verstanden worden. Die Anerkennung als Kunstform geschah sehr spät im 19. Jahrhundert. Mit „Kunst" ist dabei der moderne Kunstbegriff gemeint, der durch eigene künstlerische Professionalitäten, die in entsprechenden Ausbildungsstätten vermittelt werden, gekennzeichnet ist. Wer heute über „Kunst" spricht, denkt an große Kultureinrichtungen, die z. T. (wie etwa die Oper) in höfischen Kontexten entstanden sind und erst im 19. Jahrhundert vom Bürgertum als eigene bürgerliche Kultureinrichtungen erobert wurden.

Das 19. Jahrhundert spielt bei der Entstehung der heutigen kulturellen Infrastruktur und bei der Ideologiegeschichte des Kunst- und Kulturbegriffs – nicht nur, aber vor allem in Deutschland – eine wichtige Rolle (Nipperdey 1998). Dies gilt vor allem bei dem zentralen fachlichen und politisch-ideologischen Begriff der Kunstautonomie. Man kann Deutschlands spezifischen Weg in die Moderne nicht verstehen, ohne die enge Kopplung von Modernisierung, Kunstdiskurs, Kulturdiskurs und Bürgertum zu berücksichtigen: Die Kulturgeschichte Deutschlands (das es als politisch geeintes Deutschland erst seit der zweiten Hälfte des 19. Jahrhunderts gibt) ist aufs engste mit der politischen Geschichte verbunden. Daher muss diese Entwicklung zumindest skizziert werden. Allerdings ist dies nicht nur keine neue oder originäre Entdeckung. Man kann vielmehr zeigen, dass und wie diese Verbindung in den Selbstreflexionen von Zeitgenossen hergestellt wird. Es ist dies sogar der rote Faden des gesamten vorliegenden Textes. Insbesondere gibt es im deutschen Sprachgebrauch eine enge Verbindung von „Kunst" und „Kultur", die so eng ist und so selbstverständlich erscheint, dass man sich kaum noch an die ursprüngliche Verschiedenheit von Kultur- und Kunstdiskurs erinnert. Eine wichtige Rolle bei dem Zusammenführen beider Diskurse spielt Friedrich Schiller. Auf den ersten Blick scheint er – als bekennender Kant-Schüler – die von seinem Lehrer entwickelte Theorie der Kunstautonomie fortzuführen. („Zweckmäßigkeit ohne Zweck"). Auch bei ihm stellt künstlerische Praxis eine Oase jenseits der Zweckorientierung des Alltags dar. Diese Zweckorientierung des Alltags war daher keineswegs in der Absicht betrieben worden, Menschen zu unterdrücken. Vielmehr war die Erziehung zur „Industriosität" (die Tugend des (Gewerbe-)Fleißes als Basis für die Emanzipation des Menschen) eine klare Zielstellung der Aufklärungspädagogik. Auch gab es eine Industrialisierung der Gesellschaft rund um die Jahrhundertwende 1800 bestenfalls in Ansätzen. Trotzdem diskutierte man – etwa im Kontext von Wilhelm von Humboldt, einem Freund von Friedrich Schiller – vehement die Streitfrage, ob man durch „Bildung" und Erziehung eher den politischen Bürger (den citoyen), den Wirtschaftsbürger (den bourgeois) oder den Menschen an sich entwickeln will. Schiller interessiert sich dabei weniger für Gewerbefleiß, sondern für den citoyen. Man muss zudem berücksichtigen, dass in den 1790er Jahren, in der Zeit also, als Schiller seine zurecht berühmten „Briefe zur ästhetischen Erziehung" geschrieben hat, in Europa die Kunde des terreur von Robespierre die Runde machte. Alle, Hegel und Hölderlin, Schiller und Goethe, Campe und Humboldt, waren zunächst Anhänger der Französischen Revolution. Alle waren aber auch gegen die Auswüchse. Als Alternative sah Schiller die friedliche Reform, die allerdings Menschen brauchte, die willens und in der Lage waren, die neue humane Gesellschaft auf der Basis gelebter Freiheit auch herzustellen. Und hierfür brauchte Schiller die autonome Kunst: Wer in der weltabgewandten Oase einer autonomen Kunstpraxis eine Liebe zur Freiheit entwickelt hat, überträgt dies auch auf die politische Gestaltung der Gesellschaft, so seine politische Vision. Pädagogik, Kunstpraxis und Politik waren also eine Einheit, „Bildung" und „Kultur" – zu dieser Zeit oft synonym gebraucht – die Ankerbegriffe dieser humanitätsorientierten politischen Philosophie. Allerdings bekam das Ganze auch gleich nationalistische Töne, erst recht nach den Siegen Napoleons. Und hier beginnt die problematische Ideologiegeschichte des Kulturbegriffs: Kunst und Kultur nämlich als Kompensation für entgangene militärische und dann auch politische Erfolge zu verstehen. Die Kunst wurde im Laufe des 19. Jahrhunderts zur Kunstreligion, Bildung wurde zur Bildungsreligion, „Kultur" wurde ebenfalls religiös aufgeladen. All dies ist an sich sehr gut historisch aufgeschlüsselt und dargestellt, doch wird diese Entwicklung in heutigen Kulturdiskursen – vor allem in Kulturpädagogik und Kulturpolitik – meist geflissentlich übersehen. Thomas Nipperdey (1990) stellt sehr präzise in seiner Geschichte des 19. Jahrhunderts dar, wie das politisch chronisch erfolglose Bürgertum – speziell nach dem Scheitern der Revolution 1848 – sein Selbstbewusstsein in einem spezifischen Umgang mit den Künsten aufzubessern versucht. Die heutige gut ausgebaute kulturelle Infrastruktur hat in dieser problematischen Mentalitätslage ihre Begründung (vgl. zur europäischen Dimension Burrow 2003).

Helmut Plessners (1974) hellsichtige Studie „Die verspätete Nation" – geschrieben 1935 im holländischen Exil, veröffentlicht 1954 in Westdeutschland – stellt diese „politische Verführbarkeit des bürgerlichen Geistes" (so der Untertitel) sehr präzise dar: der

Einfluss des lutherischen Protestantismus mit seiner äußerst problematischen Haltung zur Obrigkeit, zur Politik und zum Staat, die Ablehnung westlich-zivilisatorischer Diskurse, sodass „Volk" statt „Staat", „Gemeinschaft" statt „Gesellschaft" gesetzt werden und die vormoderne Idee des „Reiches" und immer wieder die „religiöse Funktion der deutschen Kultur" (S. 73ff.) eine zentrale Rolle in der Geschichte des deutschen Sonderwegesbewusstseins spielen:

> „Kultur, der deutsche Inbegriff für geistige Tätigkeit und ihren Ertrag im weltlichen Felde, ist ein schwer zu übersetzendes Wort. Es deckt sich nicht mit Zivilisation, mit Kultiviertheit und Bildung oder gar Arbeit. All diese Begriffe sind zu nüchtern oder zu flach, zu formal bzw. „westlich" oder an eine andere Sphäre gebunden. Ihnen fehlt die Schwere, die trächtige Fülle, das seelenhafte Pathos, das sich im deutschen Bewusstsein des 19. und 20. Jahrhunderts mit diesem Wort verbindet und seine oft emphatische Verwendung verständlich macht." (ebd., S. 73).

„Kultur" ist eben nicht die eher rationale Zivilisation, diese wird vielmehr mit Aufklärung, Demokratie, naturwissenschaftlichem Positivismus verbunden. Wilhelm Diltheys Unterscheidung von „Erklären" (in den Naturwissenschaften) und „Verstehen" (als Domaine der Geisteswissenschaften) war eindeutig politisch, nämlich antiwestlich imprägniert. Der „Weg nach Westen" (Winkler 2002) war deshalb so weit, weil die Deutschen über Jahrhunderte mentalitätsmäßig in eine andere Richtung geformt wurden. Daher ist es verständlich, wenn selbst in aktuellen Einführungen in die Kulturtheorie (in englischer Sprache) „culture" von „Culture", in Deutsch: „Kultur" von „KULTUR", unterschieden werden. Der erste Weltkrieg wurde sehr stark unter dem Label „KULTUR" gegen „Zivilisation" geführt. Das intellektuell und stilistisch anspruchsvollste Grundbuch dieser Vorkriegsmentalität sind die „Betrachtungen eines Unpolitischen" von Thomas Mann.

„Kultur", so viel ist bereits hier festzuhalten, lässt sich also wissenschaftlich sauber begrifflich klären, so wie es anspruchsvoll Andreas Reckwitz tut. „Kultur" hat jedoch auch eine ideologische Wirkungsgeschichte (hierzu eindrucksvoll die Bücher von Georg Bollenbeck 1994, 2007), die gerade in Hinblick auf unsere Mentalitätsfrage hochrelevant ist. Bevor die Kulturanalysen präzisiert werden können, muss ein Blick auf die Genese der Moderne geworfen werden. Denn die aktuelle Rede über „Kultur" ist Ergebnis dieser Entwicklung, sogar: Die „Kultur" und ihre verschiedenen Analysen sind geradezu Kinder der Moderne. Und beides, „Moderne" und „Kultur", geben die Rahmenbedingung für die (ebenfalls moderne) Frage nach dem Subjekt.

3. Pathologien der Kultur der Moderne

Die „Moderne" ist ein wissenschaftliches, ein politisches und ein reales Phänomen. In einer wissenschaftlichen Zugriffsweise gibt es nicht bloß unterschiedliche definitorische Annäherungen, es gibt auch völlig unterschiedliche Terminierungen, es wird allerdings bisweilen jeder Versuch einer Terminierung in Frage gestellt. Möglich ist eine Festlegung auf die Neuzeit, wobei hier die Zeit um 1500 eine Rolle spielt (Kolumbus, Martin Luther, neue Naturwissenschaften etc.). In den Künsten kursieren jedoch sehr viel spätere Festlegungen die bis zum 19., z. T. bis zum Beginn des 20. Jahrhunderts reichen. Die „Moderne" kann dann etwa mit der immer dynamischeren Abfolge von -ismen (Naturalismus, Impressionismus, Expressionismus, Kubismus etc.) seit dem späten 19. Jahrhundert in Verbindung gebracht werden, wobei allerdings selbst im Vergleich der verschiedenen Künste mit erheblichen Ungleichzeitigkeiten zu rechnen ist.

Geht es um die Entwicklung von Realitäten (die allerdings auch wissenschaftlich erfasst, manche sagen auch: konstruiert werden müssen), dann entsteht die „moderne Gesellschaft" mit der Industrialisierung, für die die Erfindung der Dampfmaschine gegen Ende des 18. Jahrhunderts ein entscheidendes Ereignis ist. Die sich ausdifferenzierende moderne Gesellschaft ist ein Ergebnis des 19. Jahrhunderts, was wiederum eine Ursache für die Entstehung neuer Spezialwissenschaften wie der Soziologie war. Die großen soziologischen Klassiker (Comte, Tönnies, Simmel, M. und A. Weber, Durkheim etc.) legen die ersten Großtheorien zu dieser Entwicklung vor. Dieser Prozess kann nicht von der Entwicklungsgeschichte des Kapitalismus abgekoppelt werden.

Im Geistigen ist es die Debatte zwischen den „modernes" und den „anciens", die rund um die Académie Française seit dem späten 17. Jahrhundert geführt wird. All diese Debatten finden dabei im wesentlichen im Medium des Ethisch-Ästhetischen statt: Geschmacksfragen sind Verhaltensfragen, Verhaltensfragen sind Bildungsfragen und alle Fragen sind verbunden mit der Suche nach der angemessenen politischen Ordnung. Es geht stets um das Projekt des guten Lebens in einer wohlgeordneten Gesellschaft (vgl. Fuchs 2011a). Damit ist die Verbindung zur politischen Dimension hergestellt und damit auch zur ideologischen Überlagerung dieser Debatten. Es geht um die Neuverteilung von Macht, es geht um politische, soziale, ökonomische und kulturelle Hegemonie.

Welche Aspekte sind in unserem Kontext hervorzuheben?

1. Dass die Auswahl einzelner Aspekte nur ein Akt höchster Willkür sein kann, ist die erste Anmerkung. Spätestens seit der Debatte über die Postmoderne boomt der Moderne-Diskurs. Allerdings war er immer schon intensiv. Denn mit der Entstehung der Moderne – gleichgültig welches der möglichen Anfangsdaten man nimmt – entsteht gleich eine ständig anwachsende Selbstreflexion: Ein Kennzeichen der Moderne ist ihr hoher Bedarf an Selbstdeutung.
2. Dies hat dazu geführt, dass es eine Vielzahl von Theorien der Moderne gibt. Es ist allerdings inzwischen auch anerkannt, dass es nicht bloß viele Theorien der Moderne gibt, sondern dass es auch verschiedene reale Versionen der Moderne gibt: Man spricht von einer „variety of capitalism" und von einer „plurality of modernities" (letzterer Begriff wurde von dem Soziologen Sh. Eisenstadt geprägt).

Dieses Faktum ist nicht nur wissenschaftlich bedeutsam, weil damit eine Abkehr von einer normativen Auffassung verbunden ist, dass einzig der westliche Modernisierungspfad und damit eine „moderne" westliche Gesellschaft weltweit der Orientierungsmaßstab sein können. Eine solche Auffassung prägt bis heute die Entwicklungshilfepolitik und spielt eine Rolle bei militärischen Interventionen der Nato oder einzelner westlicher Staaten in anderen Weltteilen.

3. Im Hinblick auf die (Debatten über die) Moderne liegen unhinterfragbare Selbstgewissheit über die einzig richtige Entwicklungsrichtung von Gesellschaften und höchste Verunsicherung der einzelnen Menschen unvermittelt nebeneinander: Die Moderne brachte erhebliche, oft widersprüchliche Handlungsanforderungen an den Einzelnen mit sich (dies wird Gegenstand des nächsten Teils dieser Arbeit).

4. Einen sehr guten und umfassenden Überblick über Sichtweisen und Erkenntnisse über die Erforschung der Moderne liefert das ambitionierte Handbuch „Modernity" (Hg.: M. Waters 2001). Hier ein Überblick über den Inhalt:
   Die vier Bände befassen sich mit I: Modernisation; II: Cultural Modernity; III: Modern Systems und IV: After Modernity.
   In Band I werden vorgestellt: Unterscheidungsmerkmale zwischen traditionellen und modernen Gesellschaften (Gemeinschaft/Gesellschaft; Arbeitsteilung; Industrialisierung; Differenzierung; Rationalisierung; Interpenetration; jeweils verbunden mit relevanten Forschernamen).
   Band II beschreibt moderne Lebenswelten (Familienwandel, Urbanisierung, Gender-Fragen, Selbstidentität und Menschenbilder), Glaube und Ideologie (Religion und Säkularisierung, Kulturindustrie, Konsumorientierung, kulturelle Widersprüche des Kapitalismus).
   Band III enthält Kapitel über ökonomische Modernisierung (Gewerkschaften, Trusts, Management) und politische Modernisierung (Staatsbildung, Bürokratien, Demokratie, Legitimation).
   Band IV enthält Abschnitte über Postmoderne, reflexive Modernisierung und Spätkapitalismus. Abschließend werden Entwicklungstrends vorgestellt: Postindustrielle Gesellschaft, das Ende des organisierten Kapitalismus, neue soziale Bewegungen, Globalisierung.
   Auch hier zeigt es sich, dass es sich lohnt, die Moderne in Hinblick auf die verschiedenen Felder (Ökonomie, Gesellschaft, Wirtschaft und Kultur) zu unterscheiden, die zwar alle miteinander zusammenhängen, wobei es jedoch auch eine relativ autonome Entwicklung gibt.

5. Wie bislang bei keiner anderen historischen Etappe ist nicht bloß die Selbstreflexion bis hin zu neuen etablierten und öffentlich finanzierten Reflexions-Institutionen stark ausgeprägt: Dieser selbstreflexive Diskurs der Moderne ist zudem ein ausgesprochen kritischer Diskurs, der sich vor allem auf die Kritik der Kultur der Moderne konzentriert. Eine Ursache für diese heftige Kritik an der Moderne dürfte darin bestehen, dass es – wie ebenfalls bei keiner anderen Zeitetappe – große Versprechungen rund um das Projekt der Moderne gegeben hat, was erhebliche Hoffnungen bei den Menschen geweckt hat. Zugleich war die Nichtrealisierung dieser Hoffnungen von jedem zu spüren. Wahl (1989, S. 164; vgl. auch Burrow 2003) hat dies seinerzeit prägnant tabellarisch dargestellt (Abb. 4).

(1) Mythos der Moderne	(2) Realität der Moderne	(3) Individuelle Erfahrungen
Modernes Menschen-, Familien-, Gesellschaftsbild, – "Verheißung" –	Realisierte Aspekte gesellschaftlicher Modernisierung	von gesellschaftlichen Modernisierungsprozessen
Selbstbewusstes, autonomes Individuum Liebesbegründete, individualisiert- partnerschaftliche, autonome Familie	>> Freisetzung von traditionellen sozialer und kultureller Bindungen >> Inklusion größerer Bev. gruppen bez. Bürger-, Menschenrechten etc. >> Individualisierung von Biographien, Lebensansprüchen, Rollengestaltung >> Subjektivierung der Selbstthematisierung, Ich- Kult Familiale Lebenspraxis im Spannungsfeld von	>> Selbst- vs. Fremdbestimmung der eigenen Person >> Anerkennung vs. Missachtung der eigenen Individualität >> Entwicklung pos. oder neg. Selbstbewusstseins, Selbstwerts >> Individuelle Autonomie vs. Heteronomie in Familie >> Familiale Autonomie vs. Heteronomie in Gesellschaft
"Fortschritt" in >> Wissenschaft >> Technik >> Wirtschaft	>> bürgerlichem Familienmodell >> Individualisierung der Familienmitglieder >> Auseinandersetzung mit gesell. Umwelt der Familie (Wirtschaft, Schule etc.)	>> Liebe vs. Routine, Konflikte >> Partnerschaft vs. Patriarchat >> Anerkennung vs. Missachtung der Individualität
>> Kultur	>> Ungleich verteilte Ressourcen der Familie	>> Aufklärung und Verwirrung >> Entlastung vs. Anforderungen
>> Ethik	>> Wissenskomplexität und Wissenspluralisierung >> techn. Rationalisierung	>> Hebung des Lebensstandards, Arbeitslosigkeit
>> Recht	>> Wirtschaftswachstum, Wohlstandsmehrung und Arbeitslosigkeit	>> ungelöste Sinnfragen >> Erfahrung der Grenzen des Leistungsprinzips, Normverwirrung
>> Gesellschaft	>> kulturelle Differenzierung, Säkularisierung, Pluralisierung >> Leistungsprinzip, Aufstiegsmotivation, Pluralismus >> Universalisierung des Rechts, >> Komplexität des Rechts	>> zunehmende Individualrechte >> Verwirr. durch Rechtskomplexität >> Autonomisierung der Lebensgestaltung
>> Politik	>> Differenzierung in Subsysteme und Lebensformen >> wachsende Komplexität und Mediatisierung >> Egalisierungstrends vs. Hierarchifizierung >> Demokratisierung vs. politische Partizipationsgrenzen etc.	>> komplex. Sozialbeziehungen >> soziale Ungleichheitserfahrung (Geschlecht, Schichten) >> politische Partizipation vs. Ohnmacht etc.

Abb. 4 (Quelle: Wahl 1989; S.164)

6. Neben den „kulturellen Widersprüchen des Kapitalismus" (so bereits vor Jahrzehnten D. Bell), die in jeder einzelnen kapitalistischen Gesellschaft zu finden sind, gibt es erhebliche Unterschiede zwischen den unterschiedlichen Entwicklungspfaden zur Moderne in vergleichbaren westlichen Ländern. Aufschlussreich sind hier etwa die in den letzten Jahren – auch aus Gründen der durch die Globalisierung besonders notwendig gewordenen Kompetenzen für ein „interkulturelles Management" – entstandenen Studien zum Kulturvergleich. Eine historisch gut recherchierte und theoretisch reflektierte Studie hat bereits in den 1980er Jahren der Soziologe R. Münch (1986) vorgelegt, der die unterschiedlichen Verständnisweisen derselben charakteristischen Prinzipien der Moderne (Freiheit, Gleichheit, Aktivität, Individualität) in England, Frankreich, USA und Deutschland aufgezeigt hat. In der Tradition der Klassiker (Max Weber, später Talcott Parsons) spielt dabei die geistige Grundlage und vor allem das religiöse Fundament in den untersuchten Gesellschaften eine entscheidende Rolle. Auf seine spezifischen Befunde für Deutschland (die Rolle der Innerlichkeit, des Un- oder Antigesellschaftlichen etc.) komme ich noch zurück. Sie decken sich mit Befunden von Plessner (1974), Dahrendorf (1971), Elias (1989) oder anderen.

7. Der offensichtlich besonders große Bedarf an Selbstreflexion in der Moderne ist die Basis für eine der Funktionen, die das Subsystem der Kultur in einer modernen Gesellschaft zu decken hat. In früheren Studien habe ich zusammengestellt, welches solche „Kulturfunktionen" sind. Wichtig an dieser – sicherlich zu diskutierenden, in jedem Fall zu erweiternden – Zusammenstellung ist der Aspekt, dass auch in dem Subsystem Kultur unterschiedliche Kulturbereiche nicht nur sehr verschiedene Deutungsangebote machen, sie stehen auch untereinander in Konkurrenz. Denn es geht nicht nur um einen friedlichen Wettbewerb um das beste Deutungsangebot: Diese bilden auch einen Markt, bei dem es um Geld und Stellen geht (vgl. Fuchs 2011b, woraus auch die folgende Zusammenstellung entnommen ist).

I. Gesellschaftliche Kulturfunktionen (soziologisch, politisch)

>> Weltaneignung/Aneignung von Lebensweisen – über die symbolischen Formen (Sprache, Mythos, Religion, Wissenschaft, Kunst, Technik, Politik und Wirtschaft)
>> Sinnproduktion als Spezialaufgabe des Kultursystems im gesellschaftlichen Kontext
>> Weitergabe von Handlungs- und Denkweisen auf die nachfolgende Generation
>> Legitimation/Delegitimation – Verschiebung von Werten und Normen, die als verborgene Sinnstrukturen aufgefasst werden
>> Identitätsentwicklung als Teil der Gemeinschaft – Gestaltung und Erhaltung gesellschaftlicher Identifikation, Identitätsbewusstsein
>> Wirklichkeitskonstruktion – Welterschließung (Wahrnehmung, symbolische Formen), Weltdeutung (Beurteilung, Reflexivität, Weltbilder, Ideologien), Welten schaffen (Kosmos)
>> Kulturelles Gedächtnis – Schaffung von bedeutungsvollen Lebenswelten/ „symbolischen Sinnwelten", Kumulation von Wissen über Generationen, Entwicklung eines kollektiven Bewusstseins für Zeit und Raum, (Vergangenheitsbezug, Traditionsbildung, Identität)

>> Mimesis – Darstellung zur Erzeugung von Weltbildern und Sichtweisen von Welt
>> Utopien – kulturelle Freiräume für geistige Ideenwelten, gesellschaftlichen Visionen
>> Reflexion aktueller Formen von Sittlichkeit und Moral
>> Erschließung von Welterschließung – basierend auf der Reflexivität von Deutungen
>> Kulturkritik – die Fähigkeit und Möglichkeit der kritischen Beschreibung von Kultur und einer reflektierten Auseinandersetzung mit Kultur
>> Kulturelle Bildung zur Herstellung sozialer Kohärenz und Verantwortungsbewusstsein
>> Darstellung und Produktion kultureller und/oder sozialer Ungerechtigkeit (Bourdieu)
>> Angstbewältigung – Verarbeitung und Zuordnung von Eindrücken, Informationen, Erfahrungen
>> Kompensation zivilisationsbedingter Mängel – wie Entfremdung, emotionale Verkümmerung, Unsicherheiten im Zuge der Prekarisierung der Arbeits- und Lebenswelt
>> Integration – zwischen Individuen gegenüber Gruppen, zwischen Gruppen, Schichten und Kulturen innerhalb einer Gesellschaft sowie zwischen verschiedenen Gesellschaften – im soziologischen Sinne der Wiederherstellung eines neuen Ganzen durch Prozesse, die das Verhalten und Bewusstsein nachhaltig verändern und die Herausbildung neuer sozialer Strukturen und sozialer Ordnungen ermöglichen

II. Kulturfunktionen im Bezug auf den Einzelnen (anthropologisch/philosophisch)

>> Selbstbeobachtung und Selbstreflexion – basierend auf der Möglichkeit von Reflexivität
>> Selbstgestaltung – durch bewusstes (reflektiertes) Handeln die eigene Zeit und die eigenen Lebensbedingungen gestalten
>> Sinnproduktion – die Herstellung von Sinnhaftigkeit als die Einordnung in eine übergeordnete Ganzheit im Hinblick auf Herkunft, Lebensziel und Eigenverantwortung
>> Identitätsentwicklung – Gestaltung und Erhaltung der persönlichen Identität
>> Prägung des Selbstbilds – als die Summe von Selbstwahrnehmungen zusammen mit Ergebnissen der Selbstbeobachtung (wandelbare Vorstellung)
>> Bildung im Sinne der Selbstbildung – als eine Leistung, durch die der Mensch selbstbestimmt seine Teilhabe an der Kultur gestaltet und ein bewusstes Verhältnis zu sich, zur Vergangenheit und Zukunft sowie zur Natur herstellt
>> Expressivität – Schulung und Steigerung des individuellen Ausdrucks
>> Allgemeine philosophische Dimensionen – Erkennen, Urteilen, Wollen/Handeln, Empfinden
>> Weltverhältnis – bewusste Positionierung als Individuum in der Lebenswelt
>> Angstbewältigung – u.a. durch Schaffung von Bedeutung (symbolische Formen)

III. Kulturfunktionen mit dem Fokus auf künstlerische Praxis und Rezeption von Kunst

>> Verstehen von menschlichem Leben – über die Interpretation von Zeichen und Symbolen
>> Erkennen der Umwelt und Lebensprozesse sowie deren Umsetzung in Artefakte

>> Vorstellungskraft – die frühkindliche Fähigkeit, Fiktionen zu erfinden und spielerisch auszudrücken als Voraussetzung gedanklicher Problemlösung und Innovation

>> Spiel- und Experimentierfeld von Kreativität – Kreativität als Voraussetzung für gestalterisches und zielgerichtetes Handeln, im Überlebenskampf unabdingbar

>> Prozesse wie Ausprobieren, Selektieren, Entwerfen, Überprüfen, inklusive des Freiraums für Fehler – als Grundsteine für die Schaffung einer Vielfalt an Kulturgütern (die ihrerseits dazu dienen, das Bewusstsein unseres Menschseins definieren)

>> Produktive Aktivität – im schöpferischen Hervorbringen von Werken und Handlungen sowie deren Aneignung, zur Förderung eines eigenverantwortlichen „In der Weltseins"

>> Kultivierung der Sinne – Schulung von Wahrnehmung und Sinnlichkeit (alle Sinne)

>> Ästhetische Wahrnehmung – über ästhetische Erfahrungen Sinnlichkeit und Einfühlungsvermögen entwickeln und kultivieren

>> Ästhetische Funktion im Sinne der transzendentalen, sinnlichen Erfahrung: subjektive Wahrnehmung des interessenlosen Wohlgefallens beim Betrachtung von Gegenständen, Zweckmäßigkeit ohne Zweck, allgemeines Wohlgefallen ohne Begriff (Kant)

>> Kunstgenuss – Kunst als Bereicherung, Anregung, Zerstreuung

>> Mimesis – als Darstellungsqualität: Nachahmung (der Natur) als dargestellte Wirklichkeit innerhalb der Kunst (demnach nicht bloße Kopie, sondern eigenständige Schöpfung)

>> Katharsis – Prozess der inneren Reinigung durch die Auseinandersetzung mit Kunst (Erschütterung/Identifikation), Befreiung von inneren Konflikten und angestauten Emotionen (z.B. beim Erleben der performativen Künste wie Theater, Musik und Tanz)

>> Zeitdiagnose – die Künste als Spiegelbild der Gesellschaft, ein Mikrokosmos für den Makrokosmos Gesamtgesellschaft, in dem sich Großprozesse im Kleinen abspielen

>> Zugehörigkeitsempfinden – bei gemeinsam erlebter Kunst auch über Sprachbarrieren hinweg (z.B. über das Erleben eines Musikstückes oder der Rezeption von „Bildsprache")

>> Bildungsfunktion – Förderung von Neugierde, Expressivität, Sensibilität, Körperbewusstsein

>> Kunst als zweckfreier Raum – Schaffung von Distanz zur Steigerung der Kritikfähigkeit, Differenzierungsvermögen, Diskursfähigkeit und als Anlass zur Kontemplation

>> Kunst als Kontingenzerfahrung – im Sinne der prinzipiellen Offenheit und Ungewissheit gegenüber menschlicher Lebenserfahrungen und dem Sichtbarmachen von Komplexität

>> Bereitstellung und Verbreitung neuer Kommunikationsmedien

>> Künstlerisches Schaffen – Orientierung und Selbstbestätigung der Kunstschaffenden über die Anerkennung durch oder Auseinandersetzung mit den Rezipienten der Werke

>> Weiterentwicklung der Künste – selbstreferentiell auf das Kunstsystem bezogen

Pathologien der Moderne

Kriege, Not und Elend gab es in der Geschichte der Menschheit immer schon. Mit der Moderne wuchsen die Fähigkeiten des Menschen nicht bloß zur industriellen Zerstörung der Natur und der Lebensgrundlagen, sondern auch zur industriellen Vernichtung des Menschen selbst. „Fortschritt", ein wesentliches Charakteristikum der Moderne, war eben nicht Fortschritt der Zivilisation und Moralität, sondern auch ein Fortschritt in der Zerstörungswut und -kompetenz (Fromm 1973; Thurn 1990). Dies beklagten bereits im 18. Jahrhundert so einflussreiche Autoren wie Rousseau und Kant. Allerdings entstand eine Kluft zwischen Vision und Realität, und diese Kluft wurde intensiv diskutiert. Die Selbstverständlichkeit, mit der man in früheren Zeiten jede Katastrophe hingenommen hat, etwa weil es akzeptierte religiöse Begründungen dafür gegeben hat oder die Möglichkeit eines Aufbegehrens nicht gegeben war, ist verschwunden. Die Moderne bringt also mit sich ein Leiden an der Moderne. Dieses Leiden macht sich an immer wieder auftauchenden Themen und Erlebnissen fest, die man – und das war neu – heftig beklagte.

Es ist ein durchaus interessantes Experiment, im Hinblick auf Mentalitäten wichtige geistige Strömungen im 19. Jahrhundert mit zentralen Themen der Gegenwart zu vergleichen. Dabei ist zu beachten, dass bei einer solchen „intellectual history" im Zusammenspiel von Kultur, Wissenschaft, Philosophie und Politik die geistige Elite eine größere Rolle spielt als das Alltagsbewusstsein des „normalen" Menschen. Der „Geist des 19. Jahrhunderts", also eine bilanzierende Form der Selbstreflexion, wird von zeitgenössischen Autoren gegen Ende des Jahrhunderts häufiger dargestellt. Dies hat sicherlich mit der These zu tun, dass krisenhafte Zeiten zu einer verstärkten Selbstreflexion anregen. Das „Fin de Siècle" (Haupt/Würffel 2008) mit seiner Stimmung prägt eine Reihe der Autoren. Besonders einflussreich ist der deutschnationale Engländer Houston Stewart Chamberlain aus dem engsten (Familien-)Kreis von Richard Wagner, dessen Darstellung riesige Auflagen erfährt. Einige Zeit später macht Oswald Spengler mit seiner Globalanalyse „Der Untergang des Abendlandes" Furore. Ich greife auf das Buch „Die Krise der Vernunft" von J. W. Burrow (2003) zurück. Die folgenden Themen identifiziert er als besonders bedeutsam für die Entwicklung des 19. Jahrhunderts: der Siegeszug der Naturwissenschaften von der Physik (bis hin zu Einstein, Max Planck und anderen am Ende des Jahrhunderts) und den philosophierenden Physikern (z.B. Ernst Mach, über dessen Erkenntnistheorie Robert Musil promoviert); ein einflussreicher Materialismus, der besonders durch die Evolutionstheorie Nahrung erhält (Häckel), mit Einflüssen auf die Gesellschaft (Sozialdarwinismus, Rassenlehren, Säkularisierung); die Rolle von Gemeinschaft im Gegensatz zu Gesellschaft, also das Problem der Integration und immer wieder das gefährdete Ich, das droht, in der „Masse" (de Bono, Freud) unterzugehen.

Stellte man nunmehr – ohne die historische Distanz, die Burrow zu seinem Gegenstand hat – einen Katalog von Themen zusammen, die die letzten Jahrzehnte eine wichtige Rolle in den Debatten spielen, so stellt man mit Verwunderung fest, dass es enorme Überschneidungen gibt: die Naturwissenschaften (zuerst die „Lebenswissenschaften", die Stammzellenforschung, aktuell die naturwissenschaftlich orientierten Neurowissenschaften) verbunden mit einer Thematisierung der Willensfreiheit; das

Ich in der Gemeinschaft, damit verbunden der Doppelbegriff Individualisierung/
Pluralisierung; der Umgang mit der Natur, damit verbunden eine Infragestellung der
heutigen industriellen Umgangsweise mit Ressourcen; eine erneute Debatte über das
Verhältnis von Realität und Idealität (virtuelle Welten wie sie durch die Digitalisierung
produziert werden; Konstruktivismus). Im Grunde sind die Themen sehr vergleichbar,
nur dass nicht die künstlerischen Hochleistungen erkennbar sind, die der Epochenwechsel 1900 provoziert hat. Zudem gab es rund um 1900 nicht nur die pessimistische
Zukunftsperspektive. Es gab starke Strömungen des Aufbruchs in den Wissenschaften,
in der politischen Gestaltung (von rechts und von links), es gab in der Philosophie
– etwa mit Husserl – fruchtbare Neuansätze. Man überlege sich, dass alle aktuellen
philosophische Strömungen (Phänomenologie, Lebensphilosophie, Analytische Philosophie, Marxismus, Hermeneutik, Existenzphilosophie) sich unschwer auf diese Zeit
zurückführen lassen: Husserl, der alte Dilthey, der junge Heideggger, Carnap und Co.
etc. Betrachten wir einige zentrale Themen etwas genauer.

Zerrissenheit

Ein wichtiges Thema der Kulturkritik der Moderne ist die Zerrissenheit. Der Mensch
wird zerrissen von der Verschiedenartigkeit der Anforderungen (z. B. Liebe im Privaten, hart kalkulierend im Beruf). Er fühlt sich überrollt von der Entwicklung, so wie
insgesamt das Leiden an der Veränderung, am sozialen, politischen, kulturellen und
ökonomischen Wandel ein Dauerthema ist. Der Mensch leidet daran, dass ursprünglich
vorhandene oder auch nur vermutete Gemeinschaften zerbrechen. Er selbst ist gezwungen, seinen Lebensunterhalt an unwirtlichen Stellen zu suchen. Denn human waren
die neuen Arbeitsmöglichkeiten in der neu entstehenden Industrie, im Bergbau, in
den Fabriken wirklich nicht. Die „ursprüngliche Akkumulation des Kapitals", also die
Erstausstattung der industriellen Infrastruktur, war teuer und wurde den Menschen
aller Kontinente abgepresst. Marx beschreibt diesen Prozess im ersten Band seines
Kapitals, der junge Barmer Unternehmersohn Friedrich Engels beschreibt das Elend
der Arbeiter im damals fortschrittlichsten England.

Frieden vs. Krieg und Gewalt:

Frieden war die zentrale Sehnsucht der Menschen. 100 Jahre Krieg zwischen England
und Frankreich, ein ständiger Streit um die Weltherrschaft zwischen Spanien, England,
den Niederlanden, Schweden, Deutschland, Portugal etc., schließlich 30 Jahre brutaler
europäischer Krieg auf deutschem Boden: All dies war die Grundlage etwa für Comenius,
in einer breiten Bildung der Menschen – der Slogan „Bildung für alle" geht auf ihn
zurück – die Basis für friedliche Zeiten zu sehen. Was kam, war jedoch noch mehr an
Gewalt. Und dies ist bis heute geblieben. Gewalt hat viele Gesichter: Gewalt gegen
Kinder, gegen Frauen, gegen Zuwanderer, gegen Minderheiten, gegen Andersgläubige.
Neben der offenen Gewalt gibt es strukturelle Gewalt, etwa durch ein Bildungssystem,
das systematisch Ausschluss von Teilhabe praktiziert, so wie es auch in Deutschland
der Fall ist. Die Zivilisierung der menschlichen destruktiven Eigenschaften ist kaum
gelungen: Gier, Habsucht, Macht, Einfluss, Kontrollbedarf können zwar im Alltag (oft

auch nur mühsam) unter Kontrolle gehalten werden. Doch wie dünn diese zivilisatorische Schicht ist, kann auch immer wieder erlebt werden. Nicht zuletzt der Rückfall in die Barbarei in die NS-Zeit, in der systematisch und individuell Völkermord betrieben wurde, hat die Frage aufkommen lassen, was ausgerechnet im „Volk der Dichter und Denker" diesen nie dagewesenen Niedergang menschlicher Kultur verursacht hat. Die These von der „autoritären Persönlichkeit" aus einem Forschungsprojekt rund um Fromm, Adorno und anderen war eine – heute allerdings umstrittene – Antwort. Wie dünn die Grenze zur Gewalttätigkeit ist, haben nicht zuletzt die berühmt-berüchtigten Pilgram-Experimente gezeigt.

Heimatlosigkeit und Entfremdung

Die Technik, von den einen als überzeugender Beweis menschlicher Denkkraft gesehen, wird von anderen als nicht zu beherrschendes Herrschaftsinstrument verstanden: der „Mensch im Zwiespalt seiner Möglichkeiten" (so Thurn 1990), der Mensch, dessen Seele nicht mehr „Herr im eigenen Haus" ist (so Simmel). Und so kämpft der moderne Mensch mit der Sinnfrage und hat immer das Gefühl, dass sich die von ihm produzierten Dinge gegen ihn stellen. Und immer wieder die Frage nach der Identität: „Wer bin ich und wie viele" – selbst Bestseller lassen sich auf dieser Notlage produzieren. Das „Leiden an der Gesellschaft" (Dreitzel 1972) – es sorgt zumindest für einen guten Arbeitsmarkt für Berater und Therapeuten.

Die Allgegenwart von Krisen

Zumindest gefühlte Krisen gibt es mit der Moderne zahlreiche. Dabei ist weniger an den eher harmlosen medizinischen Krisenbegriff gedacht, bei dem es nach einer Kulmination lästiger Befunde zu einer Heilung kommt. Unter Krisen wird hier durchaus das Alltagsverständnis gemeint: Es läuft einiges ziemlich schief. Im Begriff der Krise schwingt stets die komplexe Bedeutungsstruktur seiner historischen Semantik mit: Die (ursprünglich im Griechischen nahegelegte) Entscheidung, die nunmehr ansteht, ein Wechsel, ein notwendiger Fortgang der Geschichte, der Gedanke einer Epochenschwelle (vgl. die Artikel „Krise" in Brunner u.a. 1972/2004 und Ritter 1979ff.; siehe auch Habermas 1973).

Für den Historischen Materialismus war die Lage ohnehin klar: Der Kapitalismus kommt – wie jede frühere Gesellschaftsordnung – an eine Grenze, ab der die durchaus positiven Ergebnisse zurückgehen und allmählich das Chaos regiert. So gab es eine Allgemeine Krise der Antiken Sklavenhaltergesellschaft, die mit dem Ende des Römischen Reiches besiegelt wurde. Es gab eine Allgemeine Krise der mittelalterlichen Feudalgesellschaft, was die Geburt der bürgerlichen Gesellschaft ermöglicht hat. „Allgemein" sind diese Krisen, weil alle Gesellschaftsfelder wie Kultur, Politik und Ökonomie betroffen sind. Dieses angebliche Allgemeine Entwicklungsgesetz der menschlichen Geschichte gilt erst recht für den Kapitalismus. Nach seinem höchsten Entwicklungsstadium, das mit dem Imperialismus vor dem ersten Weltkrieg erreicht wurde, so Lenin, geht es abwärts. Der Krieg schien Lenin Recht zu geben. Seither wartete man darauf, dass – quasi im Selbstlauf – auch diese barbarische Zeit zu Ende geht. Es ist nicht so gekommen.

Allerdings: Krisen sind heute unser Alltagsgeschäft, und dies so sehr, dass „Krise"
ein häufig gebrauchter Alltagsbegriff geworden ist. Die Wirtschaft ist in der Krise,
das Gesundheitssystem ohnehin, ebenso die Staatsfinanzen und der Arbeitsmarkt.
Weltweit gibt es unzählige Krisenherde, einige davon über Jahrzehnte: Nahostkrise,
Nordirland, Balkan. Die Umwelt ist in der Krise, das Klima auch; das Wachstum, die
Sicherheit, das Theater, das Urheberrecht, die Kernfamilie, das Schulsystem – diese
Liste ließe sich fast beliebig fortführen. Vielleicht ist es auch eine Strategie, diese
Inflationierung der Krisenrhetorik zu betreiben, denn dann fällt es nicht auf, dass
es tatsächlich einige gefährliche Krisen gibt. Immerhin lassen sich die Krisen gut in
unser Vierfelderschema einordnen (Abb. 5).

Eine weitere Auflistung (Abb. 6) ist ebenfalls aufschlussreich. Ich gebe hier nur
die Grundidee wieder. Jede/r Leser/in möge sie nach eigener Einschätzung und Erfahrung auffüllen.

In den Abbildungen 5 und 6 sind einige weitere Phänomene aufgelistet, die in
einer „Theorie des gegenwärtigen Zeitalters" berücksichtigt werden müssten. Einige
davon werden auftauchen, wenn ich mich im nächsten Kapitel mit der Frage befasse,
wie die Künste und wie insbesondere die Literatur, wie Schriftsteller/innen, mit der
Identifikation von Pathologien der Moderne und dann auch mit deren Bewältigung
umgegangen sind.

KRISEN(BEISPIELE)	
Politik	**Wirtschaft**
- Legitimationskrise - Führungskrise - Krise der etablierten Parteien - Staatskrise - Kriege, Terrorismus - Krise der Parteien	- Finanzkrise - Krise der Arbeitsmärkte - Wirtschaftskrise - Ausbildungskrise - Ölkrise, Energiekrise
Soziales	**Kultur**
- Krise der Familie - Krise des Aufwachsens - Jugendkriminalität - Krise des Zusammenhaltes (Kohäsion) - Krise der Stadt - Krise der Generationsbeziehungen - Krise der Ehe - Krise der Vereine und Verbände	- Krise des Theaters - Krise der Kirchen; Glaubenskrise - Krise der Literatur - Krise der Geisteswissenschaften - Krise der Schule und der Erziehung

Abb. 5

Positive Ereignisse/ Entwicklungen	Negative Ereignisse/ Entwicklungen	Unsichere Ereignisse/ Bewertungen
>> bessere Gesundheit >> längeres Leben >> höherer Wohlstand >> höhere politische Partizipation >> mehr Freiheit >> Bildung	>> Kriege/Terrorismus >> Umweltzerstörung >> Arbeitslosigkeit >> Bevölkerungsexplosion >> Armut >> Atomenergie >> Inflation >> Ungleichheit	>> Migration >> medizinischer Fortschritt/ Gentechnologie >> technischer Fortschritt >> Digitalisierung >> Massenkultur >> Globalisierung >> Individualisierung/ Pluralisierung >> Säkularisierung >> Urbanisierung

Abb. 6
Bewertung der Moderne

Es ist zudem zu berücksichtigen, dass der Weg in die westliche Moderne keineswegs linear verlief. Winkler (2009, 2011) identifiziert als „normatives Projekt des Westens" die Elemente Herrschaft des Rechts, repräsentative Demokratie, Gewaltenteilung, Menschenrechte. Er zeigt die Ungleichzeitigkeit in der Durchsetzung dieser Elemente und weist auf die Dialektik des Geschichtsprozesses hin, wenn etwa die Reformation zwar die Gewissensfreiheit des Einzelnen unterstützte, zugleich aber auch einen Beitrag zur Durchsetzung einer Untertanengesellschaft leistete (aufgrund des problematischen Staatsverständnisses im Protestantismus; Winkler 2009, 20).

Im Kontext unserer Betonung der kulturellen Dimension können die von Winkler hervorgehobenen Elemente zwar auch als wesentliche Grundlagen des westlichen Gesellschaftsmodells betrachtet werden. Es ist aber auch auf die alternative Auflistung anderer Elemente bei Max Weber hinzuweisen, die bei Winkler keine Rolle spielen: rationale harmonische Musik, Fachmenschentum, Erwerbsgier, rationale Buchführung etc. (ebd., S. 23).

Kulturkrise, Kulturangst und der „Mensch ohne Eigenschaften"

Ob Robert, die Hauptfigur in Musils Jahrhundertwerk „Mann ohne Eigenschaften", der typische Mensch war, so wie er am Anfang des Jahrhunderts mit dem Weltkrieg, dem Ende zweier Kaiserreiche (dem reichsdeutschen und dem „kakanischen" österreichisch-ungarischen Reich), den beiden Republiken und der durchaus turbulenten Zwischenkriegszeit geformt wurde, muss hier nicht geklärt werden. Geplant war jedoch mit dem unabgeschlossenen Werk von 1500 Seiten eine umfassende Bestandsaufnahme der Totalität seiner Zeit. Und Musil war nicht der einzige Schriftsteller. Herrmann Broch war ihm in Hinblick auf eine ambitionierte Totaldiagnose in einem Roman – bei ihm ist es vor allem der Roman „Die Schlafwandler" – zumindest ebenbürtig. Neben den literarischen Projekten waren es die Essays, in denen die beiden Schriftsteller brillant und sicher auch in gegenseitigem Wettbewerb ihre Zeit analysierten. Sicherlich gab es auch eine

Konkurrenz mit den großen Namen wie Thomas Mann, Hauptmann, Döblin, Hofmannsthal oder Kafka. Der Roman schien beiden die einzig angemessene Form der künstlerischen Zeitreflexion, obwohl sie sich auch in Lyrik oder Theaterliteratur versuchten.

> „Ob nun literarischer Roman oder wissenschaftliche Zeitschrift, sämtliche Schriftformen dieser Zeit sind als soziale Dokumente für die Sinnsuche und Selbstfindung des bürgerlichen Individuums zu betrachten. Sie spiegeln den an der Wende zur kapitalistischen Gesellschaftsformation stehenden Wunsch wider, sich über das auf der Weltbühne entblößte Selbst auszutauschen, sich mitzuteilen, sich über den Ort im gesellschaftlichen Ganzen zu versichern." (Rau 2010, S. 195)

Doch wieso diese beiden Österreicher, wieso die Zeit um 1900, wieso Literatur, wo es doch um Erkenntnisse über die heutige Zeit geht?

Zunächst einmal zu der Rolle der Künste und speziell der Literatur. Dass die Künste Teil des Kultursystems sind und ihren Anteil an der Erfüllung der Kulturfunktionen haben, wurde oben dargestellt. Gerade die diskursive Kunstform Roman hat dabei die Aufgabe übernommen, die Komplexität und Totalität einer Zeit und der darin agierenden Personen auszuleuchten. Dies war bekanntlich nicht immer so. Erst im 19. Jahrhundert hat der Roman als literarisches „Leitmedium" die dramatische und die Dichtkunst verdrängt. Dies geschah nicht nur im deutschsprachigen Bereich – die großen Entwicklungsromane Wilhelm Meister, Der Grüne Heinrich oder Anton Reiser machten den Anfang, Flaubert und seine Nachfolger leisteten dies für die französische Sprache. Es ist kein Zufall, dass Sartre zwei dicke Bände über Flaubert geschrieben hat und dieser für Bourdieu (1999) das Beispiel lieferte, an dem er die Konstituierung des literarischen Feldes in Frankreich demonstrieren konnte. Ernst Cassirer (1990) hat zudem gezeigt, dass alle symbolischen Formen (Sprache, Religion und Mythos, Wissenschaft, Politik, Wirtschaft, Technik und eben auch die Kunst) die Welt als Ganzes erfassen, jede dabei mit einem spezifischen Brechungswinkel. Die Zeit um 1900 ist deshalb wichtig, weil es einige Parallelen zur Gegenwart gibt: Es ist eine Zeit des Umbruchs, der deutlich von Wissenschaft und Kunst wahrgenommen wird und worauf beide Bereich reagieren. Man überlege sich nur einmal, welch revolutionäre Entwicklungen in der Bildenden Kunst stattfanden; das Kino wurde eingeführt, vielleicht die genuine Kunstform der Moderne, die allerdings noch lange um ihren Kunstanspruch kämpfen musste. Freud veröffentlichte 1905 seine Traumdeutung, Thomas Mann erhielt später für die im gleichen Jahr erschienen Buddenbrooks den Nobelpreis. 1905 veröffentlicht Einstein seine Relativitätstheorie, fünf Jahre zuvor hielt David Hilbert in Paris seinen zukunftweisenden Vortrag über die anstehenden Herausforderungen in der Mathematik. Und schließlich veröffentlichte Max Weber 1905 seine Studien über den Protestantismus als Wirtschaftsethik des Kapitalismus, bis heute das meistzitierte soziologische Buch. All dies spielte sich – zumindest was den deutschsprachigen Bereich betrifft – rund um die Zentren Berlin und Wien ab. Gerade der Kontrast des protestantischen Wilhelminischen Berlin mit dem katholischen Wien ist spannend –, zumal beides Hauptstädte von Reichen waren, die sich in der Tradition des 1805 zu Ende gegangenen 1000-jährigen Heiligen Römischen Reiches Deutscher Nation sahen. Unmöglich wäre die Herstellung einer großdeutschen Lösung im 19. Jahrhundert nicht gewesen. Selbst nach dem verlorenen Ersten Weltkrieg war eine Vereinigung von (Rest-) Deutschland mit Österreich zumindest diskutiert worden. Sie sollte 20 Jahre später unter einem andern Vorzeichen erfolgen. Berlin und Wien als Weltmetropolen waren durchaus vergleichbar mit Paris, London und dem stark kommenden New York. Beide waren vitale und lebendige geistige Zentren. Man vergisst gelegentlich die große Rolle Wiens in der gemeinsamen deutsch-österreichischen Kulturentwicklung: Freud ist schon genannt, die beiden Großschriftsteller auch; der Logische Positivismus mit Schlick, dem zugereisten Wuppertaler Carnap und vor allem Wittgenstein, die Musik mit ihren Traditionen und Revolutionen (Schönberg), Hofmannsthal, Kafka in der Nachbarstadt Prag, die Öffnung zum Süd-Osten Europas. „Der österreichische Mensch" (Johnston 2010) ist jedenfalls für unser mentalitätsgeschichtliches Interesse ebenso von Bedeutung wie der Wilhelminische „Übergangsmensch" (Doerry 1986).

Man beobachtet sich auch wechselseitig, oft in einer Hassliebe zur jeweiligen Heimatstadt: Musil flieht geradezu nach Berlin und versteht sich explizit als Deutscher, Berliner schauen wiederum voller Sehnsucht nach Wien, was die Wiener ironisch-spöttisch, aber durchaus mit Befriedigung wahrnehmen (Morgenbrod: „Träume in Nachbars Garten". Das Wien-Bild im Deutschen Kaiserreich. In Hübinger/Mommsen 1993, S. 111ff.).

Die Zeit um 1900 ist eine Zeit des Wandels, vielleicht sogar der Revolution: „Vom Weltbildwandel zur Weltanschauungsanalyse" heißt zu Recht ein lehrreiches Buch über diese Zeit (Drehsen/Sparn 1996). Der Weltbildwandel wurde provoziert durch eine Kulturkrise, v.a. eine Religionskrise, wobei es aber auch – gerade in der Bildenden Kunst – eine „avantgardistische Skepsisverweigerung" gab (so Werner Hofmann in dem angegebenen Buch, S. 31ff.): Man wollte den wissenschaftlich-technischen Fortschritt und greift ihn in der künstlerischen Gestaltung offensiv auf.

Der Vergleich mit der Gegenwart liegt nahe. Der Übergang zum 21. Jahrhundert ist ein Epochenwechsel (Sieferle 1994): Die Welt ist eine andere seit 1990, das Internet, die Globalisierung, die Veränderung der Lebens- und Subjektivitätsformen, die Veränderung im kapitalistischen System, die Umwelt- und Klimakrise, der Terrorismus – braucht man noch mehr Hinweise auf einen Epochenumbruch? Und wie reagieren die Künste? Der maßgebliche Roman des derzeitigen Epochenumbruchs ist noch nicht erschienen. Kein Musil, Joyce, Broch oder Kafka ist zur Zeit auszumachen. Günther Grass hat zumindest versucht, einen Wenderoman zu schreiben. Immerhin kam er in „Ein weites Feld" auch auf die Idee einer Kontrastierung der Gegenwart mit dem Kaiserreich am Beispiel des preußischen Spions Theodor Fontane. Gelungen ist ihm mit diesem Buch der große Wurf nicht. Uwe Tellkamp hat in seinem „Turm" ein Soziotop der DDR-Gesellschaft beschrieben, nett schon, aber mehr? Immerhin weist Paul-Michael Lützeler (2009) darauf hin, dass eine eindrucksvolle Reihe deutschsprachiger jüngerer Schriftsteller den moralischen Impetus der Großen aus der Jahrhundertwende 1900 durchaus aufgegriffen hat, indem sie sich offensiv und deutlich mit all den weltweiten Menschenrechtsverletzungen literarisch auseinandersetzt. Sie tut es allerdings nicht mehr mit dem großen Gestus der Totalerfassung, sondern eher postmodern und fragmentarisch. Immerhin: Die Kulturfunktion der kritischen Selbstreflexion der Pathologien der Moderne wird angenommen.

Womit befassen sich also die Musil, Broch und andere rund um 1900 (+/- 30 Jahre)? Zunächst einmal: Sie kennen Schopenhauer und Nietzsche sowie – später – Spengler.

Sie kennen die neuen Entwicklungen in Mathematik und Naturwissenschaften. Gerade Broch und Musil tun dies, denn sie sind ausgebildete Ingenieure. Sie kennen natürlich die Psychoanalyse. Sie verfolgen die zeitdiagnostischen Entwürfe von Fachwissenschaftlern: Mach und Helmholtz, die Debatten über die Grundlagen der Mathematik und Naturwissenschaften, sie kennen Weber und Simmel. Und natürlich setzen sie sich auseinander mit dem Werk ihrer Zunftgenossen. Musil promoviert später in Philosophie und Psychologie über Ernst Mach in Berlin, über den Lenin ein wichtiges philosophisches Buch schreibt („Emperiokritizismus"), weil er dessen weltanschaulichen Einfluss eindämmen will. Broch schreibt auf hohem Niveau über Massenwahn – immerhin ist 1895 le Bons Werk über Massenpsychologie erschienen – und kann sogar damit ein eigenes Forschungsprojekt akquirieren, das ihm einen Lebensunterhalt als Emigrant in den USA für einige Jahre sichert. Musil schwankt ebenfalls viele Jahre in seiner Entscheidung zwischen wissenschaftlicher Karriere und Schriftstellerei. Sein unabgeschlossener Roman – ein gigantischer Essay von über 1500 Seiten auf der Basis von tausenden von Seiten an unveröffentlichten Studien – integriert Unmengen an Bildungswissen, an abgeschlossenen Erörterungen vor allem über ethisch-moralische Fragen. Es ist die Verunsicherung der Zeit, die „Crisis of European Culture" (so Luft 1980 in seiner Darstellung der intellektuellen und künstlerischen Sichtweise von Musil), die den Einzelnen in eine heillose Verwirrung über seine Identität stürzt. Broch setzt sich ebenfalls in zahlreichen veröffentlichten und noch mehr unveröffentlichten Essays über Jahrzehnte mit der Situation seiner Zeit auseinander. Es war von allem Paul-Michael Lützeler, der bereits in seiner Dissertation von 1973 den Trend zu einer zunehmend unpolitischen Rezeption dieses grandiosen Diagnostikers aufgebrochen und die moralisch-politische Dimension als zentrale Bewegungskraft des Brochschen Schaffens herausgearbeitet hat. In seinem ersten Hauptwerk „Die Schlafwandler" beschreibt Broch am Beispiel seiner drei Hauptfiguren den Werteverfall im Wilhelminischen Deutschland. Der Roman handelt in drei zeitlichen Etappen: 1888 (der preußische Leutnant Pasenow), 1903 (der Buchhalter Esch) und 1918 (der Deserteur Huguenau). Es geht um Mitmenschlichkeit, um die Fähigkeit, Beziehungen mit anderen zu knüpfen. Später interessiert sich Broch – vor allem nach der von den Nazis erzwungenen Emigration ins Ausland – für die Verführbarkeit des Menschen. Er tut dies literarisch (etwa in seinem „Bergroman") und wissenschaftlich (in seiner „Massenwahntheorie"). Ein roter Faden ist der von ihm geforderte Zusammenhang von Ethik und Ästhetik. Mit Kant überwindet er seine frühe Affinität zur Lebensphilosophie und zu Nietzsche. In der Kantschen Ethik glaubt er ein stabiles Fundament für seine Weltanschauung zu finden (Lützeler 1973, S. 33ff.). Später befasst er sich mit dem spezifischen Austro-Marxismus. Die späteren Arbeiten sind kritisch gegen jegliche Form des Totalitarismus: Er orientiert sich an den Menschenrechten und ergreift einige politische Initiativen, was sogar zu einer Vernachlässigung seiner literarischen Arbeiten führt (Klinger 1994). Es ist ein Kampf gegen den Wertezerfall, wobei mit der Formulierung der Menschenrechte die Hoffnung verbunden war, nunmehr ein neues verbindliches und international anerkanntes Wertefundament gefunden zu haben. War doch die Zeit gegen Ende des 19. Jahrhunderts sehr dazu angetan, skeptisch gegenüber vorhandenen Werten zu sein. Denn diejenigen, die die traditionellen Werte der herkömmlichen „Kultur" und der Nation proklamierten, machten sich selbst durch ihren Imperialismus und ihre Orientierung an oberflächlich-materiellen Werten unglaubwürdig. Man kann dies als Grundzug des 19. Jahrhunderts, vermutlich sogar der Moderne insgesamt ansehen:

Dass das „heroische (bürgerliche) Subjekt", das die Weimarer Klassiker im Ausgang des 18. Jahrhunderts gegen feudale politische und gesellschaftliche Zustände stark gemacht haben, im Laufe des (bürgerlichen) 19. Jahrhunderts an seinen eigenen Visionen zerbricht. Die Massengesellschaft der Großstadt, der Großfabriken, der anwachsenden Massenkultur zerstört diese heroische Subjektidee in der Realität, sodass Künstler und Philosophen nur noch die empirisch vorhandene Realität erfassen müssen, um zu ihren Thesen vom „Tod des Subjekts" zu gelangen (vgl. Fischer-Lichte 1999 für die entsprechende Entwicklung im Drama). Zudem kam es zu einer Destruktion der Werte durch zwei „narzißtische Kränkungen" der Menschheit: Die Darwinsche Evolutionstheorie wurde so interpretiert, dass der Mensch bloß willenloses Geschöpf natürlicher Gesetzmäßigkeiten ist, sodass von Willensfreiheit und der damit verbundenen Verantwortungsübernahme keine Rede mehr sein konnte. Diese Haltung wurde dann durch die Studien von Freud noch verstärkt, die den Menschen als von seinen Trieben abhängiges Wesen beschreiben: Die Anthropologie dieser Zeit zerstört entscheidende Grundlagen einer Verantwortungsethik. Damit werden aber auch alle Verpflichtungen, die sich aus menschlichen Bindungen ergeben, hinfällig. Durch Bindungen, durch soziale Beziehungen entsteht jedoch erst das, was man später – auch in Anschluss an entsprechende Studien von George Herbert Mead – „Identität" nannte. Wertezerfall, Verantwortungsfreiheit, Bindungslosigkeit, Identitätskrise: all dies gehört zu dem Deutungshintergrund der großen Romane dieser Zeit. Dazu kam eine heftig empfundene Unfähigkeit, die praktischen Folgen der Moderne individuell zu bewältigen. Neurasthenie war der zentrale Befund, hervorgerufen durch gesteigerte Mobilität, durch die Hektik der Großstadt. Simmel als literarisierender Soziologe und die genannten Romanciers als psychologisierende und soziologisierende Autoren arbeiteten sich wechselseitig zu.

Broch hielt dagegen. Seine Theorie des Kitsches („Der Kitsch als das Böse in der Kunst") entspricht seiner Haltung. „Kitsch" war nämlich für ihn eine pure Konzentration auf das Dekorative, eine Verselbständigung des Schönen und Ästhetischen ohne ethisches Fundament. Als Kulturanalytiker tritt er in zahlreichen kleineren und dann vor allem in der größeren Studie „Hofmannsthal und seine Zeit" (der größte Teil wurde erst nach seinem Tod veröffentlicht) in Erscheinung. Interessant in unserem Kontext ist das erste Kapitel dieser Studie, das sich nicht mit Hofmannsthal befasst, sondern eine eigenständige kultursoziologische Studie des Österreichs am Ende des 19. Jahrhundert darstellt. In dieser Studie tauchen die oben genannten Elemente auf: Ein Trend zu bloß Dekorativem, die Großstadt und – überraschend für einen Theaterautor – eine handfeste Kritik an der Kunstform des Theaters: „Theater ist Schminke" (Broch 1955, S. 49). Immer wieder kommt Broch auf seine Formel von der „von Reichtum überdeckten Armut" zurück (z. B. 51), kritisiert das l'Art pour l'Art des Impressionismus wegen seiner „Sozialgleichgültigkeit" (55).

Kunst soll die Totalität der Welt erfassen (69),

„Der Künstler", so Broch (ebd.), „kümmert sich nicht um die Bedürfnisse der Epoche, wohl aber fühlt er, weiß er, was sie ist und worin ihre Neuheit besteht, weiß es kraft einer intuitiven Sicht, die man geradezu als „Epoche-Gefühl" bezeichnen könnte."

Es kann einem auch gut gehen mitten im Zerfall. Broch prägt auch hierfür einen schönen Begriff: „Die fröhliche Apokalypse" (76).

Teil 2:
Kultur leben - Subjekte formen

4. Umstrittenes Ich: Person, Subjekt, Selbst

Überblick

Eigenartige Meldungen machten die Runde: Das Subjekt ist tot. Nun ist es zwar traurig, wenn ein einzelner Mensch stirbt. Doch wäre eine solche Nachricht nicht wirklich so relevant. Aber auch dies ist relevant in unserem Kontext: Wer von einem Menschen – vor allem im Süddeutschen – als einem „Subjekt" spricht, meint dann oft einen in kriminelle Aktivitäten verstrickten Menschen.

Das „Subjekt", dessen Tod seit einiger Zeit erklärt wird, bezieht sich nicht auf einen einzelnen Menschen, ob kriminell oder nicht. Es handelt sich vielmehr um eine Denkfigur, die komplex mit verschiedenen Bedeutungen aufgeladen ist. Das „Subjekt" meint etwa das Rechtssubjekt, als denjenigen Menschen (bzw. diejenige Organisation, denn auch diese haben in rechtlicher Hinsicht den Status einer Person), der Verträge abschließen oder brechen kann, der also Träger von Rechten und Pflichten ist. Gemeint könnte auch eine Gruppe von Menschen sein, die – als kollektives „Subjekt der Geschichte" – Entwicklungen vorantreibt oder verhindert. Mit diesen Erinnerungen ist man bereits im Kern des Subjektbegriffes gelandet. Denn die Trägerschaft von Rechten eines Einzelnen ist eine Denkfigur, die in dieser Allgemeinheit aufs engste mit der Moderne verbunden ist. Sie macht nur Sinn, wenn der Einzelne nicht bloß für fähig gehalten wird, Taten zu begehen oder zu vermeiden, sondern wenn diese Taten auf der Basis freier Willensentscheidungen beschlossen werden: Es geht um die Verantwortungsübernahme für sich selbst. Das „Subjekt" ist also Träger von Handlungen, ist aufs engste verwoben mit Freiheit, mit Willen, mit Verantwortung. In diesem Kontext ist „das Subjekt" eine Kategorie der Moralphilosophie (der Politik, des Rechts, der Frage nach Richtig und Falsch). Es ist eine Beziehung des Einzelnen zur Gemeinschaft angesprochen, dass nämlich der Einzelne nicht im Kollektiv untergeht, sondern sich als Gestalter selbstbewusst behauptet. Dies gilt auch für die Rede vom „Subjekt der Geschichte". Damit ergibt sich sofort eine Verbindung mit der Konstitution des Sozialen und seiner Beziehung zur Individualität.

Auch der Personbegriff wurde schon genannt. In dem Wort „Person" steckt das lateinische Wort personare, also hindurchtönen. Dies kommt von der römischen Theaterkunst, bei der die Akteure Masken tragen, durch die hindurch ihre Rede dringen musste. Damit ist nicht nur die Verbindung zu den Künsten, zur Darstellung von Menschen, Göttern oder anderen mythischen Figuren hergestellt: Es gibt zugleich eine Verbindung zur modernen Soziologie, für die die Idee des Rollenspiels und der Rollenübernahme („Wir alle spielen Theater", so Goffmann) wichtig sind.

Man weiß, dass die zentrale Rolle eines einzelnen Individuums eng verbunden ist mit der Genese der Moderne. Immerhin hat Jakob Burckhardt (2007) die „Entdeckung des Individuums" als große Leistung der Renaissance beschrieben. Die Künste, die Autobiographie, die Porträtmalerei, die (Liebes-)Lyrik spielen eine wichtige Rolle. Auch die Erkenntnistheorie spielt in diesen Fragekomplex mit hinein. Denn es stand nicht nur über dem Orakel von Delphi die Aufforderung „Erkenne Dich selbst!": Descartes verbindet jede Form von sicherem Wissen damit, dass lediglich die Tatsache, dass ICH es bin, der denkt, unbestreitbar ist. Das „Subjekt" steht also im Mittelpunkt der Philosophie, der Künste, spätestens nach der Reformation auch der Religion, der Politik, der Sozialwissenschaften, des Rechtssystems. Seinen Tod zu erklären hätte also durchaus gravierende Folgen.

Auch die Pädagogik müsste um ihren Gegenstand bangen. Denn stets steht – zumindest heute – die „Entwicklung der Persönlichkeit" im Mittelpunkt. Und eine Persönlichkeit und ein reflektiertes Selbst zu haben, ist Kern des modernen Subjektbegriffs, sofern er sich auf Menschen bezieht. Auch in der Psychologie liegen keine Kollektive auf der Couch, sondern Einzelmenschen, die über Probleme mit ihrer Identität klagen oder die sonstige Probleme haben, die nur mit ihnen selbst geklärt werden können. Denn das individuelle Leben muss von jedem selbst eigenverantwortlich geführt werden. Dies klingt heute banal, doch handelt es sich auch hierbei um ein modernes Entwicklungsergebnis. Hagenbüchle (in Fetz 1998, Bd. 1, S. 16) ist also zuzustimmen, wenn er schreibt:

> „Wenn die abendländische Kultur ... in ihren wesentlichen Leistungen auf das
> eigen- und mitverantwortliche Individuum hin zentriert erscheint, dann wäre
> die Verabschiedung des Subjekts identisch mit der Verabschiedung der Menschen
> als Person. Das Subjekt zu streichen, hieße den mündigen Menschen mit der
> ihm eigenen Freiheit und sozialen Verantwortlichkeit zu streichen."

Der Mensch war sich stets selbst das Wichtigste, für dessen (Selbst-)beobachtung er erhebliche Zeit und Anstrengungen investiert. Der Mensch ist das ständig sich selbst interpretierende Tier, so der kanadische Philosoph Charles Taylor. Philosophie, Künste und Wissenschaften – und natürlich auch der Mensch in seiner Alltagspraxis – befassen sich quasi ununterbrochen mit der Ausdeutung, z. T. auch mit der Ausdehnung der Selbst- und Weltverhältnisse. Natürlich gibt es Phasen, in denen gerade die Selbstbeobachtung erheblich gesteigert wird. Die Renaissance gehört sicherlich dazu. Spätestens seit dem 19. Jahrhundert scheint es zudem ein ständiges Wachstum derartiger Versuche zu geben. Offensichtlich hat dies mit der im ersten Teil dargestellten Entwicklung der Kultur (und der Kulturtheorien) zu tun. Eine Hypothese hierfür ist, dass der *Bedarf an Selbstdeutung seine Ursache in immer größeren Verunsicherungen der Einzelnen* hat: Dies ist die Kehrseite des oben angesprochenen Gewinns an Enttraditionalisierung. Denn diese bedeutet auch einen Verlust an verbindlichen Orientierungen, etwa durch gemeinsam geteilte Werte und anerkannte Institutionen, die diese Werte verkörpern. Damit wird auch die sich verschärfende Diskrepanz verständlich: dass es zwar einerseits nicht bloß materiellen Fortschritt gibt, sondern durchaus auch Fortschritte in Hinblick auf Entscheidungsfreiheit des Einzelnen, und gleichzeitig das „Leiden an der Gesellschaft" zunimmt. *Fortschrittsoptimismus und Kulturpessimismus sind gelegentlich komplementäre Zeitgeistererscheinungen, die auf dieselben Ursachen zurückzuführen sind.* Dies wird zuerst fulminant von Rousseau, dann im 19. Jahrhundert von Marx und Nietzsche publikumswirksam, allerdings mit unterschiedlichen Begründungen analysiert. Auch und gerade die Künste thematisieren diese Subjekt-Problematik und tragen zur verbreiteten melancholisch-depressiven Stimmung bei. Sie sind jedoch zugleich Felder, in denen das Subjekt Rettungsversuche angeboten bekommt. Die Romane und Theaterstücke sind voll von Personen, die an ihren Selbstzweifeln zugrunde gehen (Ibsen, Strindberg); Skepsis und Selbstzweifel werden geradezu die verbindliche Haltung des Intellektuellen im 19. Jahrhundert in Hinblick auf die Errungenschaften seiner Zeit. Hieran hat sich seither nichts geändert. Eher haben die beiden Weltkriege, die Diktaturen, die im 20. Jahrhundert entstanden sind, der mehrfache Genozid in Europa, aber auch in Afrika, Asien oder Südamerika, den Glauben an das heroische Subjekt, das nach Prinzipien der Humanität seine Welt gestaltet, nachhaltig erschüttert. Großartige Werke in der Philosophie, den Künsten und den Wissenschaften sind bei dieser verzweifelten Suche nach Identität, nach neuen Werten, nach neuen Gesellschaftsformen entstanden. Die heutige Zeit ist wiederum von einer „unerbittlichen Paradoxie" (Hagenbüchle in Fetz 1998, S. 70) geprägt: extremer Individualismus und kollektive und konformistische Massenkultur.

Zwei Aspekte des Überblicksbeitrags von Hagenbüchle werden wir im Folgenden besonders aufgreifen: Zum einen interessiert uns sein Hinweis darauf, inwieweit sich „der Bereich der Kunst noch am widerständigsten" gegen die Auflösungstendenzen des Subjektbegriffs erweist. Offensichtlich muss diese Frage gerade für die Kulturpädagogik und Kulturpolitik von Interesse sein. Daran schließt sich unmittelbar die Frage an, welche Formen von Subjektivität heute entwickelt werden. Denn dass jede Zeit und ihre Gesellschaft die jeweils „passenden" Formen von Subjektivität produziert – und sogar mittels eines ausgebauten Bildungssystems systematisch produziert – ist bekannt. Dabei ist es die besondere Chance jeder emanzipatorischen Pädagogik und Politik, dass in der jeweiligen Subjektgenese der Doppelcharakter des Subjektbegriffs, nämlich gleichzeitig das Unterworfene (sub-iacere) und das Tragende zu sein, zum Ausdruck kommt. Gerade die Gestaltbarkeit beider Anteile, die Unterwerfung und die (Selbst-)Gestaltung, muss politisch und pädagogisch interessieren, will man an der Vision einer „zunehmenden Selbstbefreiung des Menschen" (Ernst Cassirer) festhalten. Diese Vision ist allerdings ohne Alternative, da sonst die Sinnhaftigkeit des Lebens nicht mehr zu erklären wäre. Im deutschen Begriff der „Bildung" steckt dieses Moment der Selbstbefreiung durch eine allseitige Entwicklung der Persönlichkeit. Diese bewusste Einwirkung auf sich selbst kommt in der Sichtweise zum Ausdruck, dass Bildung Selbstbildung ist. Diese bewusste und aktive Selbstgestaltung macht verständlich, dass „Bildung" lange Zeit – rund um die Jahrhundertwende 1800 oft synonym mit „Kultur" verwendet wurde. Denn der Kulturbegriff erfasst diese tätige Gestaltung im Sinne einer Veredelung (Fuchs 2008b). Doch auch dies ist zu berücksichtigen:

> „Kultivierung ist jedoch nicht immer etwas, das wir selbst an uns vornehmen. Sie kann auch etwas sein, das an uns vorgenommen wird, nicht zuletzt durch den Staat. Wenn der Staat gedeihen soll, muss er seinen Bürgern die richtige geistige Verfassung einpflanzen; eben dies meint die Idee der Kultur oder Bildung in ihrer ehrwürdigen Tradition von Friedrich Schiller bis zu Matthew Arnold. In einer Zivilgesellschaft leben die Individuen, von antagonistischen

Interessen getrieben, in einem Zustand chronischen Widerstreits; der Staat aber ist jenes transzendente Reich, in dem diese Teilmengen harmonisch miteinander versöhnt werden können. Damit dies aber geschehen kann, muss der Staat in der Zivilgesellschaft schon am Werk gewesen sein, um ihre Streitigkeiten zu mildern und ihre Empfindungen zu veredeln. *Das ist es, was wir „Kultur" nennen."* (Eagleton 2001, S. 14; meine Hevorhebung; M. F.).

Wir haben auch hier wieder die doppelte Bedeutung von „Subjektivität" als Emanzipation und als Unterjochung, das gleichzeitige Auftreten von Befreiung und Einordnung.

Annäherung an die Begriffe

„Jede Kultur/Epoche weist ein Konzept der „Person" auf, das zu ihrer Anthropologie gehört", so Titzmann in Pfister 1989, S. 36. Mit dieser Grundüberlegung müsste man sich nunmehr zwar darauf einstellen, dass es nicht ein einziges wohldefiniertes Konzept von „Person" gibt, da die Vielzahl von Epochen und Kulturen zu einer Vielzahl von Subjekt- und Personbegriffen führt. Man muss sich bloß anthropologische Entwürfe verschiedener Zeiten anschauen, um eine begrenzte Zahl zuverlässiger Personkonzepte zu erhalten. Leider ist die Sachlage doch nicht so einfach. Zwei weitere Zitate weisen darauf hin:
> „Die individuelle Identität der Personen ist in der Moderne dauerhaft umstritten. Das gilt für die einzelnen Personen in ihrer privaten und alltäglichen Lebensführung ebenso wie für kollektive politische Auseinandersetzungen um kulturelle Ansprüche und persönliche Rechte auf ein gelingendes Leben." (Straub/Renn 2002, S. 7).

Man wird sich also mit erheblichen Meinungsverschiedenheiten über die genannten Begriffe auseinandersetzen müssen, zumal das Zitat unsere in der Überschrift genannte Liste von Ich-Begriffen noch um einen wichtigen Begriff erweitert hat: „Identität". Spätestens jetzt wird zudem klar, dass es nicht bloß eine einzige Wissenschaft gibt, die zu konsultieren wäre: Mit „Identität" setzen sich nämlich auch Soziologie, Politikwissenschaft, Psychologie, Medizin auseinander. Nehmen wir die anderen Konzepte dazu, dann werden die Rechtswissenschaft (das „Rechtssubjekt") und natürlich die Philosophie ebenso relevant. Am Beispiel des Kulturbegriffs, der im Eingangszitat als wichtige Referenz für den Personbegriff genannt wurde, habe ich zudem gezeigt, dass heute nicht nur jede Einzelwissenschaft ihren Kulturdiskurs pflegt, sondern die verschiedenen Diskurse auch nur begrenzt kompatibel sind (Fuchs 2008b). Es ist daher zu vermuten, dass dies bei den verschiedenen Ich-Konzepten auch nicht anders ist.
> Clifford Geertz (1987, S. 294) hat zudem auf folgendes hingewiesen:
> „Die abendländische Vorstellung von der Person als einem fest umrissenen, einzigartigen, mehr oder weniger integrierten motivationalen und kognitiven Universum, einem dynamischen Zentrum des Bewusstseins, Fühlens, Urteilens und Handelns, das als unterscheidbares Ganzes organisiert ist und sich sowohl von anderen solchen Ganzheiten als auch von einem sozialen und natürlichen Hintergrund abhebt, erweist sich ... im Kontext der anderen Weltkulturen als eine recht sonderbare Idee."

Dieser Hinweis ist geeignet dafür, festgeglaubte Fundamente unseres Denkens zu erschüttern. Denn wie viel unserer politischen, sozialen, kulturellen und ökonomischen Grundordnung basiert auf der Idee einer Person, die Träger von Rechten und Pflichten ist und die zudem für ihre Taten verantwortlich gemacht werden kann, wurde oben angedeutet. Und nunmehr erscheint diese Sichtweise als bloßer Eurozentrismus oder vielleicht sogar als Form eines subtilen Kulturimperialismus?

Schaut man sich die von Pfister (1989) gesammelten Texte an, dann rückt ein bereits erwähnter Bereich näher: das Feld der Künste. Denn die „Studien zur Subjektkonstitution in der Vor- und Frühmoderne" befassen sich überwiegend mit den Studien der Selbstthematisierung der Person in der Literatur des 19. und frühen 20. Jahrhunderts. „Die Moderne und Krise des Ich" bei Dorian Gray, das zersplitterte Selbst bei Joseph Conrad, die Subjektauflösung – man findet leicht zahlreiche Befunde einer ge- oder sogar zerstörten Identität, an der die Menschen der Moderne leiden. Zugleich ist dieses Leiden eine wichtige Triebkraft für künstlerische Produktionen.

Wenn Charles Taylor in seinen Schriften immer wieder seine These illustriert, der Mensch sei das ständig sich selbst interpretierende Tier, dann muss man feststellen: Ein großer Teil dieser Selbstdeutungen des Menschen kommen zu keinem guten Ende. Dieser Prozess der Selbstdeutung beginnt zwar nicht mit der Renaissance, wie es seinerzeit Jacob Bruckhardt mit seiner These von der seinerzeitigen „Entdeckung der Individualität" als Deutungsvorschlag formuliert hat – viele Antike- und Mittelalterforscher haben seither viel Energie in die Widerlegung dieser allzu strengen Aussage gelegt (vgl. Fetz u.a. 1998, Bd. 1) –, doch verstärkt sich dieser Selbstreflexionsprozess im Verlauf der Moderne enorm. Es gibt geradezu einen engen Zusammenhang zwischen bodenlosen Allmachtsphantasien – die Welt als *mein* Wille und *meine* Vorstellung –, und es gibt eine wachsende Verzweiflung über die Hilflosigkeit und Handlungsunfähigkeit des Einzelnen. Schopenhauer und in seiner Nachfolge Nietzsche stehen für diese fast selbstzerstörerischen Suche nach einer passenden Verortung des Menschen (Gerhardt 1992).

Die Künste, die spätestens seit dem 18. Jahrhundert diese Ich-Diskurse forcieren, sind ein gutes Beispiel: Der autonome Künstler, der nur seinem eigenen ästhetischen Gewissen verantwortlich ist, auf der einen Seite, der aber andererseits in großer körperlicher Existenznot seine Abhängigkeit vom Markt erleben muss. Doch die Ichbezogenheit bleibt. Bis heute formulieren ästhetische Theorien den klassischen Gedanken: Selbst wenn der Mensch in Werken Schönheit findet und sich daran erfreut, so steckt dann letztlich doch die Freude dahinter, dass diese Schönheit von einem Menschen in Freiheit geschaffen wurde. Alle Wege führen offenbar zum Subjekt! Diese Wege sollen später ein Stück weit verfolgt werden. Zunächst brauchen wir jedoch zumindest eine vorläufige Klarheit über die Begrifflichkeiten (ich stütze mich hierbei u.a. auf meine Studie Fuchs 2001).

Das „Subjekt" ist – wie oben erwähnt – wörtlich das Unterworfene, zugleich aber auch das Zugrundeliegende. Subjekte sind Ausgangspunkte von Handlungen – und fallen insofern auch in die Zuständigkeit des Rechts. Schmidhäuser (in Pfister 1989, S. 133ff.) weist darauf hin, dass speziell das Strafrecht auf der Idee der Person als Subjekt ihres Handelns beruht und dass es um 1900 eine „Modernisierung des Ichs" gegeben habe: Nunmehr befasst man sich mehr mit den Motivationen der Täter und nicht mehr ausschließlich mit der Schwere der Tat.

Das Recht belehrt uns allerdings auch, dass es kollektive Subjekte geben kann, juristische Personen (!) also, die wie Einzelpersonen agieren (und bestraft werden können).

Der Hinweis auf das Recht zwingt geradezu dazu, einen Begriff einzuführen, der aufs engste mit der Rede vom Subjekt verbunden ist: Es geht um autonomes Handeln, es geht um die Fähigkeit, aus freien Stücken selbst zu entscheiden: Es geht um Freiheit und um die Autonomie der Person. Die gesamte praktische Philosophie speziell der Neuzeit (Ethik/Moral, Politik, Recht, Pädagogik) basiert auf dieser Idee, wie sie spätestens von Kant stringent ausformuliert wurde. Hat der Hinweis von Geertz bereit deutlich gemacht, dass die Idee der einzelnen Person sehr stark westlich imprägniert ist und man sich damit bereits in weltweiten Auseinandersetzungen um das Deutungsrecht befindet, so zeigt auch die enge Verbindung von Person – Subjekt – Freiheit, wie stark man sich bei dieser Problemstellung im Bereich des Politischen befindet.

Wir haben es also mit verschiedenen Facetten zu tun

>> mit der erkenntnistheoretischen Frage nach der Verankerung des Erkennens (Descartes: cogito ergo sum, also das „Ich(!) denke" als letzte Basis von Erkenntnissicherheit),

>> mit der moralphilosophischen Frage des autonomen Handelns verbunden mit der rechtlichen Frage der Verantwortlichkeit für die eigenen Taten,

>> zudem gibt es das Ich als Subjekt von Sätzen, spielt also eine zentrale Rolle in der Kommunikation und in der Sprache.

>> Die (Sozial-)Psychologie befasst sich zudem mit der Frage, was das Ich zu einem reflektierten und reflektierenden Selbst macht, das über eine „starke" Identität verfügt.

Einige Definitionsversuche

Das Individuum ist wörtlich das Unteilbare (lat.). Dahinter steckt geistesphilosophisch eine ähnliche Idee wie die Suche nach dem Atom (was im Griechischen das Unteilbare ist) als letztem Baustein des Seienden. Das Denken in Kategorien des Einzelnen – hier im Gegensatz zum Kollektiv – hat zwar nicht in der Renaissance begonnen, hat aber seither geradezu ein Monopol im westlichen Denken erhalten. Erst die Bewegung des Kommunitarismus seit den 1970er Jahren hat hier einen kräftigen Gegenakzent gesetzt. Thematisiert man den Aspekt des Handlungsimpulses, der Souveränität des (individuellen) Handelns, kommt man zu dem Bedeutungsfeld des Subjekts. Genau diese Bedeutung, dass das Subjekt nicht bloß Ausgangspunkt seiner Handlungen ist, sondern sogar souverän die Bedingungen seines Handelns beherrscht, hat zu der Kritik an allzu starken Subjektbegriffen geführt. Also: Von Subjektivität kann man nur sprechen, wenn gleichzeitig von Handlungsfähigkeit die Rede ist. In diesen Kontext gehört dann auch die Kategorie der Freiheit: Ich muss frei sein zu wollen und ich muss meinen Willen auch realisieren können. In der Tat steckt hierin die Bedeutung von Schopenhauer und Nietzsche: Nicht die Fähigkeit zu Handeln ist das Entscheidende, entscheidend ist vielmehr, dass ich mir Ziele setzt und diese auch realisieren will. Das „Selbst" gehört zu den Ich-Begriffen, die stark von der Psychologie in Anspruch genommen werden. Es geht dabei darum, dass sich das Ich des Individuums im Laufe seines Entwicklungsprozesses der Persönlichkeit, also der je individuellen Ausprägung von Fertigkeiten, Fähigkeiten, Einstellungen und Werthaltungen, zu einem reflexiven

Selbst entwickelt. Volker Gerhardt (1999) listet zur Beschreibung des bei ihm zentralen Prinzips der Individualität – andere sprechen von der „Unhintergehbarkeit der Individualität" – eine ganze Reihe von Selbst-Begriffen auf, u. a. Selbsterkenntnis, Selbstständigkeit, Selbstherrschaft, Selbstbestimmung, Selbstzweck, Selbstorganisation, Selbstbewusstsein, Selbstverantwortung, Selbstverwirklichung.

Während Gerhardt an einer Philosophie der Individualität arbeitet (so auch Hansted 1998 oder Gerhardt 2000), stellt Sturma (1997) den Begriff der Person in den Mittelpunkt. Die „Person" in einer juristischen (und moral-philosophischen) Betrachtung ist ein Fachbegriff, der den Betreffenden als Träger von Rechten und Pflichten versteht. Forst (1994) unterscheidet die ethische Person (praktische Handlungsfreiheit), die moralische Person (für die moralische Normen gelten), die Rechtsperson (die Handlungsfreiheit genießen will) und den Staatsbürger als politische Person (die mitwirken will). So ähnlich wird auch bei Sturma der Person-Begriff ausformuliert: moralischer Respekt, eigenständige Lebensführung, Synthese von Vernunft und Moral, Autonomie und Würde. All diese Merkmale erfassen viele Autoren mit dem Begriff der „Subjektivität", der gelegentlich dem Subjektbegriff vorgezogen wird. Man sieht, es kann keine Verbindlichkeit bei den von uns verwendeten Begriffen geben. Welcher Begriff verwandt wird, hängt von der Profession, aber auch von weltanschaulichen, theoretischen und philosophischen Grundannahmen oder von Schulzugehörigkeiten ab.

Abschließend ein Blick in die Sozialpsychologie. Hier hat man Abschied genommen von allzu linearen Vorstellungen einer Identitätsentwicklung in klar abgrenzbaren Etappen, so wie Erikson das seinerzeit vorgeschlagen hat. Heute bevorzugt man zudem – wenn überhaupt – erheblich schwächere Subjektbegriffe: Identität entsteht durch Identitätsarbeit und Identitätskonstruktion (Keupp/Höfer 1997, Keupp 1999) (Abb. 7 + 8).

---

1. Das Selbst wird zum reflexiven Projekt: „Wir sind nicht, was wir sind, sondern was wir aus uns machen."
2. Die Reflexivität des Selbst ist kontinuierlich und alles durchdringend: „Was geschieht gerade mit mir? Was denke ich? Was fühle ich?"
3. Identität entsteht in einem narrativen Prozeß: „Ich erzähle mich selbst."
4. Selbstverwirklichung bedeutet die Schaffung persönlicher Zeitzonen, die bewußt gegen die äußere Zeit gesetzt werden.
5. Selbstverwirklichung wird im Spannungsfeld von Chancen und Risiken verstanden.
6. Authentizität wird zum Leitfaden der Selbstverwirklichung.
7. Ein offenes Identitätsprojekt bedarf materieller Ressourcen: Die klassische soziale Frage steht immer noch auf der Tagesordnung.
8. Als soziale Baumeister/innen unserer eigenen Lebenswelten und Netze brauchen wir soziale Ressourcen.
9. Die „demokratische Frage" stellt sich im Alltag: Benötigt werden Fähigkeiten zum Aushandeln, um die gemeinsame Lebensplattform immer wieder zu schaffen.
10. Entscheidend für eine souveräne Lebensbewältigung ist kritische Eigenständigkeit, die sich von vorgefertigten Lebensschablonen reflexiv zu distanzieren vermag.

Abb. 7: Das Selbst

1. daß die Reize aus der inneren und äußeren Welt im Laufe des Lebens strukturiert, vorhersagbar und erklärbar sind;
2. daß es Mittel und Wege gibt, die Aufgaben zu lösen, die durch diese Reize gestellt werden;
3. daß diese Aufgaben Herausforderungen sind, für die es sich lohnt, sich zu engagieren und zu investieren.

Abb. 8: Gefühl der Kohärenz
Quelle: Keupp/Höfer 1997, Keupp 1999

Typologien von Subjektformen und ihre gesellschaftlichen Grundlagen

Es ist an das Zitat zu erinnern, das weiter oben in diesem Kapitel angeführt ist, dass nämlich jede Kultur ihr eigenes Konzept von „Person" habe. Wenn dies so ist, dann sind einerseits Person bzw. Subjekt und andererseits Kultur zwei Seiten derselben Medaille. Dies gilt selbst dann, wenn es in einer Kultur verschiedene Subjektformen – unterschieden etwa nach sozialer Lage, Geschlecht, Funktion, Geographie etc. – gibt. Man kann daher beide Wege beschreiten: Zum einen aus einer Analyse von Kulturen und den dort relevanten Anforderungen an den Einzelnen auf vorfindliche Subjektformen schließen. Denkbar ist es allerdings auch, den umgekehrten Weg zu gehen, nämlich von der Erfassung von Subjekten zur Beschreibung der Kultur zu gelangen. Beide Wege werden begangen. So analysieren Kuckherrmann/Wigger-Kösters (1985) die Tätigkeitsprofile in gegebenen Gesellschaften, um so die für die untersuchten Gesellschaften typischen „Individualitätsformen" (ein Begriff, der von Lucien Sève entwickelt und von der Kritischen Psychologie übernommen wurde) beschreiben zu können. Ähnlich gehen bis heute humanwissenschaftliche Ansätze vor: Zeitdiagnose als Methode der Analyse der Subjektformung. Der andere Weg, Rückschlüsse von der Subjektanalyse auf die Kultur der betreffenden Gesellschaft zu ziehen, wird auch häufig beschritten. Der aktuellste derartige Versuch stammt von dem Kultursoziologen Andreas Reckwitz (2006):

> „Die Frage nach der kulturellen Form des Subjekts ist im letzten Viertel des 20. Jahrhunderts ins Zentrum des sozial- und vor allem kulturwissenschaftlichen Blicks gerückt: Neben Charles Taylors ideenhistorischer Analyse der „Sources of the Self" zwischen Rationalismus und Expressionsorientierung und Pierre Bourdieus Rekonstruktion der Formen des Habitus in kulturellen Klassen und Lebensstilen sind hier die Arbeiten von Michel Foucault von herausgehobener Bedeutung: Foucaults immer neue diskursarchäologische und machtgenealogische Anläufe zu detaillierten Analysen einzelner Dispositive von der Sexualität bis zur Ökonomie liefern Bausteine einer Subjektgeschichte der Moderne" (ebd., S. 12).

Dieses Zitat ist bedeutsam in Hinblick auf verschiedene Aspekte: Mit Bourdieu, Foucault und Taylor sind wichtige Gewährsleute für eine integrierte Subjekt- und Kulturanalyse als Form der Theorienbildung der Moderne genannt. Entsprechend sind die von diesen verwendeten (und entwickelten) Methoden und Begriffe (Habitus, Genealogie,

Subjektivierung etc.) unverzichtbare Werkzeuge (die auch ich ständig verwende; vgl. nur Fuchs 2008b, 2011a und Teil 1). Auch die anschließenden Fragen von Reckwitz mache ich mir zu Eigen:

> „Aber welche Subjektstrukturen bringt die Moderne hervor? Welche Kompetenzen, Sinnhorizonte und Affektstrukturen erwerben moderne Subjekte, um eben zu diesen zu werden?… Zeichnet sich eine Steigerung der Subjektkulturen oder ein Verfallsprozess oder eine Reihe von Subjektkonflikten ab?" (ebd., S. 11).

Auf das Buch von Reckwitz als umfangreichster und ambitioniertester Studie in diesem Feld wird noch zurückzukommen sein.

Es sind jedoch nicht nur Soziologen mit einem kulturtheoretischen Interesse, die sich für das Subjekt interessieren: Auch Psychologen und Pädagogen, vor allem solche, die sich für Fragen der Sozialisation, für psychische Krankheiten und mögliche gesellschaftliche Ursachen, für Bildung und Erziehung interessieren, befassen sich mit dieser Problematik. Heiner Keupp, der die m.E wichtigste Studie zu einem zeitgemäßen Konzept von Identität(sentwicklung) in den letzten Jahren vorgelegt hat, ist ein Beispiel (Keupp/Höfer 1997). Seine Annahme: Wir stecken zur Zeit in einem massiven gesellschaftlichen Strukturwandel. Meine Idee besteht dabei darin, diesen Wandel um das Jahr 2000 zu parallelisieren mit einem vergleichbaren Strukturwandel rund um 1900. Ein solch gravierender Strukturwandel erzwingt nämlich geradezu eine Veränderung von Subjektformen. Denn man muss – so meine zentrale, allerdings wenig originelle These – davon ausgehen, dass es zwischen Subjektformen und Gesellschaft eine gewisse Passfähigkeit geben muss, wenn der Einzelne überleben will. Veränderungen der Rahmenbedingungen des Lebens können dazu führen, dass überlebensrelevante Dispositionen des Einzelnen aus früheren Zeiten dysfunktional werden. Dies führt zu gravierenden Verunsicherungen (Keupp 1989) und möglicherweise zu psychischen Erkrankungen. Der Weg einer Kulturanalyse kann daher auch darin bestehen, jeweils „typische" psychische Erkrankungen zu untersuchen: Pathologien der Moderne führen zu manifesten Pathologien im wörtlichen (medizinischen) Sinne bei dem Einzelnen. Befunde liegen vor. So gehört zu einem weitgehend akzeptierten Befund der Jahrhundertwende 1900 Neurasthenie und Nervosität (Radkau 1998), zu einem Befund der Gegenwart zählt vielmehr Depression (Ehrenberg 2001).

Der Ausgangspunkt, das moderne Subjekt, das durch aktuelle Entwicklungen möglicherweise nicht mehr zeitgemäß ist und durch ein post- oder spätmodernes Subjekt abgelöst wird, kann wie folgt gekennzeichnet werden: Es ist informiert, nimmt am politischen Leben teil, agiert unabhängig und autonom in seinem Verhältnis zur Tradition, ist in jeder Hinsicht flexibel und offen für neue Ideen. Und weiter:

> „Der moderne Mensch hat außerdem spezifische Auffassungen von Zeit, persönlicher und sozialer Planung, den Rechten abhängiger oder untergebener Personen und vom Gebrauch formaler Regeln als Grundlage für die Organisation seiner Tätigkeit." (Alex Inkeles, zustimmend zitiert von Keupp 1989, S. 11).

Interessant – auch in unserem Kontext – das Fazit der in dem zitierten Buch vorgestellten Subjektformen: Auf der Basis der gemeinsam geteilten Überzeugung eines gesellschaftlichen Strukturwandels kommen die unterschiedlichen Subjekt-Konzeptionen zu sehr unterschiedlichen Schlussfolgerungen: die einen halten Subjektvorstellungen der Moderne für nach wie vor relevant, andere gehen von völlig neuen Subjektkonzepten aus (ebd., S. 29). Schauen wir uns daher einige ausgewählte Studien und ihre Ergebnisse etwas genauer an. Zunächst zu Reckwitz (2006, S. 15ff.; vgl. meine Analyse in Fuchs 2008b, Kap. 4):

1. Für die Moderne sind verschiedene Subjektformen zu unterscheiden:
    >> das moralisch-souveräne, respektable Subjekt des 18. und 19. Jahrhunderts
    >> das Subjekt der „organisierten Moderne" der 1920er bis 1970er Jahre
    >> die „kreativ-konsumatorische Subjektivität" der Postmoderne seit den 1980er Jahren.

2. Subjektformen werden in Alltagspraktiken hervorgebracht. Reckwitz konzentriert sich auf Praktiken der Arbeit, Praktiken persönlicher und intimer Beziehungen und die „Technologien des Selbst".

3. Zu jedem der identifizierten drei hegemonialen Subjektformen gibt es jeweils oppositionelle Subjektformen, in der zeitlichen Abfolge: expressive Individualität der Romantik, Avantgarde-Bewegung zu Beginn des 20. Jahrhunderts und die kulturrevolutionäre counter culture der 1960/70er Jahre.
    Hier spielt die ästhetische Dimension eine zentrale Rolle, die Reckwitz zufolge von den großen Theoretikern der Moderne von Max Weber bis zu Luhmann, Habermas und Foucault weitgehend vergessen worden ist (S. 19).
    Um diese zu erfassen, sind in der jeweiligen Kultur jeweils
    >> die kulturellen Bewegungen
    >> die materielle Kultur der Artefakte
    >> die Interdiskurse der Humanwissenschaften
    zu berücksichtigen.

4. Alle identifizierten Subjektformen sind nicht homogen, sondern hybride, enthalten also auch nicht-typische Elemente und sind daher grundsätzlich instabil.

5. Aufgrund des hybriden Charakters gibt es zwischen den einzelnen Subjektkulturen vielfältige Überschneidungen und Übergänge.

Reckwitz liefert uns also zum ersten einen Periodisierungsvorschlag der Moderne:
>> 18./19. Jahrhundert: Vormoderne
>> 1920 – 1970: organisierte Moderne
>> seit 1970: Postmoderne

Er liefert für jede dieser Perioden je polarisierende Paare von Subjektformen:
>> moralisch-souveränes Subjekt – expressives Subjekt der Romantik
>> Angestellten-Subjekt – Subjekt der Avantgarde
>> konsumorientiertes Kreativsubjekt – Subjekt der counter culture.

Er beschreibt seine Methode: Subjektivität entsteht in Praxis- oder Handlungsfeldern. Er verwendet also einen praxeologischen Ansatz. Ein solches Vorgehen, Typen von Subjektformen zu unterscheiden, steht in einer längeren Tradition. Bereits Marx sprach von „Charaktermasken", um das notwendige Verhalten von Menschen in bestimmten Positionen (z.B. „Kapitalist") zu beschreiben. Später war es dann die Massenpsychologie, mit der man das Verhalten der Vielen in der entwickelten modernen kapitalistischen Gesellschaft erklären wollte (de Bono; vgl. auch Broch 1979). In diese Zeit fallen auch die Studien der Kapitalismustheoretiker M. Weber und Sombart.

Natürlich haben sich auch die Künste mit dieser Frage befasst und auf ihre Weise „Typen" geschaffen: Diederich Heßling oder Professor Unrat von Heinrich Mann standen für typische Verhaltensmuster der Wilhelminischen Untertanengesellschaft. „Übergangsmenschen" nannte Doerry (1986) diese Menschen. Hier überschneidet sich die Suche nach Typen mit der Mentalitätsforschung. Geht Reckwitz bei seinen Studien den Weg über bestimmte Praktiken, untersucht Doerry Biographien. Berühmt wurden die Studien von Adorno, Fromm und anderen zum autoritären Charakter. Hierbei ging es darum, Antworten auf die Frage zu bekommen, wieso sich gerade in Deutschland der Faschismus auf eine solch barbarische Weise realisiert hat. David Riesman (1959) hat schließlich systematisch den Sozialcharakter der bürgerlichen Gesellschaft untersucht. Daniel (1981) führt auf dieser Grundlage die Arbeiten zur „Theorie der Subjektivität" aus soziologischer Sicht fort.

Es werden vier Phasen in der Entwicklung der bürgerlichen Gesellschaft unterschieden

Phase I: Traditionsgesellschaft
Phase II: Akkumulationsphase und kapitalistische Produktionsgesellschaft
Phase III: Die Krise des Kapitalismus und die faschistische Gewaltherrschaft
Phase IV: Spätkapitalismus, Stadium 1: Konsumgesellschaft und verwaltete Welt;
              Stadium 2: Die Kultur des Narzissmus

Zu jeder Phase werden ein „Normaltyp" und ein „anormaler Typ" unterschieden. Daniel kommt zu folgenden Charakterisierungen (im Anschluss an Sombart, M. Weber und Riesman). Im Folgenden ist KT der konforme Typ; AT der anomale Typ und ET der Extremtyp (alles nach Daniel 1981, S. 155 – 166).

„Phase I: Traditionsgesellschaft (Traditionaler Sozialcharakter)
Schon Weber und Sombart grenzen ihren Idealtypus des „kapitalistischen Geistes" gegen traditionelle, mittelalterliche Orientierungen ab. Zu diesen gehören beispielsweise:
>> das Bedarfsdeckungsprinzip (Sombart) statt des Erwerbs- und Leistungsprinzips;
>> auf das Überweltliche ausgerichtete Lebensziele (Weber);
>> noch keine kurzgeschlossene Verbindung zwischen Gelderwerb und Unternehmungsgeist (Sombart);
>> Traditionslenkung (Riesman);
>> Ehrfurcht, also Sorge vor Ehrverlust oder Bruch der Tradition;
>> Erziehungsstil der „Nachfolge" statt Ausrichtung auf „Erfolge" usf.

Phase II: Die Phase der Akkumulation und der kapitalistischen Produktionsgesellschaft

1. Stadium: Frühkapitalismus
>> die Verbindung von Unternehmungsgeist und Erwerbssinn;
>> die Unternehmungslust als planvolle Handlungsstrategie;
>> das Streben, die Welt sich durch Selbsttätigkeit als Arbeit zu eigen zu machen, (Fichte), Natur als Gegenstand der Ausbeutung (Marcuse);
>> Bürgertugenden wie: Sparsamkeit, Fleiß („Schaffen") als Berufsfleiß; Sauberkeit, Ordentlichkeit, Mäßigung, Aufrichtigkeit, Gerechtigkeit;
>> das innere Gefühl der Berufs-*Pflicht* (Beruf als Berufung);
>> Ordnung als Selbstkontrolle (methodisch geregelte Lebensführung, z.B. im Sinne des individuellen Zeitbudgets);
>> Rechenhaftigkeit als zweckrationale Orientierung (rationale Interessenorientierung, planvolles Gewinn- und Optimierungsdenken);
>> Antihedonismus als Wendung gegen den Müßiggang, der aller Laster Anfang sei.

2. Stadium: Kapitalistische Produktionsgesellschaft
Der innengeleitete Charakter (KT)
>> Frühzeitig vermittelte, sich im Leben des Einzelnen weitgehend durchhaltende Ziele, Werte, die *verinnerlicht* sind;
>> ein festes Über-Ich als „Kreiselkompaß". Freuds Theorie ist in mancherlei Hinsicht Merkmalbestimmung des innengeleiteten Charakters;
>> Arbeitsorientierung nach dem Leistungsprinzip (Marcuse); eine aufgabenorientierte Grundhaltung;
>> Rastlosigkeit im Schaffen;
>> Konkurrenzorientierung im Sinne der „freien" Konkurrenz (Verdrängungswettbewerb, Übertreffen des anderen);
>> Ständige Arbeit an sich selbst im Sinne der „Charakterfestigkeit";
>> Erwerbsorientierung;
>> Gewissensangst (Gewissensnot).

Analer bzw. anal-hortender Charakter (AT)
>> die bis zum Geiz gesteigerte Sparsamkeit;
>> peinliche Ordnungsliebe;
>> Selbstkontrolle als übersteigerte Pünktlichkeit und Reinlichkeit;
>> Starrsinn;
>> Fixierung oder Regression auf die anale Phase;
>> bis zur bürokratischen Kontrollwut gesteigerte Rechenhaftigkeit;
>> Ruhe, Ordnung, Sauberkeit als Grundwerte.

Der alt-autoritäre Charakter (AT)
>> ein Schema von Macht und Ohnmacht, auf dessen Hintergrund Menschen und Geschehnisse beurteilt werden;
>> das Gefühl, von fremden Mächten und dunklen Geschicken beherrscht zu werden;
>> gedankenlose Hingabe an eine „Sache" und zwar die, die Machtfülle verspricht;

>> Bewunderung der Macht um ihrer selbst willen;
>> Rebellentum (Bereitschaft, sich gegen eine alte Macht zu stellen, wenn einer stärkeren gefolgt werden kann);
>> Freiwerdender Haß als Aggression gegen versagende Stärke der Sache oder der großen Männer;
>> Aggression gegen Schwächere und Außenseiter.

Der sado-masochistische Charakter (ET)
>> Minderwertigkeitsgefühl;
>> Selbstbild der Ohnmacht und Belanglosigkeit;
>> Willen, sich klein zu machen;
>> Gefühl, übermächtigen Gewalten hilflos ausgeliefert zu sein;
>> Drang nach Unterwerfung bis hin zur psychischen und physischen Selbstquälerei (Aggression gegen sich selbst);
>> Lust am Gequält werden (sexuelle Perversion).

Zum Sadismus gehören die Merkmale:
>> Andere zum Ding oder Werkzeug machen zu wollen;
>> Anedre leiden zu sehen oder leiden zu lassen (Aggression gegen das andere Selbst);
>> Lustgewinn durch das Quälen von Tieren und Menschen.

Der destruktive Charakter (ET)
>> eine besondere Zerstörungslust. Sie unterscheidet sich von der Aggression des Sado-Masochisten dadurch, dass nicht die Symbiose mit den äußeren Gegebenheiten, sondern ihre Zerstörung das Ziel ist;
>> seine Tendenzen entladen sich in manifester Gewalt gegen Personen und Sachen;
>> dem Gefühl der Machtlosigkeit will er durch Zerstörung, Vernichtungswut entgehen.

Phase III: Die Krise des Kapitalismus und die faschistische Gewaltherrschaft in Europa

Der faschistisch-autoritäre Charakter (ET) – die F. Skala (Adorno)
a. *Konventionalismus*: Starre Bindung an die konventionellen Werte des Mittelstandes;
b. *Autoritäre Unterwürfigkeit*: Unkritische Unterwerfung unter idealisierte Autoritäten der Eigengruppe;
c. *Autoritäre Aggression*: Tendenz, nach Menschen Ausschau zu halten, die konventionelle Werte mißachten, ums sie verurteilen, ablehnen und bestrafen zu können;
d. *Anti*-Intrazeption: Abwehr des Subjektiven, des Phantasievollen, Sensiblen.
e. *Aberglaube und Stereotypie*: Glaube an die mystische Bestimmung des eigenen Schicksales, die Disposition, in rigiden Kategorien zu denken.
f. *Machtdenken und Kraftmeierei*: Denken in Dimensionen wie Herrschaft – Unterwerfung; stark – schwach, Führer – Gefolgschaft; Identifizierung mit Machtgestalten; Überbetonung der konventionalisierten Attribute des Ich; übertriebene Zurschaustellung von Stärke und Robustheit;
g. *Destruktivität und Zynismus*: Allgemeine Feindseligkeit, Diffamierung des Menschlichen.

h. *Projektivität*: Disposition, an wüste und gefährliche Vorgänge in der Welt
    zu glauben; die Projektion unbewußter Triebimpulse auf die Außenwelt..
i. *Sexualität*: Übertriebene Beschäftigung mit sexuellen „Vorgängen". (Adorno).

Phase IV: Spätkapitalismus

1. Stadium: Konsumgesellschaft und verwaltete Welt

Der außengeleitete Charakter (KT)
>> Der „Kreiselkompaß" des Innengeleiteten wird durch die Antennen der
   „Radaranlage" ersetzt;
>> Verhaltenssteuerung durch sensible Ausrichtung auf die Signale, die andere
   geben (Abhängigkeitsgefühl von anderen);
>> Wachsende psychische Abhängigkeit von den Erwartungen von Peergroups,
   Erziehern, Massenmedien, Massenliteratur; („Informationssammler")
>> Konsumorientierung, (Konsumanstrengung statt Berufspflicht in den ohnehin
   sinnleeren, rationalisierten Tätigkeitsbereichen);
>> Nicht Charakterbildung, sondern Arbeit an der Persönlichkeitsfassade (Pro-
   duktdifferenzierung als Pflege der kleinen Persönlichkeitsunterschiede);
>> Veräußerlichtes Über-Ich;
>> „Faire" Konkurrenz als Ringen um das Ansehen bei anderen;
>> Diffuse Angst.

Der Marketing-Charakter (AT)
>> Aufgabe des eigenen Selbst zugunsten der Persönlichkeitsformen, die ihm
   durch „Zivilisationsschablonen" (Fromm) vorgezeichnet werden;
>> Konformismus (Werde wie die anderen, beachte, was sie tun);
>> „Negative Ekstase" (Fromm) als Zufriedenheit in der Selbstaufgabe;
>> Ersatz des Originalselbst durch ds „Pseudoselbst" (s.o.S. 97). Das ist der
   gleiche Mechanismus, den Adorno als Einsetzung der „Pseudoindividualität"
   (s.o.S. 96ff.) an die Stelle des Selbst untersucht;
>> Regression auf die orale Phase;
>> Eindringen des Markt-Tauschprinzips in die Psyche des Menschen (sich
   selbst – und andere – wie eine Ware behandeln).

Der Bürokrat-Technokrat (AT)
>> Beide, Bürokrat und Technokrat, handeln in allen Lebensbereichen nach den
   Prinzipien „instrumenteller Vernunft", die nach Marcuse bis zur „Eindimensionalität des Denkens" herabsinken kann. Auf ihrer Grundlage werden auch
   andere Menschen zu bloßen Mitteln für Zwecke („Menschenmaterial");
>> Beiden geht es um die Verwissenschaftlichung der Lebenswelt, die Ordnung
   der Verhältnisse nach den Prinzipien zweckrationaler Vernunft auf der
   Grundlage von technisch und sozialtechnisch verwertbarem Wissen;

>> Beide greifen bei der Rechtfertigung ihres Tuns gern auf die „Sachzwänge"
zurück, die in Wahrheit verdinglichte Prozesse, Rückwirkungen des eigenen
Tuns bedeuten; sie beherrscht die Ehrfurcht vor dem Sachzwang;

>> Der Bürokrat ist der Prototyp des Fachmenschen: Fachlich geschult und
mit fachlicher Kompetenz, verrichtet er seine Arbeit rein „sachlich", „ohne
Ansehen der Person": Sein Verhalten richtet er an Regeln und Vorschriften
„korrekt" aus;

>> Er betrachtet die Welt als eine Hierarchie von Kompetenzen und Anwei-
sungsbefugnissen;

>> Der Technokrat vertritt die Auffassung, dem industriellen Wachstum sei bei
allen Planungen der Vorrang zu geben; Technik und technische Entwicklung
stehen vor jeder anderen Form der Verbesserung der „Lebensqualität";

>> Technische Notwendigkeiten rechtfertigen für ihn die „Unannehmlichkeiten",
dir für Menschen aus seiner Tätigkeit entstehen können. Seine „Sachlichkeit"
ist die des Vertrauens auf die Notwendigkeiten, die sich mit der Existenz
und Weiterentwicklung der technischen Apparatur ergeben.

Der nekrophile Charakter (ET)
>> Die Sucht, etwas oder jemanden zu vernichten oder zu töten. Lebendiges
soll in Totes umgewandelt werden, Zerstörung um der Zerstörung willen;

>> Gewaltorientierung;

>> Fanatischer Traditionalismus;

>> Vergötterung der Technik (tote Apparate werden über das Leben gestellt);
Liebe zu Artefakten;

>> Vergötterung der Vernichtungskraft von Maschinerie;

>> Schizophrene Trennung von Gefühl und funktionellem Denken; Fäkalien-
sprache;

>> Stereotypes, mechanisch-bürokratisches Verhalten;

>> Beim Grenzfall der nekrophilen Perversion: Angezogenwerden von Kot,
Fäulnis, Verwesung, Schnüffeln von Faulig-Verwesendem, Leichenschändung.

2. Stadium: Die Kultur des Narzißmus?

1. Die Zurücknahme des Selbst zugunsten eines Fassaden-Ich (s. den „Marketing-Charakter")

2. Die noch weitergehende Regression auf den *Narzißmus*. Sie könnte in einem
Typus ausmünden, der noch weniger produktiven Objektbezug hat als der
Außengeleitete (Adorno).

3. Ganz allgemein: Die nach der Auffassung der bisher behandelten Autoren
anhaltende Tendenz zur *Entsubjektivierung des Subjekts*, zur Einebnung
nicht nur von bürgerlicher, sondern von Subjektivität überhaupt (Marcuse/
Adorno)."

(nach: Daniel 1981, S. 155 ff.)

Ein Vergleich sowohl des Ansatzes von Reckwitz (2006) als auch dieser Übersicht von Daniel mit zwei Studien von Hermann Veith (2001, 2003) bietet sich an. Veith betreibt seine Studien als Erziehungswissenschaftler, der sich für die Relation Gesellschaftskultur – Subjektform – Bildungswesen interessiert.

Reckwitz weist zwar darauf hin, dass auch das Bildungswesen relevant für seine Subjektstudien wäre, doch verzichtet er auf eine Analyse. Veith wiederum geht davon aus, dass gerade die moderne Gesellschaft nicht darauf verzichtet, erhebliche Anstrengungen zu unternehmen, gewollte Subjektformen systematisch zu produzieren. Der gesellschaftliche Ort von Subjektivitätspraktiken ist daher das mit erheblichen Mitteln finanzierte Bildungssystem. Auch er geht von einem gesellschaftlichen Strukturwandel aus, den er in seiner wirtschaftlichen, politischen, sozialen und kulturellen Dimension beschreibt. Ich gebe hier aus Veith 2003 die zusammenfassenden Graphiken wieder (Abb. 9, 10, 11, 12).

Zeit	Wirtschaftssystem	Betriebsform	Arbeitstätigkeit
1519	Ständefeudalismus	Hauswirtschaft	Standespflichten
Routinen			
1648	Merkantilismus	Gut – Manufaktur	Dienstpflichten
Fertigkeiten			
1740	Protokapitalismus	Fabriksystem	Arbeitsleistung
Arbeitstugenden			
1789	Liberalisierung	Gewerbebetrieb	Erwerbstätigkeit
Arbeitsfähigkeiten			
1815	Frühindustrialisierung	Unternehmen	Erwerbsarbeit
Erwerbsfähigkeit			
1849	Industrialisierung	Kapitalgesellschaften	Lohnarbeit
Fachqualifikation			
1871	Industriekapitalismus	Kartelle	Facharbeit
Leistungswille			
1914	Industriegesellschaft	Organisation	Funktionsarbeit
Tüchtigkeiten			
1945	Planwirtschaft Marktwirtschaft	Genossenschaften Betriebe	Werktätigkeit Berufsarbeit
Berufsqualifikationen			
1961	Sozialismus Wohlfahrtsgesellschaft	Volkseigene Betriebe Mitbestimmung	Praxis Berufstätigkeit
Schlüsselqualifikationen			
1990	Weltmarkt	Unternehmenskulturen	Job
Kompetenzen			

Abb. 9
Wirtschaftlicher Strukturwandel
Quelle Veith, H.: Kompetenzen und Lernkulturen. Münster: Waxmann 2003

Zeit	Staatsform	Ordnungskonzept	Politisches Handeln
1519	Reich	Feudalrecht	Eliten
Persönliche Abhängigkeit			
1648	Fürstenstaaten	Absolutismus	Hofstaat
Pflichtschuldige Untertanen			
1740	Territorialstaat	Reformabsolutismus	Verwaltung
Dienstbare Untertanen			
1789	Verwaltungsstaat	Bürokratie	Beamtenschaft
Untertänige Personen			
1815	Ständestaat	Restauration	Polizei
Gehorsamspflichtige „Subjekte"			
1849	Verfassungsstaat	Realpolitik	Pragmatische Führung
Drittelwähler			
1871	Machtstaat	Disziplinarpolitik	Autoritäre Führung
Verwaltungsobjekte			
1914	Republik Diktatur	Entscheidung Tathandlung	Interessenausgleich Volksmobilisierung
Staatsbürger/Volksgenosse			
1945	Zentralstaat Bundesrepublik	Delegation Wahl	Planung Anpassung
Bürger/Genosse			
1961	Sozialismus Parlamentarismus	Staatsbürokratie Debatte	Technokratie Steuerung
Mündiger Bürger/Staatsbürger			
1990	Demokratie	Kommunikation	Deregulierung
Zivilbürger			

Abb. 10:
Politischer Strukturwandel
Quelle: Veith, H.: Kompetenzen und Lernkulturen. Münster: Waxmann 2003

Zeit	Sozialstruktur	Statusreproduktion	Handeln
1519	Feudalstände	Geburt	Moral
Habitus			
1648	Ständeordnung	Herkunft	Pflicht
Lebensführung			
1740	Ständestaat	Brauchbarkeit	Nutzen
Tugend			
1789	Ständegesellschaft	Leistung	Aktivität
Subjekt			
1815	Erwerbsgesellschaft	Vermögen	Reaktivität
Individuum			
1849	Klassenstaat	Arbeitskraft	Existenzsicherung
Sozialcharakter			
1871	Klassengesellschaft	Verdienst	Selbstbeherrschung
Person			
1914	Massengesellschaft	Begabung	Verhaltenskontrolle
Massenmensch			
1945	Arbeitermilieu Herkunftsmilieus	Konformität Normalität	Kollektivhandeln Rollenhandeln
Persönlichkeit			
1961	Sozialismus Individualismus	Befähigungen Lernchancen	Selbstregulation Selbstbestimmung
Handlungsfähigkeit			
1990	Weltgesellschaft	Ressourcen	Selbstorganisation
Kompetenzen			

Abb. 11
Sozialer Strukturwandel
Quelle: Veith, H.: Kompetenzen und Lernkulturen. Münster: Waxmann 2003

Zeit	Werte	Weltbild	Kommunikation
1519	Christentum	Metaphysik	Macht
Seelenwesen			
1648	Rationalismus	Aufklärung	Nutzen
Naturmensch			
1740	Utilitarismus	Verstand	Kritik
Handlungswesen			
1789	Vernunft	Bildung	Reflexion
Handlungssubjekt			
1815	Wertorientierungen	Weltanschauungen	Meinungsbildung
Einzelwesen			
1849	Wertkonflikt	Ideologien	Dogmatisierung
Gesellschaftswesen			
1871	Nationalkultur	Wissenschaft	Öffentlichkeit
Natur-Kultur-Mensch			
1914	Kulturindustrie	Sinnkrise	Medien
Zivilisationsmenschen			
1945	Arbeiterkultur Bildungskultur	Marxismus Wahrheit	Ideologisierung Mündigkeit
Identität			
1961	Materialismus Postmaterialismus	Fortschrittsglaube Fortschrittskritik	Kommentierung Diskurs
Selbst			
1990	Weltkultur	Wissensgesellschaft	Information
Individualität			

Abb. 12
Kultureller Strukturwandel
Quelle: Veith, H.: Kompetenzen und Lernkulturen. Münster: Waxmann 2003

Offensichtlich ist die Veith'sche Herangehensweise differenzierter nicht nur in Hinblick auf die Periodisierung: Mit der Berücksichtigung der vier Einflussfaktoren Politik, Soziales, Wirtschaft und Kultur geht sie über die Studie von Reckwitz hinaus.

Veith (2001) untersucht – analog zu Reckwitz – Subjektformen bestimmter ausgewählter Perioden, wobei das 20. Jahrhundert im Mittelpunkt steht. Zusammenfassend: bis 1918: das disziplinierte Individuum mit den Typen: der rationale Handlungsmensch, der gemeinschaftslose Gesellschaftsmensch, der leidende Kulturmensch
1918 – 1945: der kontrollierte Zivilcharakter mit den Typen die bürgerliche Zivilperson, der gelenkte Genosse, der autoritäre Untertan

1945 – 1960: die angepasste Persönlichkeit mit den Typen: der emphatische Konsu-
ment, der konforme Rollenmensch, das integrierte Selbst
1960 – 1980: das autonome Selbst mit den Typen: der affirmative Realist, das handlungsfähige Ich
1980 – ... : die dissoziierten Individualisten mit den Typen: die psychozentrierten
Selbstverwirklicher, die selbstbezogenen Ichinterpreten und die polyzentrischen
Identitäten.

Auch bei dieser Auflistung lassen sich im Vergleich mit Reckwitz zwar Gemeinsamkeiten
feststellen, aber auch hier ist das Raster feinmaschiger. Insgesamt taugt m.E. diese
Typologie dazu, schon vorhandene Generationsgestalten, wie sie etwa für die Jugend
entworfen worden sind, zu integrieren. Auch pauschale Generationsbeschreibungen
(Generation Golf, Generation @ etc.) sind zu integrieren (Abb. 13). Es zeigen sich
zudem die Grenzen von Totalitätsentwürfen wie etwa denen von Thomas Ziehe, der in
den 1970er Jahren einen „Neuen Sozialisationstypen" glaubte identifizieren zu können,
wobei eine höchst spekulative Kulturanalyse und – in seinem Fall – eine psychoana-
lytisch inspirierte Persönlichkeitstheorie zusammengeführt wurden. Bei Reckwitz wird
zudem deutlich, dass es sich um eine ausgesprochene „Schönwettertheorie" handelt,
da ökonomische und politische Krisen – immerhin gab es im 20. Jahrhundert zwei
Weltkriege, zahllose andere Kriege, weltweite Wirtschaftkrisen etc. – kaum eine Rolle
spielen. Es handelt sich doch immer wieder eher um Besserverdienende, die viel Zeit
mit ihrer Selbstkonstituierung verbringen (können).

Pädagogische Krisenbewältigungen

Die Moderne lässt sich dagegen sehr gut im Spiegel ihrer Krisen erfassen. Man möge
nur einmal eine grobe Sichtung der Krisenrhetorik vornehmen, um sich zu verdeutlichen, dass in jedem der vier sich ausdifferenzierenden Felder (Wirtschaft, Politik,
Soziales, Kultur) handfeste Krisen zu verzeichnen sind. Zur Erinnerung: Krisen sind
hier gesellschaftliche Herausforderungen an das Kompetenzprofil der Subjekte, da
diese sie zum Zwecke des Überlebens kognitiv und emotional meistern müssen. Ich
greife hier wiederum auf eine tabellarische Zusammenstellung von Veith (2003, S.
381) zurück (Abb. 14). Ausführlichere Darstellungen findet man in Berg u.a. 1987
ff. Man mag sich leicht verdeutlichen, dass die verschiedenen von Veith genannten
Krisen in das Vierfelderschema (Wirtschaft, Politik, Soziales und Kultur) eingeordnet
werden können und dass es (natürlich) interdependente Zusammenhänge zwischen
Krisenerscheinungen in unterschiedlichen Feldern gibt. So führt etwa der ökonomisch
motivierte Bedarf an Ressourcen (Ökonomie) zu Kriegen (Politik), die verheerende
Folgen für das Soziale (z.B. „vaterlose Gesellschaft") und auch für die Kultur (Nihi-
lismus, Werteverlust etc.) haben.

Abb. 13 Sozialer Wandel >>

Kategorie	50er Jahre	60er Jahre	70er Jahre	80er Jahre	90er Jahre
Persönlichkeitstyp	Verkörperung der instrumentellen Vernunft: homo faber homo economicus		Verkörperung der praktischen Vernunft (Moral und Politik)	Verkörperung der ästh. Vernunft	Neuer Sozialisationstyp
kultur-politische Handlungsrationalität	Kulturpflege, Bewahren der Tradition Hochkultur		Verteilungsgerechtigkeit / Emanzipation	Distinktion durch Kunst	betriebswirtschaftliches Paradigma NSTM
Trägergruppe	traditionelles Bildungsbürgertum	‚Flakhelfergeneration'	kritische Intelligenz	Humandienstleister	neue Dienstleister
Kunstund Kulturbegriff (Göschel)	Wertekonzept (kontemplative Kunstreligion)	Arbeits- und Aufklärungskonzept (rational-analytisch)	Lebensweltkonzept: - Gefühl - erw. Kulturbegriff		Ästhetisierungs-Konzept
Motive der Kulturpolitik (Schulze)		Hochkulturmotiv	Demokratisierungsmotiv	Soziokulturmotiv	Erlebnismotiv
vorherrschende Rationalitätsform (Fend)		Rationalismus (instrumentelle Weltbeherrschung)	Sozialprinzip (Ethik der Brüderlichkeit)	Personalitätsprinzip	
politische Bildung	partnerschaftliche Bildung		Konfliktdidaktik		
Bildungskonzept		musische Bildung	sozialkulturelle Bildung / ästhetische Bildung	kulturelle Bildung	
Sozialstrukturanalyse	Schichtenmodell	nivellierte Mittelstandsges. (Schelsky)	formierte Gesellschaft (Erhardt)	Klassengesellschaft	Lebensstile und Milieus
Charakterisierung der Zeit (Schulze)	Restauration der Industriegesellschaft		Kulturkonflikt	Erlebnisgesellschaft	
Jahrgang der Jugendgeneration		Jg. 1940	1950	1960	1980
politikeinflussreicher (Geburts-)Jahrgang	1900/1910	1930	1940	1950	1960
betrachtete Zeit	50er Jahre	60er Jahre	70er Jahre	80er Jahre	90er Jahre

Zeit	Reproduktionskrise	Pädagogisierung	Zielverhalten
1519	Orientierungskrise Stabilitätskrise	Schulunterricht Unterrichtsmethodik	Lebensführung Muttersprache
Unterricht			
1648	Glaubenskrise Armutskrise Rationalitätsdefizit	Schulerziehung Arbeitserziehung Hochschulerziehung	Tugenden Gottseligkeit Glückseligkeit
1740	Versorgungskrise Strukturwandel	Sozialerziehung Industrieerziehung	Selbsttätigkeit Geschicklichkeit
Erziehung			
1789	Entsolidarisierung Legitimitätskrise Fremdherrschaft	Volksbildung Subjektbildung Nationalbildung	Selbstsorge Individualität Selbstbestimmung
1815	Restauration Wertverschiebung	Menschenbildung Bildsamkeit	Entwicklung Charakterstärke
1849	Ungleichheit Klassenkonflikt	Lehrerbildung Lehrplan	Persönlichkeit Gesinnung
Bildung			
1871	Traditionsverlust Professionskritik	Reformpädagogik Lernorganisation	Spontaneität Entwicklung
1914	Rohstoffknappheit Kriegsfolgen	Begabung Kulturaneignung	Tüchtigkeit Selbstbildung
1945	Neuanfang Wiederaufbau	Praxislernen Lebenspropädeutik	Polytechnik Mündigkeit
1961	Innovationsbedarf Bildungsmisere	Tätigkeitsregulation Projektlernen	Schöpfertum Handlungsfähigkeit
1990	Globalisierung	Selbstorganisation	Kompetenz
Lernen			

Abb. 14
Pädagogisierung gesellschaftlicher Krisenlagen
Quelle: Veith 2003

In einer letzten Tabelle listet Veith (2003, S. 433) nunmehr pädagogische Leitformeln einer entsprechenden Zeit zu und stellt die Bildungsorte, die diese jeweiligen pädagogischen Zielvorstellungen vermitteln sollen, daneben (Abb. 15).

1990	Kompetenz	Selbstorganisation	Lernkultur
Kompetenzentwicklung			
1961	Problemlösefähigkeit Lernfähigkeit	Subjektautonomie Selbstregulation	Erfahrungswelten Kollektive
Handlungsfähigkeit			
1945	Begabungen Befähigungen	Mündigkeit Praxis	Ausleseschule Einheitsschule
Persönlichkeit			
1914	Rasseanlagen Personalität Begabung	Folgsamkeit Autonomiestreben Tüchtigkeit	Volksgemeinschaft Pädagogischer Bezug Bildungsgemeinschaft
Lernkontrolle			
1871	Entwicklungsanlage Biologisches Erbe	Selbstbildung Selbsttätigkeit	Lehrkultur Bildungsanstalt
Wahrhaftigkeit			
1849	Naturanlage Natur	Eigendynamik Eigenaktivität	Lehrplan Schulsystem
Zuverlässigkeit			
1815	Bildsamkeit Anlage	Selbstzucht Selbstentwicklung	Erziehender Unterricht Lebenskreise
Charakterstärke			
1789	Ich-Kräfte Individualität Konstitution	Selbstbestimmung Selbstrealisierung Selbstsorge	Nationalbildung Kulturbildung Volksbildung
Menschenbildung			
1740	Naturdispositionen Vermögen	Selbsthilfe Selbstständigkeit	Industrieschule Realschule
Brauchbarkeit			
1648	Vernunft Leib-Seele Herz, Geist, Moral	Rationalität Pflicht Selbstbildung	Universität Arbeitsanstalt Lehrbuch
Tugend			
1519	Herz, Geist, Sprache Kreatürlichkeit	Harmoniestreben Selbstbindung	Unterricht Schule
Disziplin			

Abb. 15
Semantischer Wandel
Quelle: Veith 2003

5. Subjekt und Gesellschaft: Das handlungsfähige Subjekt – eine Vision?

Überblick

In Kap. 4 habe ich versucht, ein wenig Ordnung in die Vielzahl von Begriffen und Konzeptionen zu bringen, mit denen man den Einzelnen erfassen kann. Es wurde deutlich, dass unterschiedliche Konzepte wie Individuum, Subjekt, Person, Identität etc. unterschiedliche Aspekte der Singularität zum Ausdruck bringen: Eigenverantwortlichkeit für das individuelle Handeln und für das eigene Leben verbunden etwa mit der Möglichkeit, bestraft zu werden; individuelle Rechte; Handlungs- und Gestaltungsfähigkeit etc.. Wer über den Einzelnen spricht, hat – implizit oder explizit – den sozialen Kontext und die Entwicklung dieses Einzelnen als Referenz. Es wurde darauf hingewiesen, wie sehr die Burckhardtsche These von der „Entdeckung des Individuums" Spezialisten für die Antike und das Mittelalter auf den Plan gerufen hat, die zeigen wollten, wie sehr das Denken in Kategorien der Individualität auch schon vor der Renaissance stattgefunden hat. Nun verläuft Geschichte niemals in einer Weise, dass bestimmte Erscheinungen plötzlich auftreten. Doch können trotzdem grundlegende Veränderungen, Paradigmenwechsel in Zugangs-, Denk- und Wahrnehmungsweisen identifiziert werden. Der Einzelne in der griechischen Antike – mit dem sich natürlich die Tragödien der großen Dichter bzw. die Philosophen bei ihrer Erkundung der Selbst- und Weltverhältnisse befasst haben – wird ganz selbstverständlich als Teil seiner Polis gedacht: *Es geht um das gelingende, gute und glückliche Leben in einer geordneten Gesellschaft*. Daher ist es so schwer, die heute übliche disziplinäre Abgrenzung zu dieser Zeit zu finden. Politik und Pädagogik, Sozial- und Individualethik, das Leben in der Polis und im oikos und das Schicksal des Einzelnen: All dies sind immer jeweils zwei Seiten derselben Medaille. Mit der Neuzeit gibt es dann die konstatierte Konzentration auf den Einzelnen, es gibt eine „Anthropologie des abstrakt-isolierten Individuums". Die Gründe hängen mit der im ersten Teil diskutierten Genese der Moderne zusammen: Diese bedeutet Individualisierung, die Denkmöglichkeit individueller Freiheit, die Zuschreibung von Taten und Leistungen an den Einzelnen. Wenn der Einzelne in seinen Möglichkeiten, in seinen Pflichten und Rechten so im Mittelpunkt steht, vergisst man gelegentlich die sozialen und kulturellen Kontexte. Vielleicht muss das so sein. Jedenfalls wird dann die Selbstverständlichkeit eines Zusammendenkens von Individualität und Sozialität zerstört, sodass man mühsam die Möglichkeit sozialer Beziehungen und Bindungen erst wieder konstruieren muss. Genau dies wird jedoch durch die weitere Entwicklung der Moderne erschwert. Denn eine sich entwickelnde Realität führt dazu, dass traditionelle Gemeinschaftsbande verschwinden: In der modernen Gesellschaft ist es schwer, Bindungen einzugehen, an gemeinsame Werte zu glauben und dauerhafte Gemeinschaften auszubilden. Alle Sozialdenker müssen gegen eine Denkweise und Realität angehen, in der die Leistungsfähigkeit des Einzelnen die Grundlage ist. Angesagte Denkmodelle unterstützen die kapitalistische Entwicklung und verhelfen zusätzlich dem Denken in Kategorien des einzelnen Marktteilnehmers zum Durchbruch: die Eigenverantwortung für das Seelenheil wie im Protestantismus oder die Thesen der Nationalökonomen, dass aus der weitgehend uneingeschränkten Verfolgung individueller Interessen quasi automatisch (gelenkt durch eine „unsichtbare Hand", so Adam Smith) zugleich ein

Optimum des Gemeinwohles entsteht. Eine Folge dieser Entwicklung besteht darin, dass sich immer mehr spezialisierte Disziplinen herausbilden, in denen das problematisch gewordene Verhältnis des Einzelnen zum Sozialen reflektiert wird:

>> Die *Sozialethik* versucht, das Handeln in Gruppen, die Orientierung an den mores, den Sitten und Gebräuchen zu verstehen. Genau dieses ist es, was wörtlich in dem Begriff der Moral steckt.

>> Die *Sozialphilosophie* versucht, Denkmodelle zu entwickeln, in denen bei Beibehaltung der Idee des autonomen Individuums Soziales mit seinen Zwängen denkbar wird.

>> Die *Pädagogik* konzentriert sich auf den Einzelnen und muss später eigens eine „Sozialpädagogik" erfinden, um die soziale Dimension nicht zu vernachlässigen.

>> Es entsteht mit der *Soziologie* sogar eine eigenständige Wissenschaft, weil Integration als selbstverständlich entstehende Gemeinschaftlichkeit nicht mehr sichergestellt ist.

>> Und schließlich öffnet sich die auf den Einzelnen bezogene neue und junge Spezialwissenschaft der *Psychologie* für soziale Fragen und es entsteht eine Sozialpsychologie.

Man kann in all diesen Feldern eine Entwicklung entdecken: Von der Selbstverständlichkeit einer Verschränkung des Einzelnen mit der Gemeinschaft über eine Konzentration auf den Einzelnen bis hin zu seiner sozialen Isolation hin zu einer erneuten Thematisierung der Vermittlung des Einzelnen mit dem Ganzen. In den verschiedenen Disziplinen wurden dabei unterschiedliche Konzepte und Theorien entwickelt, wie diese (erneute) Vermittlung Einzelner/Soziales auf den Begriff gebracht werden kann. Im folgenden will ich einige dieser Konzepte herausgreifen und vorstellen.

Dabei möge man sich an die großen Entwicklungstendenzen erinnern: Am Ende des 18. Jahrhunderts, das (u.a.) auch das Jahrhundert der Anthropologie genannt werden kann, eben weil das Subjekt nunmehr endgültig auch im Mainstream der Philosophie in den Mittelpunkt gerückt ist, gibt es mit Kant einen Höhepunkt im Denken in Kategorien des Subjekts. Diese Relevanz des Subjekts ist daran abzulesen, dass die humanwissenschaftlichen Einzeldisziplinen wie Pädagogik und Psychologie sich entweder verwissenschaftlichen – etwa mit den Philanthropen in Bezug auf die Pädagogik (Fuchs 1984) – oder sich als Wissenschaft konstituieren wie die Psychologie. Am Ende des 18. Jahrhunderts hat mit dem subjektiven Idealismus von Kant die philosophische Ausformulierung einen Höhepunkt erreicht. Mit Fichte beginnt schon eine Überzeichnung des „Ichkults", über den sich seine Philosophenkollegen bereits lustig machen. Mit der Durchsetzung der Industrialisierung zeigen sich nunmehr auch deutlich die unerwünschten Folgewirkungen der Moderne, sodass es – unter Rückgriff auf Rousseau und seine Preisschriften als fulminantem erstem Höhepunkt einer Kulturkritik der Moderne in der Mitte des Jahrhunderts – eine kritische Haltung zur Gegenwart ständige Begleiterscheinung, teilweise sogar Mainstream des Philosophierens wird. Zwar gab es immer schon eine kritische Grundhaltugn gegenüber der Gegenwart. Doch ist die jetzt kritisierte Gegenwart die Zukunft im Hinblick auf frühere Zeiten, in die man viele Hoffnungen gesetzt hat. Je größer daher die Unterschiede zwischen der eingetretenen Realität und den früheren vollmundigen Zukunftsvisionen wurden, desto heftiger hat man diese Realitäten kritisiert. In jedem Fall sind die beiden Jahrhundertwechsel 1800 und 1900 nicht bloß kalendarische Daten, sondern sie markieren zugleich einen gravierenden Epochenwechsel in allen gesellschaftlichen Bereichen: In der Realität der Wirtschaft, der Politik und des Sozialen ebenso wie in der geistigen Verarbeitung dieser Prozesse in der Kultur. Wichtig ist, dass zwar nunmehr eine skeptische bis pessimistische Haltung gegenüber der Moderne en vogue wird, dass aber gleichzeitig immer noch eine positive bis euphorische Haltung zu Fortschritt und Modernisierung in Philosophie, Wissenschaften und in den Künsten vorhanden ist. Beide Ausprägungen können sich dabei auf durchaus vorhandene Realitäten beziehen. Eingebürgert hat sich zur Beschreibung der Stimmung am Ende eines Jahrhunderts zwischen melancholischer Negativbilanz und positiver Aufbruchstimmung die Bezeichnung des Fin de Siècle (Haupt/Würffel 2008). Zwar kam dieser Begriff zunächst zur Bezeichnung der geistigen Strömungen vor allem in der Kunst gegen Ende des 19. Jahrhunderts auf und wurde hier oft deckungsgleich mit dem Begriff der decadence verwendet (Amend-Söchting 2001), doch verwendet man ihn heute auch zur Bezeichnung der Stimmungslage für andere Jahrhundertwechsel, bei denen man zugleich Epochenumbrüche konstatiert.

Neben der Literatur ist es vor allem das Theater, das eine reflexive seismographische Funktion in Hinblick auf Zeitdiagnose erfüllt. Theater und Literatur entwickeln sich dabei bis Mitte des 19. Jahrhunderts weitgehend synchron. Erst dann will sich das Theater von der „Bevormundung" durch die Literatur emanzipieren. Andererseits erinnere man sich, dass dabei die historische Bedeutung der Meininger darin bestand, dass Herzog Georg II von Sachsen-Meiningen für die Anhebung der ästhetischen Qualität des Theaters dadurch gesorgt hat, dass er Texttreue, ein weitgehendes Streichungsverbot und eine authentische Ausstattung verbindlich vorgeschrieben hatte (Fischer-Lichte 1999, S. 84ff). Die Reaktion des Theaters auf gesellschaftliche Entwicklungen betrifft dabei nicht bloß Inhalt und Form der Stücke, sie lässt sich auch an dem Wandel der Deutung, Interpretation und dann auch Inszenierung des klassischen Repertoires ablesen. Zunächst einmal ist der von Fischer-Lichte in Anschluss an Sennett (1983, S. 178 f.) festgestellte Wandel im Konzept der Person zu registrieren. War das Theater des 18. Jahrhunderts eine „moralische Anstalt", in der die handelnden Figuren ihren Charakter an äußeren Anforderungen erprobten, verlagert sich diese Dynamik jetzt in die Psyche des Einzelnen. Dies alles geschieht im Rahmen des durch die industrielle Revolution provozierten Wandels, „der in relativ kurzer Zeit dem Einzelnen relativ umfassende und völlig neue Anpassungsleistungen abverlangte" (Fischer-Lichte 1999, S. 82). Eine kaum abwendbare Identitätskrise war die Folge. Man meinte ihr entgegnen zu können, wenn man einerseits ganz rigide an den überlieferten Werten festhielt, wie sie mit der patriachalischen Familie, der bürgerlichen Moral und der christlichen Religion gesetzt und vorgegeben waren, und andererseits für eine gewisse psychische Entlastung sorgte, indem man dem Einzelnen die Möglichkeit bot, sich dem Druck der sein Selbst gefährdenden Wirklichkeit durch vorübergehende Flucht zeitweilig zu entziehen.

Fischer-Lichte zeigt dabei den Unterschied im Epochenumbruch 1800 im Vergleich zu dem von 1900 an der unterschiedlichen Rolle der Familie: Die Dichter des Sturm und Drang stellen die Familie als natürlichen Ort der Selbstverwirklichung nicht in Frage, während bei Ibsen, Strindberg und anderen – also zu Zeiten, in denen sich die bürgerliche Gesellschaft durchgesetzt und die heroischen Hoffnungen des 18. Jahrhunderts schon frustriert hat – die Familie der Ort der Unterdrückung ist, dem man sich nur durch Flucht oder Selbstmord entziehen kann (ebd., S. 90ff.).

Ein ähnlicher Paradigmenwechsel lässt sich an der Geschichte der Interpretationen des vermutlich wichtigsten deutschen literarischen Mythus, nämlich an Faust zeigen (zu deutschen Mythen als Teil der Mentalität(sgeschichte) vgl. Münkler 2009 und Francois/Schulz 2001. Goethe, Faust und die Familie Mann gehören selbstverständlich zu diesen). Offenbar ist es eine Bedingung für die Langlebigkeit von Mythen, offen für sehr unterschiedliche und sogar entgegengesetzte Deutungen sein zu können. Dies trifft zumindest für die Deutung von Faust zu. Lange Zeit galt Faust mit der fortschrittsbezogenen Leitfigur des Prometheus als positiver Repräsentant der Moderne. Sein Wille zu Wissen, seine Rastlosigkeit in der Eroberung der Welt – wissenschaftlich, ökonomisch, politisch – lässt ihn sogar seine Seele als Pfand im Pakt mit dem Teufel einsetzen. Für Spengler in seinem „Untergang des Abendlandes" wird die „faustische Seele" zum Signum des Abendlandes im Gegensatz zum Apollinischen der Antike. Diese Deutung hält sich lange Zeit auch in marxistisch inspirierten Kontexten, etwa maßgeblich durchexerziert durch die Analysen von Georg Lukacs. Faust war der Höhepunkt des bürgerlichen Humanismus. Später war er (in imperialistischer Absicht) Symbol für die Hegemonialwünsche der Deutschen. Dies galt zum einen für die Figur des Faust, es galt aber auch für die Faustdichtung Goethes, der damit endgültig Shakespeare von seinem ersten Platz in der Weltliteratur vertrieben habe: Der Faust-Mythos und der Goethe-Mythos wurden so zu einer Einheit. In den letzten Jahren hat sich dies grundlegend verändert – und es fällt nicht schwer, die veränderte Deutung in Beziehung zu setzen zu den Schwierigkeiten, den aktuellen Epochenwechsel zu verarbeiten. War Fausts rastloses Streben früher die grundlegende Tugend der Moderne – quasi die Verkörperung der Lehren von Benjamin Franklin im 18. Jahrhundert („Zeit ist Geld!") – so wird sie jetzt zum Zeichen der Rastlosigkeit, Neurasthenie, Ungeduld, wird also zum zentralen Negativkriterium der Gegenwart, bei der Bewegung und Veränderung zum Selbstzweck wird. Das „Verweile doch, Du bist so schön" – der Augenblick also, in dem Faust seine Seele an den Teufel verlieren würde –, wird geradezu zwanghaft vermieden und taucht auch am Ende von Faust II nicht auf. Faust beginnt als Intellektueller und wird – geprägt durch eine calvinistische Arbeitsethik – zu einem Prototyp eines gnadenlosen Vertreters des Neoliberalismus und die Betriebswirtschaftslehre zur dominanten Steuerungsmacht in der Gesellschaft (so Oskar Negt).

Repräsentativ für diese negative Deutung ist das hochgelobte Werk von Michael Jaeger (2008, 2004; zur Kritik siehe Metscher 2003). Jaeger sieht in der negativen Deutung Fausts die kritische Sicht Goethes auf die gesellschaftliche Entwicklung. Goethe – politisch und in Hinblick auf soziale Veränderungen äußerst konservativ eingestellt – lobt das Handwerk, die kontemplative Vertiefung in Naturprozesse, das traditionell geordnete Gemeinwesen. Revolutionen, die neuen Naturwissenschaften, die sich durchsetzende Fabrikproduktion sind ihm ein Gräuel. Die positive Faustdeutung wird als „perfektibilistisch" denunziert (Jaeger 2005, v.a. S. 578 ff.). Dagegen setzt Goethe – hier fast ein Vorläufer der etwa von Foucault wieder entdeckten antiken Lehre von der Lebenskunst – Kontemplation, Diätetik, Exerzitien der Langsamkeit (ebd. S. 471ff.). Der Vergleich dieses oft in Briefen, Gesprächen und in seinen Tagebüchern artikulierten Unbehagens an der Moderne von Goethe mit Thomas Mann (vor allem mit seinen „Betrachtungen eines Unpolitischen") liegt nahe. Es geht durchaus um Beschreibungen von Pathologien – auch in bewusster Verwendung medizinischer Begriffe, es geht um Angst, die durch die Dynamik der Moderne provoziert wird: „Man wird erkennen, dass Goethe spätestens seit der „Tragödie von 1790" den klassischen Humanismus als Antwort auf die spezifisch moderne Angst konzipiert." (Jaeger 2004, S. 31).

So bündeln sich in der Geschichte der Faust-Deutungen wichtige Topoi deutscher Mentalitätsgeschichte: die Verbindung von Protestantismus – bei der stets die Verbindung zu Preußen mitschwingt – und Kapitalismus, die Sehnsucht nach dem Reich, der Kult um Prometheus und das Unbehagen an der Verselbständigung der Technik (so auch Anders mit seiner These von der Antiquiertheit des Menschen), der Teufelspakt. Und immer wieder taucht die Frage nach Mephisto, dem Vertragspartner Fausts auf, der eigentlichen Zentralgestalt in diesem Mythos. Für den „Architekten des Führers" Albert Speer war es Hitler, dem er gerne seine Seele verkaufte. Klaus Mann schreibt mit „Mephisto" einen Schlüsselroman zur Rolle von Gustaf Gründgens in der Nazi-Zeit, dem vermutlich bekanntesten Mephisto-Darsteller. In dem als Analyse der Nazizeit gedachten Roman Dr. Faustus seines Vaters Thomas Mann musste es schon ein Pakt mit dem Teufel sein, der das deutsche Schicksal bestimmt hat. Es liegt daher nahe, eine Aufgabe in der Kulturpolitik auch darin sehen zu können, im Rahmen einer Mentalitätspolitik alte Mythen aufleben lassen zu wollen, neue Mythen zu kreieren oder zu einer Kritik inhumaner Mythen zu ermutigen.

Konzepte der Vermittlung des Einzelnen mit der Gesellschaft

Schauen wir uns an, welche Konzepte heute zur Erfassung der Beziehung Einzelner/ Gesellschaft vorliegen. Hierbei rückt notwendigerweise die Sozialisationsforschung in den Mittelpunkt. Denn diese Disziplin kennt interdisziplinär (sozial-)philosophische und (sozial)-psychologische Reflexionen der Vermittlungsthematik und nutzt das breite Methodenrepertoire der Sozial- und Humanwissenschaften:

> „Im Zentrum steht die disziplinübergreifende Erforschung von individuellen Entwicklungsprozessen in wechselseitiger Interdependenz mit sozialen und materiellen Umwelten, die sich durch das Zusammenleben von Menschen konstituieren, reproduzieren und stetig wandeln.". Ein solcher Ansatz behandelt „zentrale Themen aus Psychologie, Soziologie und Pädagogik, aber auch aus Anthropologie und Gesundheits-, Kommunikations- Geschichts- und Rechtswissenschaften bis hin zur Theologie." (Hurrelmann u.a. 2008, S. 14).

Das zitierte „Handbuch" von Hurrelmann u.a. gibt insofern einen guten Überblick, als es nach dem ersten Erscheinen 1980 inzwischen zwei gravierende Überarbeitungen erlebt hat und somit in seinen verschiedenen Ausgaben auch die Entwicklung der Sozialisationsforschung verdeutlicht.

Kernkonzept der ersten Jahre war die Vorstellung eines „produktiv die Realität verarbeitenden Subjekts" von Hurrelmann, die in den 1970er Jahren entwickelt wurde und mit dem zwar auch die negativen Seiten des (damals so genannten) „Spätkapitalismus" als entscheidende gesellschaftliche Rahmenbedingung akzeptiert wurde, man jedoch zugleich Chancen einer Emanzipation gesehen hat. Grundlage war die Vorstellung einer aktiven Auseinandersetzung des Menschen mit seiner (gesellschaftlichen und natürlichen) Umwelt.

In seiner letzten Auflage konstatiert das Handbuch eine Verschiebung des Forschungsinteresses von der Betonung der gesellschaftlichen Rahmenbedingungen hinzu den „Prozessen der menschlichen Subjektwerdung" (S. 15). Aufgenommen wurden Ansätze des Konstruktivismus, die die individuelle Konstruktionsleistung bei der „Produktion" von Selbst- und Weltbildern betonen und wo zugleich der Entwicklungsaspekt im Mittelpunkt steht. In den letzten Jahren – sicherlich nicht unabhängig von der nunmehr wieder bewusst wahrgenommenen Chancenungerechtigkeit, dem Wachstum von Armut und Ausgrenzung in unserer Gesellschaft – stehen Konzepte der (mangelhaften) Teilhabe wieder im Mittelpunkt. Es haben zudem Ansätze an Bedeutung gewonnen, die neben dem Einfluss des Milieus wieder der biologischen Grundausstattung des Menschen mehr Aufmerksamkeit zollen. Dies zeigt sich an dem Definitionsvorschlag (a.a.O.,S. 25):

> „Sozialisation ist ein Prozess, durch den in wechselseitiger Interdependenz zwischen der biophysischen Grundstruktur individueller Akteure und ihrer sozialen und psychischen Umwelt relativ dauerhafte Wahrnehmungs-, Wertungs- und Handlungsdispositionen auf persönlicher wie auf kollektiver Ebene entstehen."

Wir sehen also das Prozesshafte, die Handlungsorientierung, die Wechselbeziehung zwischen Milieu und Biologie, die Berücksichtigung der individuellen und gesellschaftlichen Seite sowie den Dreischritt Wahrnehmen, Bewerten, Handeln (Abb. 16).

Sozialisation betrifft also (gemäß Abb. 16) sowohl intentionale als auch funktionale Prozesse, umfasst also das, was man in der Erziehungswissenschaft formale, nonformale und informelle Bildung nennt. Wenn die häufig kolportierte Zahl zutrifft, dann entstehen etwa 80% der Kompetenzen des Menschen im Feld der nonformalen und informellen Bildung, also dort, wo es kein zielorientiertes pädagogisches Setting gibt. Zugleich gibt die Gesellschaft für organisierte und institutionalisierte Bildungsprozesse viel Geld aus, um sicherzustellen, dass die Produktion von Subjektivität zu dem jeweils vorhandenen gesellschaftlichen Rahmen passt. Es geht also um die bereits oben eingeführten Konzepte einer ökonomischen und politischen Sozialisation sowie um die Einübung von Gemeinschaftlichkeit (in unterschiedlichsten sozialen Kontexten) und um Enkulturation (siehe auch Abb. 1 und 2).

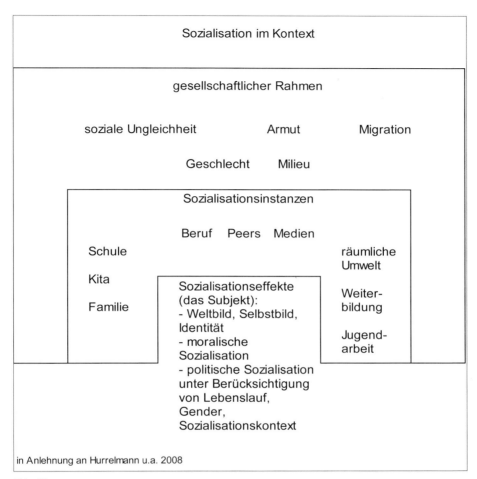

Abb. 16

Aus meiner Sicht sind zur Konzeptionalisierung dieser Aufgabe Ansätze der Tätigkeitstheorie (vgl. Teil 4) sowie das Bourdieusche Konzept des Habitus besonders geeignet.
Bourdieu hat schon früh eine Theorie der Milieus und Lebensstilgruppen entwickelt
und empirisch unterfüttert, bei der die ästhetische Dimension der Lebensführung eine
zentrale Rolle spielt. Bei der Beschreibung der Prozesse der Einübung je milieuspezifi-
scher Werteorientierungen und Handlungskompetenzen verwendet er das Konzept des
Habitus, das auf der Grundlage alter philosophischer Reflexionen von dem Kunsthisto-
riker E. Panofsky (zur Beschreibung einer Übereinstimmung von Architektur der Gotik
und der damaligen Philosophie) verwendet wurde. Der „Habitus" erfasst exakt das in
der obigen Definition von „Sozialisation" beschriebene Feld der Aneignung dauerhafter
Wahrnehmungs-, Bewertungs- und Handlungsdispositionen des Einzelnen (Abb. 17).

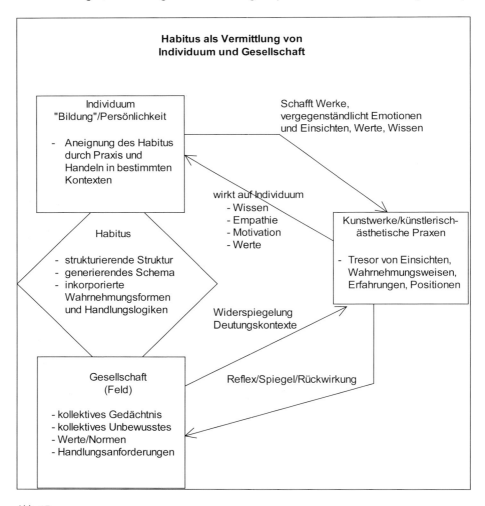

Abb. 17

Krisen und Pathologien der Moderne als Herausforderungen für das Subjekt –
Die Vorgeschichte

Moderne heißt vor allem Wandel. Dieser findet stets – allerdings nicht immer synchron
– in den Subsystemen Wirtschaft, Politik, Soziales und Kultur statt. In der Tat ist eher
das Ungleichzeitige des Wandels, seiner Erscheinungsformen, seiner Folgen und der
jeweiligen zugehörigen Reflexionsprozesse im Kulturbereich (also in den Wissenschaften und Religionen, in Philosophie und in den Künsten) das Typische. Die „Krise",
deren Thematisierung die Moderne von Anbeginn an begleitet und die spätestens
seit dem 19. Jahrhundert den Moderne-Diskurs bestimmt, entsteht oft genug aus
diesen Diskrepanzen und Ungleichzeitigkeiten. Wie alltäglich die Sorgen sind, die im
Kontext einer Verarbeitung des Wandels auftauchen, zeigt Göppel (2007) am Beispiel
der Veränderung von Kindheit. Ich gebe einige Stichwort aus Kapitelüberschriften
an, weil bereits dies die Ambivalenz des Wandels zeigt: Bei jeder seiner Dimensionen
weiß man nämlich nicht, wie sie zu bewerten ist:
>> Freizeit der Kinder zwischen Verplanung, Förderung und Spiel
>> Beschleunigung oder Entschleunigung, Umgang mit Zeit?
>> Selbstständigkeit: Zumutung, Zugeständnisse, Notwendigkeit
>> Autonomie oder Anlehnung?
>> Was sind „Verhaltensauffälligkeiten"?

Weitere Stichworte sind (bezogen auf Jugendliche) Gewaltbereitschaft, Vielfalt der
Jugendkulturen, Selbstverständnis des Jugendlichen, Identität.
   Vielleicht bringt ein Begriff von Keupp (1988) die Ambivalenz dieser Prozesse
gut zum Ausdruck: „Riskante Chancen". Es gibt zum einen die Unvermeidbarkeit des
Wandels. Dieser enthält Chancen, weil sich vieles ändert, was Last, Bedrängung und
Einengung war. Es gibt jedoch auch erhebliche Risiken, eben weil jede Veränderung
– ob gut oder schlecht – verarbeitet werden muss.
   Man sieht, alleine der zunächst wertfrei verwendete Begriff des Wandels führt
zu einer Krisendebatte. Daneben gibt es jedoch Entwicklungen bzw. Phänomene, die
eindeutig als Fehlentwicklungen und Pathologien gekennzeichnet werden können.
Diese sind erst recht Herausforderungen für die Verarbeitungskompetenz des Einzelnen, wobei ein spezifisches gesellschaftliches Angebot von Verarbeitungsformen eine
„gesunde" Verarbeitung oft behindert. Ein Beispiel: Die oben geschilderte Entwicklung
von individueller Verantwortungsübernahme für das eigene Leben führt auch dazu,
dass man selbst die Schuld für sein Versagen oder für Misserfolge übernimmt, und
dies auch dann, wenn es sich um gesellschaftlich produzierte Notlagen handelt, für
die man nicht verantwortlich ist (Arbeitslosigkeit, Umweltzerstörung etc.). Welche
Probleme und Pathologien sind relevant?
   Noch keine Pathologie, wohl aber eine Herausforderung stellt für die Philosophie
das Problem des Individualismus in Hinblick auf die Konstitution des Sozialen und
einer geeigneten politischen Ordnung dar: Wie ist das neue, das veränderte Bild
vom Menschen (Anthropologie) mit einer (zu verändernden) politischen Ordnung in
Einklang zu bringen? Thomas Hobbes kann hier beispielhaft genannt werden, dessen
Hauptwerk („Elemente der Philosophie") aus drei Teilen besteht: „Vom Körper" (also

Naturphilosophie, die die ersten Erfolge der neuen Naturwissenschaft mit einbezieht), „Vom Menschen" (also Anthropologie) und schließlich „Vom Bürger" (der Mensch in seiner spezifischen Rolle als Teil der bürgerlichen Gesellschaft; zugleich eine Theorie dieser Gesellschaft und ihrer politischen Ordnung). Hier entwickelt er die Idee eines Vertrages als neuem Bindemittel für die nicht mehr selbstverständliche gesellschaftliche Ordnung. Dieses Problem lässt die bürgerliche Gesellschaft bis heute nicht mehr los. Denn es geht nicht nur um Integration und sozialen Zusammenhalt, es geht auch um die Legitimation der jeweiligen politischen Ordnung: Je mehr sich die bürgerliche Gesellschaft als soziales und politisches Ordnungsmodell durchsetzt, umso mehr thematisiert man die Abweichungen von den heroischen Zielen („Freiheit, Gleichheit, Brüderlichkeit").

Aus der anfänglichen Herausforderung, neue Denkmodelle für die neue Gesellschaft zu konstruieren, werden recht bald als Pathologien bewertete Nichtübereinstimmungen zwischen Zielen und Realitäten.

Insbesondere betrifft das den Menschen selbst: Heroische anthropologische Modelle menschlichen Lebens, in denen „Bildung für alle" (Comenius) versprochen wurde, werden kontrastiert mit den Realitäten der Ungleichheit, der Unterdrückung und Deformation: Das Thema der modernen bürgerlichen Gesellschaft heißt „Entfremdung": Der Mensch wird sich fremd, er steht fremdelnd seinen eigenen Produkten gegenüber, er produziert „Sachzwänge", die eine freie Entscheidung scheinbar nicht mehr zulassen. Er wird reduziert auf ein Arbeitstier, seine Entwicklungsmöglichkeiten werden nicht nur nicht genutzt: Die Realität deformiert ihn. Werte gehen verloren, Bindungen zerbrechen, ein Glaube ist nicht mehr möglich, so könnte ein Querschnitt durch die Kulturkritik seit Rousseau lauten (Bollenbeck 2007). Der Einzelne, grandiose Entdeckung der Renaissance, wird zum tragischen Opfer. Die Leitformeln zur Beschreibung der Moderne sind Entzweiung und Entfremdung, Unbehagen, Heimatlosigkeit, Orientierungslosigkeit, Werteverlust. Überhaupt dominiert die Verlusterfahrung: Verlust der Mitte, Verlust des Glaubens, Verlust der Gemeinschaft. Es bilden sich neue Wissenschaften, die die negative Verarbeitung des tatsächlichen oder auch nur gefühlten Verlustes studieren: Psychologie, Psychiatrie, Kriminologie. Für die gesellschaftliche Ebene entsteht die Soziologie, die sich mit Desintegration, Selbstmord und Anomie befasst. Man befasst sich damit, welche Subjektformen entstehen – oft genug mit kritischer Tendenz. Man wendet eine medizinische Terminologie auf die Beschreibung der Gesellschaft an. Auch die Rede von „Pathologien" gehört offensichtlich in diesen Kontext. Die bedeutendsten Philosophen des 19. Jahrhunderts sind die härtesten Kritiker ihrer Zeit: Karl Marx und Friedrich Nietzsche. Während Marx immer mehr den gesellschaftlichen (ökonomischen) Ursachen der als unvermeidbar dargestellten Dauerkrise der kapitalistischen Gesellschaft nachgeht, steht bei Nietzsche die Deformation des Subjekts im Mittelpunkt:

„Nietzsche schmäht Rousseau als „Moral-Tarantel" und Schiller als „Moraltrompeter von Säckingen". Doch steht er beiden näher, als es seine Polemik vermuten lässt. Er greift deren Pathologiebefunde auf und verbindet sie mit einem „konservativ-romantischen Antikapitalismus", der zur mentalen Grundausstattung eines Bildungsbürgertums gehört, das über die Macht des Geldes und der Technik, über den Werteverfall und die Herabminderung der Persönlichkeit, die Herrschaft der Presse und der Masse klagt." (Bollenbeck 2007, S. 156).

Immerhin war der Befund einer „Krise des Subjekts" ausgesprochen fruchtbar. Man kann leicht eine Geschichte der Philosophie spätestens seit der Aufklärung als Geschichte der Thematisierung des Subjekts schreiben. Einflussreiche Philosophen arbeiten immer neue Aspekte der Destruktion von Subjektivität heraus. „Entfremdung" als Leitmotiv wurde schon erwähnt. Hegel und Marx, Schopenhauer, Nietzsche und Kierkegaard, Weber, Sombart und Simmel; die Lebens- und später die Existenzphilosophie bis hin zu dem melancholischen Abschied vom Subjekt bei dem frühen und mittleren Foucault und in der Postmoderne – was wäre die Philosophie ohne dieses Verlusterlebnis? Auch die in den 1920er Jahren beginnende Verwissenschaftlichung der philosophischen Anthropologie (Scheler und Plessner, später Gehlen; Bohlken/Thiess 2009) muss in diesem Kontext gesehen werden.

Beinahe noch fruchtbarer ist der als desolat empfundene Zustand des Subjekts für die Künste. Diese befassen sich fast nur noch mit der individuellen Befindlichkeit und bringen immer wieder auf unterschiedlichste Weise die Botschaft: Alles geht schief! in die Welt. Das „Leiden an der Gesellschaft" ist eben ein *individuelles* Leiden, und wer könnte dies besser artikulieren als der Künstler. Ohnehin vom Bürgertum im 19. Jahrhundert in eine seltsame Zwitterrolle gedrängt, nämlich verachtete Lebensform und zugleich Modell eines begehrten Auslebens von Individualität zu sein, muss er gleichzeitige Verachtung und Bewunderung verarbeiten – und dies unter meist schlimmen ökonomischen Rahmenbedingungen. So entstehen die Introspektionen, zuerst als naturalistische Darstellungen der Missstände, dann als zunehmende Auseinandersetzungen mit dem psychischen und seelischen Innenleben. Die Thematisierung der Sexualität, das Abarbeiten von Ängsten männlicher Künstler vor den sich emanzipierenden Frauen, die große Resonanz von Freud und seinen Kollegen: all dies findet sich gerade in den Werken rund um die Epochenschwelle 1900, machen diese sogar weitgehend aus.

Ein Stichwort ist „Decadence". Diese „ist ein höchst kompliziertes Phänomen" (Rasch 1986, S. 13). Sie befasst sich zwar mit Verfall und Untergang, aber eben nicht nur in kulturpessimistischer Hinsicht. Die Decadence einer Epochenschwelle – etwa rund um 1900 – kann zwar Abgesang einer Epoche sein, aber zugleich auch optimistischer Start in eine neue Zeit. Baudelaire ist hier sicherlich zu nennen, über den der seinerzeit höchst prominente Schriftsteller und Publizist Paul Bourget (1903) eine bemerkenswerte Studie geschrieben hat. Der Ansatzpunkt, auf den ich später zurückkomme, besteht in der Überzeugung, dass Schriftsteller in besonderer Weise die Mentalität ihrer Zeit wiedergeben.

Die „Krankheit des Jahrhunderts", so Bourget (1903, S. 12 ff. in Kapitel III: Baudelaire; ich zitiere nach der modernen Übersetzung von R. Brandmeyer (www.uni-due.de/lyriktheorie/texte/1881_bourget.html; letzter Zugriff 12.06.2011), ist der Pessimismus. „Ekel vor der Unzulänglichkeit der Welt", Symptome der Melancholie europaweit. Und aktuell, obwohl mehr als 100 Jahre alt: „Sicherlich nimmt aber langsam der Glaube an den Bankrott der Natur Gestalt an, der der unheilvolle Glaube des 20. Jahrhunderts zu werden verspricht..." (S. 18). Es ist die Rede von dem „überanstrengten Nervensystem", aber auch von Extase, von dem kunstvollen Genuss an dieser Überreizung. „Mit dem Wort Dekadenz bezeichnet man gemeinhin den Zustand einer Gesellschaft, die eine zu große

Zahl von Individuen hervorbringt, die zu den Arbeiten des gemeinschaftlichen
Lebens nicht mehr taugen.", so lapidar Bourget (S. 21).

Hier haben wir also wichtige Stichworte zur Befindlichkeit des Einzelnen in einer
als krisenhaft empfundenen Moderne: Nervosität, Sinnenstimulanz, Nutzlosigkeit
in der Gesellschaft, Zerstörung der Lebensgrundlagen, Wut und Verzweiflung, aber
auch Melancholie oder Kapitulation. Die Dominanz der Sinnenebene, die Ästhetik
und Schönheit der Oberfläche: Deren ethisches Fundament wird später H. Broch als
„Kitsch" bekämpfen: „Kitsch ist das Böse in der Kunst". Auch Kierkegaard, der an seinem
Leben leidet wie kein anderer, spielt den Ethiker und den Ästhetiker als Repräsentan-
ten zweier Lebensstile gegeneinander aus (in „Entweder – Oder") – und spricht sich
letztlich für den Ethiker aus. Aber auch er weiß um die Kraft der Dichtung, wenn es
um die Gesellschaftsdiagnose geht. „Was ist ein Dichter?", so beginnt die genannte
Schrift, „Ein unglücklicher Mensch, dessen Lippen so geformt sind, dass sein Seufzen
und Schreien sich in schöne Musik verwandelt, während seine Seele sich in geheimen
Qualen windet.". (Kierkegaard 2008, S. 13).
    Neben der Dichtung liefert uns eine weitere Disziplin Aufschlüsse über den Stand
der jeweiligen Subjektentwicklung: die Geschichte der Krankheiten, v.a. der psychischen
Erkrankungen. So ist es kein Zufall, dass die Introspektionen von Nietzsche und die
existentielle Verzweiflung in der Kunst zeitgleich mit der Entwicklung der Psychoanalyse verlaufen. Die unbekannte Masse als weitere Bedrohung des Einzelnen wurde zum
Thema am Ende des 19. Jahrhunderts. Eine bereits von Zeitgenossen thematisierte
Beobachtung war die von der Geschwindigkeit des Lebens provozierte Nervosität: Neurasthenie bis hin zur Hysterie, eine überdimensionierte Sensitivität bis hin zur nicht
mehr zu kontrollierenden Reizbarkeit, die Nerven, die den Alltagsanforderungen nicht
mehr gewachsen waren. Die Industrie setzt auf Akkord, ein „scientific management"
optimiert Arbeitsvorgänge, Energie und ihre optimale Verwendung war zentrales Thema
der Physik. All dies provozierte zugleich eine Vielfalt an Lebensreformbewegungen:
Jugendbewegung, Monte Veritas, Frauenbewegung, Freikörperkultur, Sport, Kunster-
zieherbewegung etc. Die Aktualität von Energie und Kraft in den Naturwissenschaften
hat offenbar auch Nietzsche bei seiner Suche nach dem letzten und allgemeinsten
Prinzip inspiriert, das das menschliche Leben bestimmt. Doch wurde aus der physika-
lischen Kraft bei ihm die Macht, genauer: der Wille zur Macht. Bei aller Heterogenität
der Befunde und Ansätze war es eine Fundamental-Kritik an der Zivilisation, an der
Großstadt, an Technik und Wirtschaft. All diese Themen bleiben bis in die heutige Zeit.
Sie werden ergänzt durch die Erfahrung zweier Weltkriege, zahlreicher Völkermorde,
durch den Einsatz der Atomkraft als Waffe in einem Krieg: „Detruktivität", so Ernst
Fromm in seinen späten Jahren, muss als wichtiges Kennzeichen des Menschen in
Betracht gezogen werden.
    Nähern wir uns also der Gegenwart am Beispiel einflussreicher Zeitdiagnosen im
20. Jahrhundert, bei denen die Folgen für die Subjektivität im Mittelpunkt stehen.

6. Zur Lage des Subjekts heute: Erste Zwischenbilanz

Es ist sicherlich kein schlechter Einstieg in eine vertiefte Diskussion zur Formung des Subjekts, mit dem Gesellschaftstheoretiker und Sozialpsychologen Erich Fromm zu beginnen. Er wird 1900, also mitten an der oben beschriebenen Epochenschwelle geboren, und stirbt 1980, als gerade die Theoretiker der Postmoderne (erneut) das Ende einer Epoche proklamieren. Fromm ist Psychoanalytiker, der allerdings bald die Orthodoxie dieser Lehre (oder besser: Weltanschauung) verlässt. Er arbeitet im amerikanischen Exil an dem berühmten Projekt rund um den autoritären Charakter mit, das – eher zu Urecht – stark mit Adorno verbunden ist. Erst in seinem 40. Lebensjahr legt er die erste umfassende Monographie zu dem hier verhandelten Thema vor: „Die Furcht vor der Freiheit". Dieses Thema lässt ihn nicht mehr los bis zu seinem letzten Buch „Haben und Sein" (1976, dt. 1979). Dazwischen entwickelt er seinen Ansatz, das Destruktive als wesentlichen Charakterzug des Menschen hervorzuheben. Scheinbar paradox handelt nicht nur sein letztes Buch von Glück, das eben nicht darin besteht, Dinge zu haben, sondern zu leben, zu sein. Lange vor Foucault (und der BKJ) thematisiert er die „Kunst des Lebens" (das „Sein").

„Diese Kunst des Lebens ist gekennzeichnet durch

>> die Fähigkeit, in liebender Weise auf andere bezogen zu sein, an ihrem Anderssein interessiert zu sein und dieses Eigensein des anderen respektieren zu können (= Liebesfähigkeit);

>> die Fähigkeit, trotz des Angewiesenseins (nicht Abhängigkeit) auf andere auf eigenen Füßen zu stehen und die Ansprüche auf Autonomie (nicht Autarkie) auch durchsetzen zu können, also andere auch enttäuschen zu können (= Autonomiefähigkeit);

>> die Fähigkeit, sich selbst auch in den verdrängten und verleugneten Persönlichkeitsaspekten wahrnehmen zu können (= Selbsterkenntnis);

>> die Fähigkeit, sich selbst in seiner Ambivalenz als vermögendes und fehlbares, schöpferisches und vergängliches Wesen erleben zu können (= ambivalentes Identitätserleben: Selbstbewusstsein; Selbstsicherheit, Selbstliebe; Angst-, Schuld- und Schamfähigkeit);

>> die Fähigkeit, die Wirklichkeit in ihrer Gegebenheit, ohne Verzerrungen durch Wunschbilder und ohne durch Angst erzeugte Verleugnungen wahrnehmen zu können (= Wirklichkeitssinn; Vernunftfähigkeit);

>> die Fähigkeit, die Wirklichkeit in ihren befriedigenden und versagenden, erfreulichen und bedrohlichen Aspekten gleichermaßen erleben zu können (= ambivalentes Wirklichkeitserleben: Ichstärke; Leidfähigkeit, Frustrationstoleranz, Lebensfreude)."

(Funk u.a. 2000, S. 17).

Das ist ein positives Gegenmodell zum Existenzmodell des „Habens", das auf den folgenden Illusionen beruht:

1. „Man möchte sich der Illusion hingeben, daß der Mensch jeder menschlichen Aktivität und Anstrengung enthoben ist und nichts selbst tun muß, um seine eigenen Fähigkeiten und Kräfte zu üben und zur Entfaltung zu bringen.

2. Man gibt sich der Illusion hin, dass nicht das, was aus dem Menschen hervor-
   geht, wertvoll ist, sondern das, was in ihn hineingeht und was er sich aneignen
   kann. Nicht ich bin aktiv, sondern der Kaffee, das Erlebnisbad, der Action-Film,
   die Möbel, der links- oder rechtsdrehende Joghurt aktivieren mich.
3. Man kann sich der Illusion hingeben, dass sich die Ambiguität des Lebens
   vermeiden lässt, und will die Tatsache umgehen, dass menschliches Leben
   im allgemeinen befriedigend *und* enttäuschend, lust- *und* schmerzvoll ist,
   durch Liebe *und* Haß ausgezeichnet ist.
4. Vor allem lässt sich mit der illusionären Wirklichkeit das Versagen, die
   Beschämung über das eigene Scheitern, die Begrenztheit und Endlichkeit
   des eigenen Vermögens und Lebens ausblenden.
5. Schließlich bietet die Inszenierung illusionärer Wirklichkeit den großen
   Vorteil unmittelbarer und sofortiger Befriedigung. Wir müssen weder warten
   noch kommen wir zu kurz. Alles, was wir zu tun haben, ist einzutauchen:
   in die Cyberwelt, in die Traum-, Erlebnis-, Phantasiewelt, in die Welt von
   McDonald und Disneyland, in die exotische oder mittelalterliche Welt – und
   uns darin zuhause zu fühlen."
(Funk in Funk u.a. 2000, S. 42).

Diese illusionäre Wirklichkeit wird geschaffen durch eine „Marketing-Orientierung": „Marketing
bedeutet die Inszenierung von illusionärer Wirklichkeit." (Funk in Funk u.a. 2000, S. 42).
    Jede Gesellschaft schafft sich die zu ihr passenden „Sozialcharaktere". Dieser Begriff
ist von Fromm in die Diskussion eingebracht worden, um den Tatbestand zu erfassen,
den bereits Marx mit „Charaktermaske" beschrieben hat. Fromm unterscheidet die
folgenden Charaktertypen:

>> „Die *autoritäre* Gesellschafts-Charakterorientierung ist durch Herrschaft
   gekennzeichnet. In ihrer „sadistischen" Ausrichtung will sie andere
   und sich selbst beherrschen. Im Umgang mit den Dingen zeigt sie sich
   ausbeuterisch-nehmend; die „masochistische" Ausrichtung des autoritären
   Charakters strebt danach, sich zu unterwerfen, sich selbst zu verleugnen
   oder aufzuopfern und im Umgang mit Dingen nur empfangen zu wollen.
>> Die *Marketing*-Gesellschafts-Charakterorientierung will sich immerzu kon-
   formistisch anpassen an das, was der Markt, was andere verlangen, ohne
   sich zu binden oder zu identifizieren. Wer so orientiert ist, will vor allem
   bei anderen „ankommen" oder „in sein". Er/sie strebt deshalb ständig danach, sich möglichst gut zu verkaufen und sich selbst zu vermarkten. Die
   Aneignung von Gütern wird als Tauschgeschäft erlebt.
>> Die leicht *narzisstische* Gesellschafts-Charakterorientierung folgt im Umgang
   mit anderen der Grundstrebung, den anderen für die eigenen Bedürfnisse
   verzwecken zu wollen: Es geht in Wirklichkeit nie um den anderen als Person,
   sondern immer nur um den Nutzen oder Wert, den er für einen selbst hat.
   Der andere ist nur die Spiegelung oder Ergänzung des eigenen Ich. Ziel ist
   es vor allem, selbst erfolgreich und bedeutsam zu sein. Diese Tendenz zur
   Vereinnahmung zeigt sich also nicht nur im Umgang mit Gütern, sondern
   auch beim Umgang mit anderen Menschen und mit sich selbst.

>> Die *produktive* Gesellschaft-Charakterorientierung ist von der leidenschaftlichen Grundstrebung bestimmt, auf andere, die Natur und sich in liebender und vernünftiger Weise bezogen zu sein und mit seinen menschlichen Eigenkräften kreativ tätig zu sein. „Im Bereich des Denkens kommt diese produktive Orientierung in der adäquaten Erfassung der Welt durch die Vernunft zum Ausdruck. Im Bereich des *Handelns* drückt sich die produktive Orientierung in produktiver Arbeit, im Prototyp dessen aus, was unter Kunst und Handwerk zu verstehen ist. Im Bereich des *Fühlens* kommt die produktive Orientierung in der Liebe zum Ausdruck, die das Erlebnis des Einswerdens mit einem anderen Menschen, mit allen Menschen und mit der Natur bedeutet, unter der Voraussetzung, dass man sich dabei sein Integritätsgefühl und seine Unabhängigkeit bewahrt" (E. Fromm). Fromm hat die produktive Orientierung vor allem in drei Werken besonders eindringlich beschrieben: „Psychoanalyse und Ethik", „Die Kunst des Liebens" und als „Orientierung am Sein" statt am Haben in seinem berühmten Alterswerk „Haben und Sein" (Meyer in Funk u.a. 2000, S. 50).

Ein Spezifikum der modernen „Überflussgesellschaft" (so schon der Wirtschaftswissenschaftler K. Galbraith in seinem damaligen Bestseller) ist es, unglücklich zu sein, obwohl man alles hat. Man versucht sich daher abzulenken, neue Reize zu finden. Dabei geht es um Überleben und um Anerkennung. „In der heutigen Gesellschaft ist fast jeder Mensch bestrebt, sein Selbstwertgefühl möglichst hoch zu halten oder zu steigern, indem er in den Augen der anderen Anerkennung findet. Oder er versucht, sein geringes Selbstwertgefühl mit Hilfe eines Surrogats auszugleichen." (Bierhoff in Funk u.a. 2000, S. 97). Die „Biophilie", die Liebe zum Leben, sieht jedoch anders aus. Die Fähigkeit hierzu muss im Erziehungsprozess gelegt werden: „Erziehen heißt, dem Kind zu helfen, seine Möglichkeiten zu realisieren." (Fromm, zitiert nach Funk u.a. 2000, S. 110). Es geht daher in der Schule um eine subjektorientierte Lern-Kultur. Man kann zeigen, dass nicht nur die ARS- und BKJ-Debatte über Lebenskunst passfähig zu den Überlegungen von Erich Fromm ist, sondern dass auch das Konzept der Kulturschule viele Möglichkeiten einer Umsetzung einer derart „humanen Schule" bietet (Braun u.a. 2010).

Im gleichen geistigen Kontext arbeitet später der Heidegger-Schüler Herbert Marcuse (Jahrgang 1898). Er findet Anschluss an die Frankfurter Schule, wird Mitglied des inzwischen in New York ansässigen Instituts. Auch er erforscht die kapitalistische Gesellschaft, tut es jedoch nicht als Psychologe, sondern als Philosoph. Auch er kommt zu einer Negativ-Analyse gerade in Hinblick auf das Subjekt: Der eindimensionale Mensch (1967). Der Mensch ist eindimensional, weil ihm die eindimensionale Gesellschaft keine andere Entwicklungsmöglichkeit bietet. David Riesman, dieses Mal kein deutsch-jüdischer Flüchtling, legt 1950 seine Studie zur einsamen Masse vor (hier 1959). Auch er befasst sich mit den Pathologien der kapitalistischen Industriegesellschaft und unterscheidet den innen- und den außengeleiteten Charakter. Man findet alle diese Typologien auch in den Studien von Reckwitz oder Veith, was heißt, dass sie – zumindest für ihre Zeit – eine hohe Relevanz hatten. Doch kommen wir zu aktuellen Zeitdiagnosen.

Im Hinblick auf unsere Gesellschafts- und Wirtschaftsordnung hat sich nichts an den Rahmenbedingungen geändert, die Fromm, Marcuse oder Riesman vorfanden. Im Gegenteil: Sowohl die Art der politischen Steuerung (parlamentarische Demokratie und Massengesellschaft) als auch der Kapitalismus haben sich ausgedehnt, (Globalisierung). Die neuen Kommunikations-Medien haben ihre Wirkungen weltweit entfaltet, sodass Konzepte einer Netzwerk-Gesellschaft kursieren (Castells 2002 f.) und Digitalisierung ein übergreifendes Prinzip geworden ist. Damit wurden jedoch gerade die Negativbefunde der drei genannten Autoren nicht abgemildert, sondern vielmehr verstärkt: die Marketingorientierung, die Einseitigkeit und Eindimensionalität und die Art der Selbststeuerung sind nach wie vor zu finden. Daher lesen sich die genannten Studien nicht nur wie historische Dokumente aus einer Zeit, die ein halbes Jahrhundert zurückliegt: Sie lesen sich wie aktuelle Zustandsbeschreibungen.

So lässt sich die Studie von Ehrenberg (2004) über „Das erschöpfte Selbst" fugenlos anschließen. Nur ist es bei der Epochenschwelle 2000 nicht mehr (nur) die Nervosität als Massenerscheinung, sondern diese ist vielmehr in Depression umgeschlagen. Wieder ist es das Institut für Sozialforschung, inzwischen wieder in Frankfurt, immer noch geleitet von Schülern von Schülern der Gründergeneration, die das Buch von Ehrenberg herausbringt. Die Erfassung des Sozialcharakters steht immer noch auf der Tagesordnung:

> „Seitdem wir uns entschlossen haben, die Forschungsarbeit zukünftig auf die sozialen Paradoxien des gegenwärtigen Kapitalismus zu konzentrieren, trat verstärkt die alte Frage nach der gesellschaftlichen Lage und Befindlichkeit des Subjekts wieder in den Vordergrund unserer Bemühungen... ." Allerdings: Es ist „... in den letzten Jahrzehnten eine dramatische Verschiebung im Sozialcharakter nicht selten behauptet worden, wo es sich tatsächlich nur um das Resultat veränderter Erfassungsmethoden oder über verallgemeinerter Einzelbeobachtungen gehandelt hat." (so der derzeitige Institutsleiter und Habermasschüler Axel Honneth im Vorwort zu Ehrenbergs Buch). Und weiter: „Der Befund, zu dem Ehrenberg ... gelangt, wird von ihm in der Formel zusammengefasst, das die Subjekte heute am Zustand der sozialen Defizienz ihrer Persönlichkeit leiden, während sie vor hundert Jahren am Konflikt mit den repressiven Normen der Gesellschaft erkrankten..." (ebd., S. VIII).

Es fehlt also heute die „fundamentale Reibung an sozialen Herausforderungen", es fehlt der „innere Konflikt mit der Gesellschaft" (ebd., S. IX). Daraus ergeben sich die Schlussfolgerungen, dass individuelle Mündigkeit, Konfliktbereitschaft und die Fähigkeit zur Perspektivübernahme entscheidende Dispositionen für eine lebendige Demokratie sind – eben weil es engste Beziehungen zwischen Persönlichkeit und demokratischer Öffentlichkeit gibt. Ehrenberg:

> „1800 kommt die Frage nach der pathologischen Person mit Wahnsinn-Wahn auf. 1900 verwandelt sie sich mit den Dilemmata der Schuld, die den durch seine Befreiungsversuche nervös gewordenen Menschen zerreißen. Im Jahr 2000 gibt es die Pathologie eines verantwortlichen Individuums, das sich vom Gesetz der Väter und den alten Gehorsams- und Konformitätssystemen befreit hat. Depression und Sucht sind wie Vorder- und Rückseite des souveränen Individuums, des Menschen, der glaubt, der Autor seines eigenen Lebens zu sein, während er doch Subjekt im doppelten Sinne ist: Souverän und Untertan bleibt." (ebd., S. 277).

Der Hochschullehrer Richard Sennett (Jg. 1943) dürfte heute einer der einflussreichsten und produktivsten Zeitdiagnostiker sein. Seit 1980 veröffentlicht er stark historisch argumentierende Studien, die zumindest melancholisch, häufiger aber auch härter in ihrer Kritik

Fehlentwicklungen beschreiben und beklagen. Oft zeigen die Buchtitel bereits die Richtung seiner Kritik an. So schließt er sich in seinem Buch „Verfall und Ende des öffentlichen Lebens. Die Tyrannei der Intimität" (1986) der Habilitationsschrift von Habermas (1962) an. Er zeigt hierbei die Notwendigkeit der Trennung von Privatheit und Öffentlichkeit – und die Tendenz zur allmählichen Auflösung der Differenz. Das Buch beginnt mit einem historischen Vergleich: „Oft hat man die heutige Zeit mit den Jahren des Niedergangs von Rom verglichen. So wie der Sittenverfall die Herrschaft Roms über das Abendland untergraben habe, so habe er nun die Herrschaft des Abendlandes über den ganzen Erdball untergraben." (ebd., S. 15). Es geht dabei um den heutigen Umgang mit dem Staat, der eben nicht mehr res publica, also eine öffentliche Angelegenheit aller ist. Es geht aber auch um das Soziale, das sich in der Öffentlichkeit abspielt, etwa die distanzierte oder sogar feindliche Haltung gegenüber Fremden. Gegen diese Tendenz, überall nur menschliche Nähe und Undistanziertheit finden zu wollen, beschreibt er die Notwendigkeit von Distanz. Dabei müssten jedoch starke Argumente und Vorbehalte überwunden werden. Denn dieser öffentlichen Gesellschaft wird Anonymität, Kälte und Entfremdung vorgeworfen. Es kommt zu einer Tyrannei der Intimität zum Schaden letztlich von beidem; einer Intimität unter Freunden und einer eher zivilisierten Haltung in der Öffentlichkeit.

Ob eine Wiederherstellung einer solchen Öffentlichkeit noch gelingen kann, ist fraglich. Man muss sich nur einen Tag lang das Fernsehprogramm anschauen mit all den Talkshows oder „Doku-Soaps", in denen privateste und intimste, oft genug unappetit-liche Eigenheiten und Handlungen öffentlich präsentiert werden, die eigentlich schon im Privaten Gefühle der Scham auslösen müssten. „Fremdschämen" ist nicht umsonst zu einer verbreiteten Floskel geworden. „Narzissmus" ist eine Ursachenerklärung, die Sennett mit anderen Analytikern der modernen Gesellschaft teilt. Man kommt sehr schnell aus solchen Zustandsbeschreibungen zu sehr grundsätzlichen Fragen: Was hält (heute) eine Polis zusammen und funktionstüchtig? Welche Rolle spielt der öffentliche Diskurs? Was bedeutet Scham und Intimität für das Zusammenleben? Gerade Deutschland bietet für den Gegenstand dieses Buches ein gutes Beispiel. Denn man hat sich bereits im 19. Jahrhundert sehr schwer damit getan, Konzepte einer rational organisierten Gesellschaft, also „westliches" politisches, und soziales Denken zu übernehmen und stattdessen einen Kult der Innerlichkeit propagiert. Gesellschaft war das Anonyme, Rationale, Kalte. Als der junge Philosoph Helmut Plessner Anfang der 1920er Jahre in einer frühen Schrift diesen Kult der „Gemeinschaft" kritisierte und auf Gefahren für Politik und Gesellschaft hinwies, hat man ihm genau dies vorgeworfen: Eine Lehre der sozialen Kälte. Thomas Manns „Betrachtungen eines Unpolitischen" beschreiben diesen geistigen Haushalt des deutschen Bildungsbürgers als Mentalität, die unschwer als Grundlage für den späteren Nationalsozialismus identifiziert werden kann. Dabei geht der Verlust der Öffentlichkeit keineswegs mit einer Vertiefung menschlicher Verhältnisse einher. Im Gegenteil. In dem Buch „Respekt" (2002) zeigt Sennett, wie die kapitalistische Gesellschaftsordnung eben nicht die Versprechungen der Moderne, nämlich Wohlstand, Freiheit, Bildung für alle realisiert. Es grassiert vielmehr Ohnmacht, Isolation und Sinnlosigkeit. „Entfremdung" bleibt von Beginn des modernen Kapitalismus ein zentraler Befund (Israel 1982). Alle oben genannten Studien von Fromm oder Marcuse laufen auf diesen Befund hinaus. Sennett findet ihn in seinen Büchern zur Stadtgestaltung und Architektur. Er schlägt vor, der handwerklichen Produktion, also der sinnlich-gestaltenden Tätigkeit erneut zu ihrer verloren gegangenen Würde zu verhelfen, um die Entfremdung des Menschen von seiner Produktion und seiner eigenen produktiven Fähigkeit abzubauen. Doch scheint die globale Entwicklung des Kapitalismus in die andere Richtung zu gehen: „Die Kultur des neuen Kapitalismus" (2005) produziert einen Menschen neuen Typs, den „flexiblen Menschen" (1998), Sennett kontrastiert hier die Lebensweisen von Vater (Arbeiter in einer Autofabrik) und Sohn, der eine bessere Bildung hat, erheblich mehr verdient, der jedoch nur noch von einem Termin zum nächsten hetzt. Zeitverdichtung, die Verlagerung gesellschaftlicher Risiken auf den Einzelnen, die Undurchsichtigkeit und damit Nicht-steuerbarkeit des Ganzen: Der Mensch in dieser Gesellschaft kann kaum glücklich sein. Es gibt nur noch den Ausweg zu Ersatzbefriedigungen im Konsum.

In eine ähnliche Kerbe schlägt der Journalist Jeremy Riflin mit seinen Büchern. Gemeinsam ist die Warnung vor einer umfassenden und unkontrollierbaren Logik der kapitalistischen Denkweise. Marxisten sind sie nicht, diese Autoren. Oft ist der Tonfall so melancholisch, dass es wie eine Sehnsucht nach einer verlorenen Zeit klingt. Der deut-sche Soziologe Gerhard Schulz, der bereits mit seiner „Erlebnisgesellschaft" (1992) die Disposition zum Event als wichtigem Mechanismus auch für den öffentlichen Kulturbetrieb aufgezeigt hat, beschreibt in seinem neuesten Buch „Die Beste aller Welten" (2003) solche Entwicklungstendenzen. Es ist das Prinzip des Immer-Mehr, das „Steigerungsspiel", das zu kaum noch zu beherrschenden Risiken führt. Allerdings sieht er Hoffnung für ein neues Denken, da – wie er meint – die Absurditäten des jetzigen Denkens für jeden sichtbar sind. So gibt es durchaus in den letzten Jahren eine erneute Thematisierung des „Glücks". Es stellt sich immer häufiger die Frage danach, wie wir leben wollen und sollen. Es gibt also durchaus Gründe für den vorsichtigen Optimismus von Schulz. Und: Wir könnten den Wandel gestalten. Fritz Stern (1963) hat seinerzeit das wichtige Buch über den „Kulturpessimis-mus als politische Gefahr" geschrieben. Denn in der zweiten Hälfte des 19. Jahrhunderts vermehrte sich die Zeitkritik. Dies war durchaus eine Kapitalismuskritik.

Doch gibt es eine solche Kapitalismuskritik auch von Rechts, eine Kritik, die als Alter-native zur schlechten Gegenwart das Rad zurückdrehen will. Dort tauchen dann die Ideen des Reiches und des Kaisers, eine organizistisch verstandene Gesellschaft, die Vorstellung einer Volks- und Blutgemeinschaft auf. Kritik kann also durchaus reaktionäre Folgen ha-ben. Einen solchen Kulturpessimismus vertreten Sennett, Rifkin und Schulz gerade nicht.

Die These ist in der Welt, dass wesentlich zur (De-)Formation der Psyche der von Medien bestimmte Alltag gehört. Denn man spricht von 80% aller lebensnotwendigen Kompetenzen, die informell, also jenseits pädagogischer Inszenierungen, erworben wer-den. Und diese informelle Umgebung ist entschieden eine Medienwelt. Die „geheimen Erzieher" lauern überall. Sie durchdringen den Alltag umso mehr, je mehr die Lebens-welten zu Medienwelten geworden sind. Aber auch ohne Kommunikationsmedien wirkt der Alltag erzieherisch: die Gestaltung der Häuser und Städte, die organisatorischen Abläufe in den verschiedenen Institutionen. Reckwitz' Vorgehen (in 2006), Praxen als Konstitutionsfelder von Subjektivität in den Blick zu nehmen, ist also gut und richtig. Der Habitus als Vermittlungsinstanz wurde bereits oben vorgestellt (Abb. 17).

Aus einer kulturellen Perspektive versucht Abb. 18 mögliche Einflussfaktoren zu erfassen.

Einen anderen Blick, der die verschiedenen Bildungs- und Kulturorte einbezieht, liefert Abb.19.

Und schließlich führt Abb. 20 verschiedene Praxisfelder und Subjekt-Konzepte zusammen

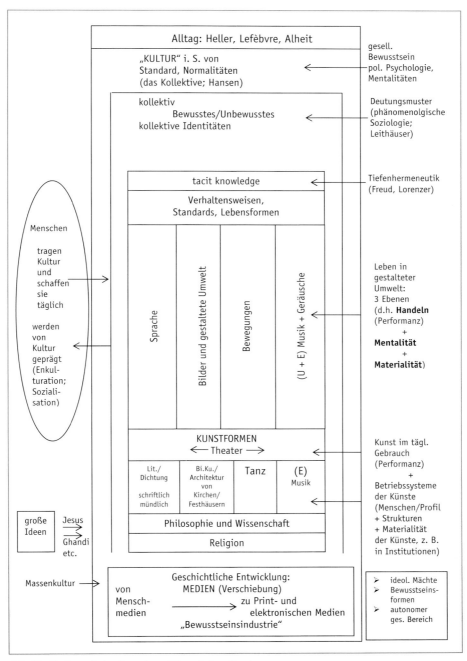

Abb. 18: Die Umwelt des Menschen: Alltag, Kultur, Kunst

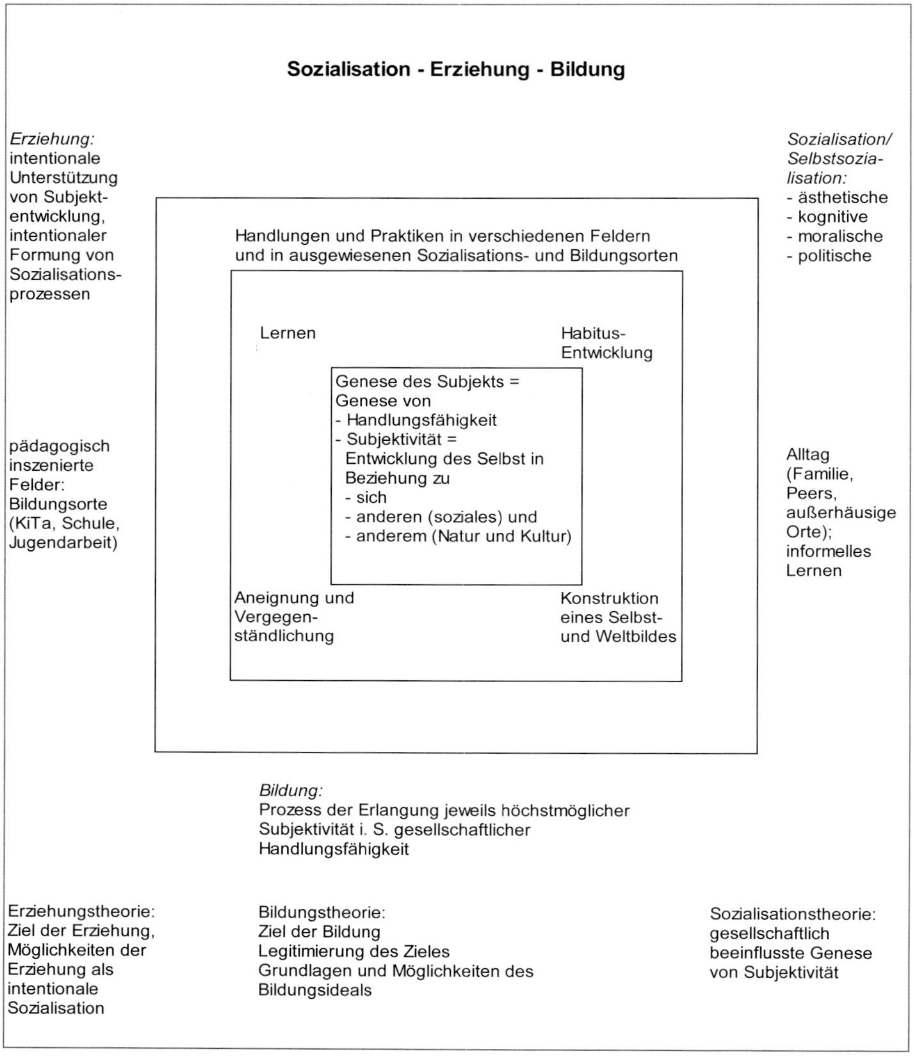

Sozialisation - Erziehung - Bildung

Erziehung:
intentionale
Unterstützung
von Subjekt-
entwicklung,
intentionaler
Formung von
Sozialisations-
prozessen

Sozialisation/
Selbstsozia-
lisation:
- ästhetische
- kognitive
- moralische
- politische

Handlungen und Praktiken in verschiedenen Feldern
und in ausgewiesenen Sozialisations- und Bildungsorten

Lernen   Habitus-
                                          Entwicklung

Genese des Subjekts =
Genese von
- Handlungsfähigkeit
- Subjektivität =
  Entwicklung des Selbst in
  Beziehung zu
  - sich
  - anderen (soziales) und
  - anderem (Natur und Kultur)

pädagogisch
inszenierte
Felder:
Bildungsorte
(KiTa, Schule,
Jugendarbeit)

Alltag
(Familie,
Peers,
außerhäusige
Orte);
informelles
Lernen

Aneignung und   Konstruktion
Vergegen-   eines Selbst-
ständlichung   und Weltbildes

Bildung:
Prozess der Erlangung jeweils höchstmöglicher
Subjektivität i. S. gesellschaftlicher
Handlungsfähigkeit

Erziehungstheorie:
Ziel der Erziehung,
Möglichkeiten der
Erziehung als
intentionale
Sozialisation

Bildungstheorie:
Ziel der Bildung
Legitimierung des Zieles
Grundlagen und Möglichkeiten des
Bildungsideals

Sozialisationstheorie:
gesellschaftlich
beeinflusste Genese
von Subjektivität

Abb. 19

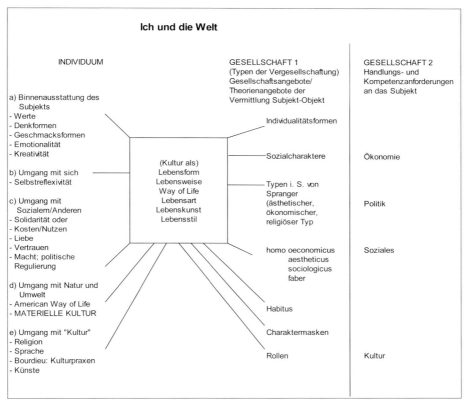

Abb. 20

In der bürgerlichen Gesellschaft entwickeln sich Medien dynamisch. Die ambitionierte Darstellung ihrer Entwicklung von Werner Faulstich (hier 2002 und 2004) zeigt dies für das 19. Jahrhundert. Medienentwicklung geht einher mit der Durchsetzung der Marktgesellschaft. Dies gilt für die traditionellen Kommunikationsmedien wie etwa die Presse, es gilt aber auch für das sich ausdifferenzierende und stabil etablierende System der Künste. Bei den Kommunikationsmedien wird die Entwicklung forciert durch technische Errungenschaften: Fotographie, Telegraf, Plakat und Litfasssäule, Telefon und später Film/Kino. Diese Dynamik ist ungebrochen. Es ist sogar plausibel, die mit der Digitalisierung erfolgte Entwicklung des Internets, der dadurch möglichen weltweiten Information und Kommunikation als weitere (dritte) industrielle Revolution zu bezeichnen. Denn viele von Sennett beschriebene Pathologien der Gegenwart sind medienbasiert: Internet und Handy greifen revolutionär in Politik, Gesellschaft und Kultur ein. Sie verändern Wahrnehmungs- und Kommunikationsweisen. Folgen für die Veränderung von Werthaltungen sind ebenfalls zu erwarten.

Informelles Lernen ist nicht pädagogisch-professionell organisiert, was allerdings nicht heißt, dass man nicht bei seinen Angeboten Ziele verfolgt und Werte berücksichtigt. Dies lässt sich zunächst an der Kinder- und Jugendliteratur zeigen (vgl. Handbuch zur Kinder- und Jugendliteratur; hier etwa Brunken/Hurrelmann/Pech 1998). Kinder- und Jugendliteratur war immer schon Medium der Moral- und Werteerziehung, sehr oft auch Medium einer spezifischen politischen und religiösen Sozialisation. Entsprechend ist das genannte Handbuch in die folgenden Abteilungen gegliedert: Literatur zur religiösen Unterweisung, zur sittlich-moralischen Erziehung, zur Vermittlung von Wissen und Weltkenntnis, zur Geschmacksbildung, zur weiblichen Erziehung und Bildung. Jedes der Kapitel ist gut gefüllt und es lässt sich nicht nur eine Liste relevanter und anerkannter Erziehungsziele in jedem der genannten Bereiche aufstellen, es ergibt sich fast zwanglos ein Kanon, mittels dessen die gewünschten Ziele erreicht werden: Literatur und speziell Kinder- und Jugendliteratur ist ein wichtiges Medium der Mentalitätsbildung und wird als solches verstanden und gefördert. Geht dieses Handbuch von der Literatur aus, so stellt das Handbuch der deutschen Bildungsgeschichte (Berg u.a. 1987) das Ganze aus der Perspektive der Bildung und Erziehung dar. Die einzelnen Bände stellen das organisierte Bildungssystem und seine Entwicklung (Schule, Hochschule, Berufsbildung, Weiterbildung) in einen gesellschaftlichen Kontext, beschreiben die Veränderung von Lebensformen und Erziehungsinstanzen, stellen pädagogische Theorien und ihre Entwicklung vor und geben einen Überblick über die Entwicklung der Medien.

Nun sind die Künste nicht nur Medien der Erbauung oder der Erziehung, als Künste reflektieren sie auf spezifische Weise die Welt- und Selbstverhältnisse des Menschen (Fuchs 2011b), oft mit weit reichendem Erkenntnisanspruch. Der Roman als Totalitätserfassung der Gesellschaft wurde zum literarischen Leitmedium im 19. Jahrhundert und verdrängte Lyrik und dramatische Literatur. Es entspann sich zwar ein Streit darüber, wie viel an Welterkenntnis in die Romane „hineingeschmuggelt" werden darf (etwa zwischen Broch und Döblin), doch sind alle großen Werke eindrucksvolle Zeugnisse ambitionierter Zeitreflexion. Vielen Schriftstellern genügt dabei ihre künstlerische Arbeit nicht, sondern sie mischen sich entweder analytisch, aber auch publizistisch und gelegentlich auch politisch in die öffentlichen Debatten über den Zustand ihrer Gesellschaft ein. Schiller dichtete nicht nur, er verfasste – auch weil es seine Aufgabe als zeitweiliger Geschichtsprofessor war – Studien zu historischen Themen. Um die Jahrhundertwende 1900 blühte eine politische und zeitanalytische Essayistik geradezu auf. Alle großen Schriftsteller, Thomas und Heinrich Mann, Robert Musil, Hermann Broch, Hugo von Hofmansthal publizierten Zeitkritisches. Sie geben Auskunft über die Art und Weise, wie sich die jeweilige Gesellschaft selbst gesehen hat, sie legen die Finger auf die Wunden und beschreiben Pathologien, allerdings weniger in streng soziologischem Sinn, sondern aus dem leidenden Erleben der Subjekte. Insbesondere leistet Literatur (und Theater) dies, sodass viele Autoren auch deshalb ihren Platz in der Literaturgeschichte erhalten haben, weil ihre Werke eine Fundgrube für die Information über die betreffende Gesellschaft, über das Leben und Denken bestimmter Klassen und Milieus sind. Thomas und Heinrich Mann konkurrieren geradezu in ihren politischen Analysen. Die kritische Haltung gegenüber dem Wilhelminischen Kaiserreich von Heinrich Mann, dessen Vorlieben für den Gesellschaftsroman nach dem Muster der großen Franzosen

(Balzac, Zola, v .a. aber Flaubert), seine Orientierung an westlichen Vorstellungen von Gesellschaft und Politik provozieren geradezu die rechtskonservativen „Bekenntnisse eine Unpolitischen" seines Bruders (vgl. Fuchs 2011b, S. 117ff.). Mit nicht so großen politischen Differenzen konkurrieren die beiden Österreicher Herrmann Broch und Robert Musil miteinander. Mit ein wenig geographischer Großzügigkeit lässt sich rund um Wien eine eindrucksvolle intellektuelle Szene (von Wittgenstein über Schlick bis zu Carnap, von Hofmansthal über Kafka bis zu den beiden oben genannten, Alban Berg und seine Schüler, Freud und seine Anhänger und Gegner etc. etc.) auffinden. Johnston (2010) stellt dar, wie man um das Bild des Österreichers – gerade in Absetzung vom „Reichsdeutschen" – ringt. Musil spricht zwar von Kakanien (einer Abwandlung der kuk-Monarchie), orientiert sich jedoch an Berlin, wo er Philosophie studiert, und er spricht konsequent von sich als Deutschem. Broch hat weniger Probleme mit seiner österreichischen Identität, vielleicht weil er als erfolgreicher Geschäftsmann – er ist zunächst Leiter des väterlichen Betriebs mit internationalen Verbindungen – routiniert verschiedene Bühnen „bespielen" kann. Beide sind zunächst Ingenieure, erfolgreich im Studium. Musil erwirbt als Erfinder sogar ein Patent. Beide studieren später Philosophie und entscheiden sich für eine künstlerische Existenz. Beide haben neben ihrer literarischen Tätigkeit – z. T. aus Gründen des Gelderwerbs – eine ausgedehnte publizistische Tätigkeit. Beide schreiben Literatur, in die immer wieder umfangreiche Essays zu Fragen der Gesellschaftsanalyse, der Philosophie, v.a. der Erkenntnistheorie eingebaut sind. Beide haben ein umfassendes philosophisches Wissen. Beide sind Juden und müssen Österreich/Deutschland verlassen. Hierbei hat Broch mehr Glück, da er Englisch spricht, später eigenständige Forschungsprojekte – etwa einen Projektantrag über „Massenwahntheorie" – entwirft, die es Forschungsstiftungen ermöglichen, ihn zu unterstützen. Musil gelingt dies nicht. Er lebt unter ärmlichsten Verhältnissen in der Schweiz, wo er auch schließlich stirbt. Beide sind immer wieder gezwungen, nicht bloß ungeliebte Textarbeiten zum Zwecke des Gelderwerbs zu übernehmen: Beide müssen immer wieder Romane, Stücke oder andere Werke publizieren, obwohl sie sie für unfertig halten. Der Endlos-Essay „Mann ohne Eigenschaften" erscheint so in Etappen. Sein erster Teil, der 1931 erscheint, wird hochgelobt, doch zu verdienen ist wenig. Denn natürlich steht während der Nazizeit der deutschsprachige Raum als Markt zu großen Teilen nicht mehr zur Verfügung. Von Broch erscheinen sogar Romane zuerst in der englischen Übersetzung. Broch wird 1886 in Wien geboren und stirbt 1951 in New Haven/USA, sein erstes großes Werk, zugleich eines seiner Hauptwerke, die Roman-Trilogie „Der Schlafwandler", erscheint zwischen 1928 und 1932. Er spielt in drei unterschiedlichen Etappen des Wilhelminischen Kaiserreiches zwischen 1888 und 1918 anhand dreier Personen aus verschiedenen Milieus. Robert Musil wird 1880 in Klagenfurt geboren und stirbt 1942 in Genf. Sein Erstlingswerk „Die Verwirrungen des Zöglings Törleß" im Jahre 1906 verschafft ihm sofort Anerkennung und Berühmtheit. 1931/32 erscheinen die ersten beiden Teile des „Mann ohne Eigenschaften". Die Sekundärliteratur zu beiden Autoren ist sich einig: Beide Autoren sind – und empfinden sich als solche – Analytiker der Krise der europäischen Kultur (Luft 1980). Bei beiden stehen die Auswirkungen der Pathologien der Moderne auf die Psyche der Subjekte im Mittelpunkt: Es ist nicht mehr möglich, Identitäten zu entwickeln. Beide, hier vor allem Broch, arbeiten später intensiv an der Frage, wie es zu der faschistischen Barbarei hat kommen können. Für dieses Forschungsprojekt (Broch 1979) stellt er sogar über Jahre seine literarische Tätigkeit fast vollständig ein. Broch (1955, S. 43 – 181) verfasst zudem einen umfangreichen Text zu „Hofmannsthal in seiner Zeit", der sich über weite Strecken nicht mit Hofmannsthal, sondern mit der politischen und kulturellen Situation Österreichs am Ende des 19. Jahrhunderts befasst. Natürlich befasst sich ein Text eines Autors über einen anderen Autor mit Fragen der Kunsttheorie. Und so taucht sie auf: die kritische Analyse des l'art pour l'art, die Begründung der Forderung nach einem Vorrang der Ethik gegenüber der Ästhetik, die Grenze des Naturalismus.

> „Der Künstler hingegen, der echte Künstler, kümmert sich nicht um die Be-
> dürfnisse einer Epoche, wohl aber fühlt er, weiß er, was sie ist und worin ihre
> Neuheit besteht. Weiß es kraft einer intuitiven Sicht, die man geradezu als
> „Epoche-Gefühl" bezeichnen könnte: obwohl er inmitten der verwirrenden Viel-
> falt myriadenhafter und anonymer Kleinbegebenheiten lebt, welche die Epoche
> erfüllen und sie ausmachen, vermag er sie doch als Ganzheit zu begreifen; er
> begreift sie gewissermaßen „von innen" her, und da es die neue Epoche ist,
> die solcherart als Ganzheit in sein Werk eingeht, wird sie zum „Neuen in der
> Kunst" (ebd., S. 69).

Dies zielt offensichtlich nicht nur auf Hofmannsthal: Es ist eine Selbstbeschreibung, die so ähnlich auch Musil formuliert hat. Es geht nicht nur um Ästhetik und Ethik, es geht – so Musil – um Literatur als eigenständiger Erkenntnisweise der Welt. Die Leere des Fin de Siècle beschreibt Broch mit dem Begriff der „fröhlichen Apokalyp-se", andere sprechen von einem Tanz auf dem Vulkan. Ist auch in dieser Hinsicht die Epochenschwelle um 1900 mit der Schwelle des Jahrtausendwechsels vergleichbar?

Das neue Jahrtausend

Werfen wir zunächst einmal einen Blick auf die Literatur.

Eine Weile schien es so, als ob sich eine neue (Pop-)Literatur durchsetzen könnte, bei der der eigene Bauchnabel nicht bloß Zentrum, sondern auch der einzige Erfahrungs-horizont der Schriftsteller sein könnte. Vor diesem Hintergrund überrascht uns Paul Michael Lützeler, angesehener Germanist an der Washington-University in St. Louis, mit einem völlig entgegengesetzten Bild des deutschsprachigen Gegenwartsromans: Dieser ist politisch hochsensibel, lässt sich auf Krisenherde und vor allem Menschen-rechtsverletzungen weltweit ein und steht in Hinblick auf den ethisch-moralischen Gehalt und eine humanistische Perspektive den großen Schriftstellern früherer Jahre in nichts nach. Eher im Gegenteil. John Dos Passos, Virginia Woolf, Thomas Mann, Robert Musil oder Hermann Broch wollten zwar mit ihren großen Werken die „Totalität einer Epoche" erfassen (S. 20), doch taten sie dies in einer ausbalancierten Weise, in der alle Positionen zu Wort und zu ihrem Recht kommen. Dies ist nicht mehr das Interesse der nunmehr Aktiven: Zwar kein „Objektivitätspostulat", aber eine exakte politische und zeitgeschichtliche Positionierung in den Schilderungen; keine Präsentation von Totalität, sondern vielmehr die anspruchsvolle Erwartung an den Leser, die Hinweise und Anspielungen als Aufforderung zu begreifen, sich selber mit den Ereignissen vertieft zu befassen. All dies mit dem klaren Bemühen, die weltweit vorzufindenden Verbrechen gegen die Menschlichkeit aufzuzeigen und anzuprangern. Lützeler spannt dabei den Bogen – auf der Basis der vorgestellten Beispiele – von den 1960er Jahren bis zur Gegenwart. Es geht um gut etablierte SS-Schergen wie Klaus Barbie in Bolivien („Vor der Regenzeit" von Gert Hofmann) oder Josef Mengele („Vati" von Peter Schneider). Es geht um Unabhängigkeits- und Bürgerkriege in Dhofar oder im Libanon (Dieter Kühn und Nicolas Born); es geht um Jugoslawien und Ruanda (Juli Zeh, Lukas Bärfuss). All dies wird mit enormer Belesenheit eingebettet in gründliche Darstellungen der jeweiligen politischen Situation der behandelten Krisen- und Kriegsgebiete, sodass das Buch von Lützeler durchaus als Skandalgeschichte der verschiedenen Menschenrechtsverstöße und Völkermode gelesen werden kann. Ebenso werden sorgsam politische und philosophische Theorien der Gewalt und des Krieges vorgestellt (H. Arendt, Agamben, Münkler u.a.). Und natürlich zeigt der engagierte Literatur- und Kulturwissenschaftler die Bezüge zu den großen Romanen und ihren Theorien der Mann, Broch und Musil.

Die ethisch-moralische Verpflichtung der Literatur war immer schon Anliegen von Lützeler. Dies zeigt sich schon beim „Gegenstand" seiner Dissertation, Hermann Broch, der zu einem der Schwerpunkte seiner gesamten wissenschaftlichen Arbeit werden sollte. Der Schriftsteller und Dichter als Zeitdiagnostiker, als Moralist, als Analytiker der Pathologie der Moderne, als jemand, der Ästhetik und Ethik zusammen denkt: Es kann hierbei kaum ein geeigneteres Studienobjekt als Hermann Broch geben – gerade im Vergleich und durchaus auch in Kontrast zu dem Großbürger Thomas Mann. Lützeler zeigt, dass gerade der postcoloniale und postmoderne Roman, der die Globalisierung als entscheidende Rahmenbedingung hat, in Hinblick auf sein humanistisches Anliegen kaum hinter den großen Namen zurückstehen muss. Dies, so die Überzeugung von Lützeler, ist eine entscheidende Kulturfunktion der Künste.

Es gibt sie also, die ambitionierte zeitdiagnostische Literatur. Es gibt die Grenzgänger zwischen den verschiedenen Gesellschaftsfeldern wie der Unternehmer und angesehene Autor Ernst-Wilhelm Händler, der am Beispiel „angesagter" Berufe wie Banker, Manager oder Architekt die menschfeindliche Welt des Kapitalismus seziert. Auch gibt es Versuche, den großen Wenderoman zu schreiben (was allerdings bislang – trotz etwa der Versuche auch von Günther Grass mit seinem Fontane-Roman „Das weite Feld" – nicht gelungen ist). Immerhin gibt es die Ambitionen einer Gesamtschau wie etwa „Der Turm" von Uwe Tellkamp, der – etwas überzogen – mit den Buddenbrooks verglichen wurde (allerdings vom Verlag selbst). Es gibt auf der linksliberalen Seite Hans-Magnus Enzensberger, und es gibt auf der entgegengesetzten Seite Botho Strauß, beides anerkannte Literaten, die die Kunst des gesellschaftsanalytischen Essays pflegen. Die Befunde haben sich im Vergleich zu 1900 eher weniger geändert. Wie sollten sie auch? Es ist dieselbe Wirtschaftsordnung, die bereits damals die Identifikation von Pathologien verursacht hat. Dazu gekommen sind Globalisierung und Digitalisierung, ein Aufschwung der Unterhaltungsindustrie und die Fortführung einer Entwicklung, mit der sich schon Thomas und Heinrich Mann, Broch und Musil befasst haben: der Niedergang des Bürgertums. Wenden wir uns daher erneut wissenschaftlichen Befunden zu aktuellen Situation zu.

Teil 3:
Gegenwartsanalysen: Das Subjekt unter Druck

7. Globale Trends

Die Horkheimer-Adornosche „Dialektik der Aufklärung" ist eine Dialektik der Moderne: Jedes zunächst positiv daherkommende Kennzeichen der Moderne wendet sich offenbar gegen den Menschen, kippt in sein Gegenteil um. Ein Alltagsbeispiel. Ein bekanntes Sprichwort lautet: Jeder ist seines Glückes Schmied. Eigentlich könnte dieser Satz Mut machen. Dahinter steckt Vertrauen in die Stärke des Einzelnen, in seine Fähigkeit, sein Schicksal in die eigenen Hände zu nehmen und sein Leben – ganz so, wie der angesprochene Schmied das glühende Eisen formt – selbst zu gestalten. Denkbar ist ein solcher Satz mit einem starken Anforderungscharakter (Dann tu es doch auch!) nur vor dem Hintergrund, dass man den Einzelnen als souverän handelndes Subjekt seines Lebens denkt. Bekanntlich ist dies eine Denkfigur, wie sie – nach Jakob Burckhardt – in der Renaissance entdeckt, nach anderen Autoren zu dieser Zeit erfunden wurde. Diese „Erfindung des Individuums" (Dülmen 1997, Fuchs 2001) hängt eng mit dem Protestantismus zusammen, der den Menschen in eine unmittelbare Beziehung zu Gott gebracht hat, wo also kein Priester als Vermittler gebraucht wird. Auch die Thematisierung des Glücks, das als Lebensziel für jeden Einzelnen als Ergebnis seines Handelns zu erreichen ist, ist mit dieser modernen Entwicklung eng verbunden. Es gibt – so amerikanische Verfassungen – ein Recht auf den berühmten pursuit of happiness. Wir haben Glücksansprüche und sind nicht fatalistisch einem vorgegebenen Schicksal unterworfen. Aktivität, Selbstgestaltung, Glück als Lebensziel, Offenheit der Zukunft, Stärke des handlungsfähigen Subjekts, demokratischer Bezug auf alle Menschen, also Gleichheit auch in Hinblick auf anspruchsvolle Lebensziele: All diese Charakteristiken der Modernen stecken in dem einfach klingenden Satz.

Die Kehrseite dieses Satzes stimmt aber auch: Wenn der Mensch eigenverantwortlich sein Leben steuern kann, ist er auch immer *alleine* für das Ergebnis verantwortlich. Er kann sich nicht mehr herausreden, wenn sein Leben misslingt. Es gibt keine höhere Instanz, bei der er sich beklagen kann. Gemäß Calvin ist ein misslingendes Leben dann auch ein schlechtes Zeichen für die Zeit nach seinem Tode: Es geht also um einen rigiden Individualismus, sogar: um einen Besitzindividualismus, mit einer klaren Bewertungslatte: Erfolg. Hinter dem Satz steckt nämlich auch die wirtschaftliberale Wertung von „Glück", dass dieses nämlich in Geld und Besitz ausgedrückt werden kann. Gesellschaftliche Umstände, Ungleichheit im Zugang zu Ressourcen, Chancengerechtigkeit, mangelnde Teilhabemöglichkeiten: all dies kann nicht als mildernder Umstand akzeptiert werden. Zu erinnern ist an die zunächst lustige, dann aber doch recht hinterhältige Karikatur, bei der ein Schimpanse, ein Elefant, ein Frosch, eine Schlange und ein Fisch in einem Aquarium vor einem Baum platziert sind, den sie alle besteigen sollen: Formale Gleichheit in den Startbedingungen bei der gleichen

Aufgabe. Der Mensch des Sprichwortes hat formal alle Chancen, hat aber real so ungleiche Verwirklichungschancen, dass nur Wenige das gewünschte Ziel erreichen. Der Misserfolg der Vielen liegt jedoch in deren individueller Verantwortung. Hinter dem banalen Stichwort steckt sogar noch mehr. Es steckt dahinter, dass das autonome Subjekt diese gesellschaftliche Erwartung so internalisiert hat, dass es diese für seine eigene hält. Es gibt keinen äußeren Zwang mehr, der ein bestimmtes Verhalten vorschreibt, sondern es ist der von mehreren Autoren (Freud, Elias, Foucault) beschriebene Weg der Zivilisierung, dass äußere Anforderungen in innere Ziele umgewandelt werden. Die Moderne produziert also auf raffinierte Weise das moderne Subjekt, das sich für alle Fehlschläge verantwortlich fühlt, das zudem von sich aus das tut, was von ihm verlangt wird. Kein Wunder also, dass der Einzelne nicht nur ständig über sich nachdenkt – Charles Taylor nennt den Menschen das ständig sich selbst reflektierende und interpretierende Wesen –, sondern meistens zu solch negativen Ergebnissen bei der Selbstbewertung kommt, dass er ohne Beratung oder sogar Therapie sein Leben nicht mehr bewältigt. Stets liegen die Messlatten so hoch, dass man daran scheitern muss. Wie es der modernen Gesellschaft gelingt, solche Formen von Subjektivität zu produzieren, ist eines genaueren Hinsehens wert. Doch sollen zunächst einmal die aktuellen Lebensumstände betrachtet werden. Pauschal kann man sagen, dass kaum eine in der Geschichte der Moderne aufgetauchte, Leiden verursachende Pathologie der Moderne verschwunden ist. Eher hat man den Eindruck, dass sich deren Anzahl vermehrt und die vorhandenen sich verstärken.

Bevor dies erläutert wird, will ich noch mal zurück zu dem Einstiegssatz kommen. Denn dort wurde „Moderne" und „Aufklärung" gleichgesetzt: Stimmt das überhaupt? Auf die Datierungsprobleme in Hinblick auf „die Moderne" habe ich schon hingewiesen. Ähnliche Probleme gibt es mit der Aufklärung. Ein enges Verständnis von Aufklärung, das im wesentlichen mit der Zeit übereinstimmt, in der das Wort als Selbstbezeichnung einer Epochenströmung verwendet wurde, engt diese zeitlich ein, etwa auf die zweite Hälfte des 18. Jahrhunderts. Im Französischen oder im Englischen steckt im Aufklärungsbegriff die Metapher des Lichtes (enlightenment, eclairissement), das in ein Dunkel gebracht werden soll. Diese Metapher ist sehr viel älter als der genannte Zeitabschnitt. Es gibt daher ambitionierte historische Darstellungen der Aufklärung (etwa von Herrmann Ley), die ein sehr weites Verständnis von Aufklärung verwenden und alle Bemühungen, gegen vorgeschriebene Denkweisen, gegen Denkverbote vorzugehen und die die Kraft des menschlichen Denkens, seine eigenen Lebensumstände ohne höhere Autoritäten zu erkennen, betonen. Dann kann man eine derart verstandene Aufklärung auf die gesamte menschliche Denkwelt ausdehnen. Folgerichtig beginnt eine solche Geschichte der Aufklärung auch schon in der griechischen Antike. Ich verwende einen mittleren Begriff von Aufklärung, der in der Tat mit der Neuzeit, mit der Entstehung des Kapitalismus als Handelskapitalismus in Norditalien, mit den neuen Naturwissenschaften, mit der Reformation, mit der Entstehung und Durchsetzung der bürgerlichen Gesellschaft zusammenhängt. Denn all die genannten Entwicklungen können zwar für sich untersucht werden (was auch oft geschehen ist), sie hängen aber aufs engste miteinander zusammen, betonen nur jeweils die ökonomische, kulturelle, soziale und politische Seite dieser Entwicklung. Zurück zur Gegenwartsanalyse.

Ein Kennzeichen der Moderne ist nicht bloß das Bewusstsein der Gestaltbarkeit aller menschlichen Lebensumstände, es gibt auch ein entwickeltes Bewusstsein über die historischen Prozesse. Das heißt, neben den realen Verläufen gibt es professionalisierte Felder historischer Beobachtung. Dies geht sogar soweit, dass die Geschichtsschreibung, die jeweilige Konstruktion von Geschichtsbildern eine wichtige legitimatorische Rolle im politischen Diskurs spielen: Man will seine Machtansprüche historisch untermauern.

Dieses historische Bewusstsein bezieht sich auch auf die Pathologie der Moderne, sodass sowohl reale Ereignisse, vor allem aber die jeweiligen (Re-)Konstruktionen und durchaus auch Mythologisierungen (Münkler 2009) stets präsent sind. Wie oben angedeutet, gibt es optimistische, pessimistische und unentschiedene Deutungen dieses Prozesses. Wer zu schnell den Negativanalysen zuneigt, sei an die Studie von Stern zum Kulturpessimismus als politischer Gegner (Stern 1963) erinnert. Denn antimoderne Tendenzen, die sich eher an der Demokratisierung, der Rolle der Gleichheit und Gleichberechtigung, der Möglichkeit zur Kritik stören, nutzen eine Dramatisierung der Pathologien der Moderne, um ihr reaktionäres Süppchen zu kochen. Verfallstheorien sind zahlreich (Bollenbeck 2007). Schopenhauer, Nietzsche, Wagner, Spengler sind Beispiele. Der Unterschied zu den Zeitkritikern der Aufklärung wie Kant oder Nicolai besteht darin, dass diese das ancien régime kritisieren, während die oben genannten bereits Errungenschaften und Entwicklungen der Moderne in den Fokus nehmen und diese als Verfall kritisieren. Sehen wir uns einmal aktuelle Befunde an.

1. Der gesellschaftliche Wandel

Noch recht harmlos kommen Gesellschaftsanalysen daher, die recht pauschal auf „Wandel" hinweisen. So ist es Allgemeingut, dass wir es heute zu tun haben (u.a.)
>> mit einem demographischen Wandel
>> dem Wandel der Arbeitsgesellschaft
>> einem Wertewandel
>> einem Wandel der Wirtschaft hin zu einer globalisierten Wirtschaft
>> einem Wandel in der Bedeutung des Nationalstaates.

In diesen Katalog können Digitalisierung oder Migration mit aufgenommen werden. In dieser Form finden sich Beschreibungen gesellschaftlicher Entwicklungen in vielen Positionspapieren in der Pädagogik, bei denen am Beginn eine „Gesellschaftsanalyse" stehen muss, um die konkreten pädagogischen Aufgaben daraus abzuleiten. *Offensichtlich lässt sich Bildung als Lebenskompetenz unmittelbar auf die Bewältigung solcher gesellschaftlicher Herausforderungen beziehen.*

2. Globale Trends

Seit einigen Jahren werden regelmäßig Analysen globaler Trends vorgelegt (aktuell Stiftung Entwicklung und Frieden/Institut für Entwicklung und Frieden 2010). Solche „globalen Trends" spielen gerade in Zeiten der Globalisierung auch für die Beurteilung je nationaler Situationen eine wichtige Rolle. Das Buch ist traditionell gegliedert in die Abschnitte

>> Weltordnung und Frieden
>> Weltgesellschaft
>> Weltwirtschaft und Umwelt.

Da im ersten Abschnitt auch die „Weltmacht Religion" abgehandelt wird, sind also Entwicklungen aller vier Subsystemen (Wirtschaft, Politik, Soziales und Kultur) erfasst.

Welche Ergebnisse fallen ins Auge?

Zunächst einmal ist die Auflistung regelmäßig erstellter Weltberichte (S. 393ff.) interessant: Die „Welt" beobachtet sich intensiv und regelmäßig selbst. Dies betrifft alle genannten Felder, zu denen es offizielle Weltberichte der UN oder ihrer spezialisierten Mitgliedsorganisationen gibt. Ein Erkenntnisproblem in Hinblick auf Problemlagen, so kann man pauschal sagen, gibt es definitiv nicht.

Weltberichte gibt es zur Nachhaltigkeit und Umwelt, zur Weltbevölkerung und ihrer Entwicklung, zur Armut und Entwicklung, zum Klima, zur Lage der Menschenrechte, zur Bildung, zur Migration, zur Sicherheit, zur Gesundheit, zur Weltwirtschaft und – im Buch nicht genannt – seit 1998 auch zur Weltkultur. Zu einem großen Teil liegt diesen Weltberichten die Verpflichtung entsprechender Konventionen und Pakte zugrunde, regelmäßig Zustandsberichte in dem jeweiligen Feld vorzulegen: Es geht um ein Monitoring oder sogar eine Evaluation der Erreichung gesetzter politischer Ziele. Um ein Beispiel zu nennen: die berühmten Millenium-Ziele der Vereinten Nationen zur Bekämpfung von Armut. Die Berichte über die Umsetzung sind gerade keine Erfolgsgeschichte, sondern vielmehr ständige Feststellungen, dass man der Zielerreichung überhaupt nicht näher kommt, sich in einzelnen Bereichen die Lage sogar verschlimmert.

Die obige Behauptung, dass alte Pathologien bleiben und neue dazu kommen, belegt auch dieser Trend-Bericht. Denn der aktuelle Bericht erweitert die Trendaussagen der bislang vorliegenden acht Vorgänger um zwei weitere Felder: „neue multipolare Machkonstellationen" und „drohender Klimawandel" (S. 9). Aufschlussreich am vorliegenden Bericht ist die Aussage: „Zwei Jahrzehnte nach dem Ende des kalten Krieges markiert die Weltfinanzkrise eine ‚historische Zeitenwende' mit erheblichen geopolitischen Rückwirkungen" (11). Erhellend ist diese Aussage im Hinblick darauf, dass es nicht nur eine Hierarchisierung von Krisen gibt, sondern dass die Art der Krise, die jeweils als folgenreichste angesehen wird, im Laufe der Zeit sich ändert: Mal war es eine Ölkrise, dann eine Gewalt-/Kriegskrise, dann die Situation des kalten Krieges. Jetzt ist offenbar die Weltfinanzkrise diejenige, die die anderen Krisen beeinflusst oder sogar dominiert.

Insgesamt werden *zehn Welttrends* identifiziert: Ich zitierte sie ausführlich, weil sich diese Welttrends auch auf nationaler Ebene wieder finden (ebd., S. 12ff.):

„Trend 1:
Die Weltfinanzkrise wirft gerade im Bereich sozioökonomischer Entwicklung große Teile der Welt zurück; neoliberale Paradigmen dürften damit endgültig

ausgedient haben. Die wirtschaftlichen Folgen sind nicht nur in den reichen Volkswirtschaften, sondern insbesondere auch in den vom Außenhandel (v.a. Rohstoffe) und von ausländischen Kapitalzuflüssen besonders abhängigen Entwicklungsökonomien spürbar. In den letzten Jahren erzielte wirtschaftliche Fortschritte, insbesondere in Afrika, drohen zunichtegemacht zu werden. Der Aufstieg vieler Schwellenländer wird für eine Übergangsphase abgeschwächt, gleichzeitig wächst ihre Bedeutung als neuer weltwirtschaftlicher Motor.

Trend 2:
Die Weltfinanz- und Weltwirtschaftskrise hat das Monopol der G7/8 auf exklusive Club-Herrschaft endgültig diskreditiert. Die Rückkehr stärker multilateraler Ansätze wird dokumentiert in der Übernahme zentraler Konsultations- und mitunter auch Steuerungsfunktionen durch die G20.

Trend 3:
Der Klimawandel ist zum wichtigsten Treiber globaler Umweltveränderungen mit weitreichenden Auswirkungen auf Gesellschaften, Ökonomien und das internationale System geworden. Die Folge werden – gerade in den verwundbaren Weltregionen – neue Konfliktkonstellationen sein, die sich aus Ernährungskrisen, Süßwasserknappheit, Sturm- und Flutkatastrophen sowie krisenbedingter Migration ergeben.

Trend 4:
Das Politikfeld Sicherheit ist von wechselnden und zum Teil widersprüchlichen Trends geprägt: Kriegerische Gewaltkonflikte sind seit 1993 rückläufig. Zugleich leiden zahlreiche Länder weiterhin unter sporadischer Gewaltanwendung und sind von fragiler Staatlichkeit betroffen; dies gilt in besonderem Maße für Subsahara-Afrika. Parallel ist seit Ende er 1990er Jahre ein Jahrzehnt der Aufrüstung zu beobachten. Die multilaterale Rüstungskontrolle befindet sich in der Krise, eine weitere Proliferation von Nuklearwaffen ist wahrscheinlich.

Trend 5:
Im Westen lange unterschätzt wurde die Bedeutung des religiösen Faktors in den inter- und transnationalen Beziehungen. Gerade in der Disziplin der ,Internationalen Beziehungen' wurden die Ausübung von Macht sowie die Bereitschaft zur Kooperation häufig aus rationalen Kalkülen eines homo oeconomicus abgeleitet. Demgegenüber zeigten bereits die Machtübernahme von Ajatollah Chomeini im Iran 1979 und die Beendigung der sowjetischen Besetzung Afghanistans durch Mudschaheddin-Kämpfer, dass Weltpolitik auch maßgeblich von politisch-religiösen Identitäten und Ideologien bestimmt ist.

Trend 6:
Der Prozess der Urbanisierung schreitet kontinuierlich voran. Seit 2007 leben mehr Menschen weltweit in Städten als auf dem Land, wobei das Städtewachstum v.a. in den Schwellen- und Entwicklungsländern stattfindet. Eine besondere

Herausforderung stellt die Herausbildung von Megastädten dar, von denen die meisten in Entwicklungsländern liegen.

Trend 7:
Die Zahl internationaler Migranten hat sich seit 1960 verdreifacht. Auch wenn ihr Anteil an der Weltbevölkerung im Wesentlichen stabil ist, so nimmt doch das relative Gewicht von Migranten in den ‚überalternden' Industriegesellschaften zu. Migration ist der zentrale menschliche Faktor transnationaler Globalisierung und bekommt angesichts des deutlich steigenden Frauenanteils verstärkt auch ein ‚weibliches Gesicht'. Zugleich ist als Schattenseite der Globalisierung human trafficking, der Menschenhandel, zum Milliardengeschäft geworden.

Trend 8:
Die ‚Lebenschancen' zwischen und innerhalb einzelner Weltregionen und Gesellschaften bleiben extrem ungleich oder entwickeln sich noch weiter auseinander. Insbesondere Subsahara-Afrika fällt weiter zurück; hier hat sich entgegen dem globalen Trend die Lebenserwartung verringert, ebenso wie in Südasien werden etwa die Gesundheits-MDGs nicht erreicht werden. Im Gegensatz dazu steht Ostasien als ‚Gewinnerregion' da – allerdings begleitet von einer wachsenden sozialen Polarisierung.

Trend 9:
Wissenschaftlich-technologischer Fortschritt wird zunehmend international organisiert. Dies ist Ausdruck einer wachsenden Offenheit der Märkte wie auch eine Reaktion auf globale Probleme. Schwierig bleiben die Interessengegensätze bei der Regelung des Schutzes geistiger Eigentumsrechte.

Trend 10:
Die hierarchisch organisierte Steuerung von Global Governance wird in wachsendem Maße durch neue horizontale Governance-Mechanismen ergänzt und bisweilen gar ersetzt. Diese können exklusiv oder inklusiv, d.h. auf die selektive oder umfassende Teilhabe unterschiedlicher Akteure angelegt sein. Sie ermöglichen häufig dort eine Problemregelung, wo multilaterale Prozesse blockiert und hegemoniale Ansätze zum Scheitern verurteilt sind. Allerdings sind sie kein Allheilmittel: Für kohärentes Vorgehen und einen legitimen Handlungsrahmen bleiben multilaterale Ordnungsstrukturen unverzichtbar."

3. Gesellschaftsanalysen – Gesellschaftsmodelle

Aufschlussreich für die Erfassung der Gegenwartsgesellschaft sind auch Theorievorschläge aus der Soziologie. Entsprechende Handbücher geben einen Überblick über das reichhaltige Theorie-Angebot (Kneer u.a. 1997; Schimank/Volkmann 2000). Einige Beispiele: Postmoderne, multikulturelle, schamlose, funktional differenzierte, individualisierte, postindustrielle Disziplinar-, Welt-, Risiko-, Zivil-, Erlebnis- und Informationsgesellschaft. All diese Vorschläge sind gründlich ausgearbeitet, knüpfen z. T. an Klassiker (Durkheim, Weber, Simmel, Tönnies) an. Andere Gesellschaftstheorien knüpfen an bestimmte Problemlagen an: Desintegration, Zerstörung der Lebenswelt, Kommunikation und Vernetzung, McDonaldisierung, Kampf der Religionen oder die Erosion des Selbst. Neben den Soziologen versuchen sich natürlich auch andere Berufsgruppen (Theologen, Psychologen, Pädagogen etc.) an solchen Globalanalysen.

4. Spezielle Berichte

Sind die im letzten Punkt vorgestellten Theorien und Analysen eher vor dem Hintergrund bestimmter soziologischer Theorien formuliert worden, so gibt es eine ganze Reihe datengestützter Spezialberichte. Solche Berichte, oft auf der Basis bestimmter Bereichsgesetze, gibt es in Deutschland zur Lage der Kinder und Jugendlichen, der Familien, der Zuwanderung. Es gibt Armuts- und Reichtumsberichte, Berichte zur Lage der „Kultur in Deutschland", zur Bildung. Auch hierbei ist festzustellen: Es gibt kein Erkenntnisproblem. Denn neben den offiziellen Berichten gibt es eine Unzahl wissenschaftlicher und/oder privat finanzierter Untersuchungen und Berichte zu Spezialfragen: Die Selbst-Beobachtung unserer Gesellschaft hat inzwischen ein Maß erreicht, das von kaum einem Menschen mehr überblickt werden kann.

5. Besondere Einzelentwürfe

Eine besondere Rolle spielen in den letzten Jahren solche Vorschläge, die zwar eine gründliche Datenbasis haben, bei denen es – oft auf der Basis aufwändiger Konsultationsprozesse – um Entwürfe für die Zukunft geht. Eine Reihe von Bundesländern (Bayern, NRW etc.) hat Zukunftskommissionen eingerichtet, die Entwicklungsperspektiven aufzeigen sollten. Eine besondere Rolle spielte dabei die Studie „Zukunftsfähiges Deutschland" von BUND und Misereor aus dem Jahre 1996, die im Überschneidungsbereich der Umwelt- und Entwicklungspolitik ein wichtiger Entwurf und Impuls für die Debatte über Nachhaltigkeit war. Ein wichtiges Motto war seinerzeit „Gut leben statt viel haben". Jetzt liegt eine Neuauflage dieser Studie vor (BUND u.a. 2008). Erneut geht es um eine Veränderung der Lebensweise, wobei inzwischen der von niemandem mehr zu bestreitende Klimawandel als Hauptproblematik gilt. Vier Leitbilder werden auf der Basis aussagekräftiger Daten formuliert:
>> ein kosmopolitisches Leitbild: Gastrecht für alle (Verwirklichung der Weltbürgerrechte)
>> ein ökologisches Leitbild: ökologischer Wohlstand
>> ein sozialpolitisches Leitbild: Gesellschaft der Teilhabe
>> ein wirtschaftspolitisches Leitbild: eine lebensdienliche Marktwirtschaft.

Interessanterweise ist die kulturelle Dimension (etwa im Sinne des soziologischen Kulturbegriffs: Religion, Sprache, Künste, Bildung) nahezu völlig ausgeblendet, sodass sich die Frage stellt: Wie will man die gut gemeinten Visionen umsetzen, wenn der „subjektive Faktor" so wenig berücksichtigt wird?

8. Einige Befunde zur Lage in Deutschland

Teilhabe als Recht und als Problem

Zu den Visionen und Utopien mit Beginn der Neuzeit, mit denen die bürgerliche Gesellschaft angetreten ist, eine bessere Zukunft zu kreieren, gehört insbesondere das Versprechen auf Teilhabe. Zu dieser Teilhabe gehören alle Formen von Teilhabe, nämlich die ökonomische, kulturelle, soziale und politische Teilhabe. Als einen ersten Beleg für die Relevanz von Teilhabe als zentralem politischem Ziel erinnere ich an den Kampfruf der Französischen Revolution: Freiheit, Gleichheit, Brüderlichkeit. Dafür haben die Menschen gekämpft, dies haben sie in 17 Artikeln in einer Proklamation der Nationalversammlung als „Rechte der Menschen und der Bürger" feierlich beschlossen. Und ein weiterer Hinweis: In den Verfassungen der USA und der Einzelstaaten gibt es als oberstes Ziel „Pursuit of Happiness", also das Menschen- und Bürgerrecht auf Glück. Wichtig sind diese Zielvorstellungen und Visionen deshalb, weil die Legitimität unserer politischen und gesellschaftlichen Ordnung genau auf den Hoffnungen beruht, dass all diese Ziele realisiert werden mögen. Allerdings: Die Realität in Deutschland ist nicht sonderlich erfreulich, sodass man kaum sagen kann, dass sich all diese Versprechungen erfüllt haben. Zur Einstimmung möchte ich einen deutschen Verfassungsrechtler, Erhard Denninger, zitieren, der bereits 1981 folgendes gesagt hat: „Der Staat des ausgehenden 20. Jahrhunderts wird das Problem der sozialen Gerechtigkeit als das Problem Nummer 1 anerkennen oder er wird eine vernichtende Legitimationseinbuße erleiden."

Es ist bereits über 350 Jahre her – wir befinden uns in der Zeit des Dreißigjährigen Krieges, der schlimmsten Katastrophe, die die Menschheit sich selber zugemutet hat vor dem 20. Jahrhundert – als der tschechische Philosoph Komensky (lateinisch: Comenius) einen faszinierenden programmatischen Slogan formulierte und umfangreich begründete: Bildung für alle. Dieser Slogan ist offenbar bis heute aktuell. Denn eines der zentralen bildungspolitischen Programme der Vereinten Nationen heißt: Education for all. Es tobte über Jahrzehnte ein furchtbarer Krieg, sodass die zentrale Sehnsucht aller Menschen in Europa diejenige nach Frieden war. Der Grundgedanke von Comenius war der: Gebildete Menschen werden dafür sorgen, dass Frieden eintritt und Frieden erhalten wird. Revolutionär war dieser Slogan, weil er eine Bildung für Mädchen und Jungen erfasste, weil er Bildung quer durch alle Stände und Klassen meinte. Dies meinte insbesondere, dass Bildung kein Privileg besonderer gesellschaftlicher Gruppen war. Zur gleichen Zeit formulierte der englische Philosoph Francis Bacon ebenfalls einen wichtigen Slogan: Wissen ist Macht. Er stellte damit die Bildung in einen politischen Kontext, ordnete ihr nämlich die genuine Aufgabe von Politik zu, Macht zu erobern und Macht zu erhalten. Er schrieb eine der berühmten gesellschaftlichen Utopien der Neuzeit (neben Thomas Morus: „Utopia" und dem Mönch Campanella: „Sonnenstaat"): Das neue Atlantis. Und dieses neue Atlantis war eine Bildungsrepublik.

Vor gut 55 Jahren gab es einen Wirtschaftspolitiker, Ludwig Erhard, der später auch Kanzler der Bundesrepublik Deutschland wurde. Ludwig Erhard gilt als „Vater des deutschen Wirtschaftswunders", und er veröffentlichte 1956 ein Buch „Wohlstand für alle". Man erinnere sich, es war die Nachkriegszeit, Deutschland und Europa waren zerbombt. In dieser Situation formulierte Erhard eine ökonomische Utopie und legte

die Konturen dessen fest, was man heute Soziale Marktwirtschaft oder etwas salopper
Rheinischen Kapitalismus nennt: Eine kapitalistische Wirtschafts- und Gesellschaftsordnung, die sich allerdings dadurch vor angelsächsischen Modellen auszeichnet, dass
es ein starkes soziales Netz zur Absicherung gegen bestimmte Risiken gibt.

Vor gut 30 Jahren formulierte Hilmar Hoffmann den bekannten Slogan „Kultur für
alle". Gleichzeitig formulierte Hermann Glaser – in einer eher juristischen Sprache
– das Bürgerrecht Kultur. Zur gleichen Zeit versuchte Ralph Dahrendorf – noch war
er nicht Lord im englischen Oberhaus, sondern deutscher Soziologieprofessor – als
Staatssekretär im Bundesbildungsministerium, ein Bürgerrecht Bildung verbindlich im
Grundgesetz oder durch eine einzelgesetzliche Regelung durchzusetzen. Damit war
er nicht erfolgreich.

Vor einiger Zeit formulierte der damalige Integrationsminister von Nordrhein-
Westfalen, Armin Laschet, in einem Grundsatzartikel in der Frankfurter Allgemeinen,
dass das zentrale Versprechen der sozialen Marktwirtschaft sozialer Aufstieg für alle
war. Als Integrationsminister bezog Armin Laschet hierbei ausdrücklich die Menschen
mit Zuwanderungsgeschichte ein.

Alle Slogans zusammen sind Versprechungen der Moderne auf eine bessere Zukunft.
Sie formulieren die Vision oder die Utopie einer bürgerlichen Gesellschaft, in der elementare Menschen- und Bürgerrechte realisiert werden. Diese bürgerliche Gesellschaft
stellte man sich als Marktwirtschaft, also als kapitalistische Wirtschafts- und Gesellschaftsordnung vor, sicherlich im Einklang mit dem Begründer einer theoretischen
Marktwirtschaft, nämlich mit dem Schotten Adam Smith, der diese Vision nicht als
Ökonom, sondern als Moralphilosoph, der er war, als erster umfangreich begründet
hat („Reichtum der Nationen", 1776).

Warum sind solche Utopien relevant? Sie sind deshalb relevant, weil sie akzep-
tierte Messlatten für die Leistungsfähigkeit unserer heutigen Gesellschafts- und
Wirtschaftsordnung sind. Und sie sind relevant deshalb, weil sie – ich erinnere an das
Zitat von Denninger – die Grundlage für die Legitimation, also für die Anerkennung
unserer Gesellschafts- und Wirtschaftsordnung als gerecht und gerechtfertigt sind. Im
Umkehrschluss kann man nämlich sagen, dass in dem Maße, in dem unsere heutige
Gesellschafts- und Wirtschaftsordnung diese Utopien oder Visionen nicht umsetzt, die
Grundlagen für die Legitimation dieser Ordnung zerstört werden.

Ein weiterer Punkt ist wichtig. All diese genannten Utopien sind inzwischen in
juristisch verbindlicher Form in den Katalog der Menschenrechte aufgenommen worden. Die Kennzeichnung solcher Formulierungen als Menschenrechte bringt bestimmte
Verpflichtungen mit sich. Denn die Theorie der Menschenrechte benennt zumindest
vier Kriterien, die gelten müssen:

>> Menschenrechte sind unteilbar. D. h., man muss alle akzeptieren, es gibt nicht die
   Möglichkeit, dass man sich einzelne Menschenrechte herauspickt und andere nicht
   umsetzt.

>> Menschenrechte gelten überall, d. h. es darf keine Ausnahmen geben, dass man
   an bestimmten Orten Menschenrechte nur in reduzierter Form gelten lassen kann.

>> Menschenrechte sind zudem gleich wichtig, es gibt keine Hierarchie zwischen den
   Menschenrechten. Das Menschenrecht auf Bildung und das Menschenrecht auf

kulturelle Teilhabe ist genauso wichtig wie das Menschenrecht auf die Integrität des Körpers. Und:

>> Menschenrechte gelten für alle Menschen. D. h. der Grundgedanke der Menschenrechte ist Inklusion. Und dies ist ein erstes wichtiges Zwischenergebnis: Inklusion ist der Normalitätsstandard der bürgerlichen Gesellschaft. Exklusion ist in der bürgerlichen Gesellschaft von den Versprechungen her nicht vorgesehen.

Wie steht es nun mit der Umsetzung dieser im letzten Teil genannten Zielvorstellungen und Visionen?

Wohlstand: Die meisten kennen die traurige 1-Dollar-Armutsgrenze, die die Weltbank festgelegt hat. Damit ist der Anteil der Menschen gemeint, die weniger als 1 Dollar pro Tag zur Verfügung haben, um all ihre Bedürfnisse zu erfüllen. Es ist offensichtlich, dass 1 Dollar überhaupt nicht ausreicht, um ein menschenwürdiges Leben zu garantieren. 1 Dollar reicht in der Regel noch nicht einmal aus, um ein gesichertes biologisches Überleben zu gestatten. Trotzdem wächst der Anteil der Menschen, die unter dieser 1-Dollar-Armutsgrenze bleiben, jährlich an und erfasst inzwischen ein Sechstel der Weltbevölkerung.

Deutschland ist ein reiches Land. Daher war es für viele überraschend, als in einem offiziösen Dokument, nämlich in dem Kinder- und Jugendbericht des Bundes, Mitte der 90er Jahre zum ersten Mal offiziell von Kinderarmut die Rede war. Man wollte es nicht so recht wahrhaben. Daher hat die damalige Jugendministerin aufgrund einer schlechten Beratung durch ihre Mitarbeiter in ihrem Ministerium geglaubt, diese Feststellung von Kinder-Armut in Deutschland als bloßes Definitionsproblem, nämlich als eine falsche Begriffsbestimmung dessen, was Armut sei, aus der Welt schaffen zu können. Dies ist offensichtlich nicht gelungen. Es hat sich vielmehr die Forderung ergeben, dass man in Deutschland einen Armutsbericht braucht. Dieser wurde sehr stark gefordert von der damaligen Opposition, nämlich von der Sozialdemokratie und den Grünen. Im Jahre 1998 war es dann soweit. Zum einen haben SPD und Grüne die konservativ-liberale Regierung abgelöst. Zum anderen wurde endlich der erste Armutsbericht vorgelegt. Zunächst einmal triumphierten die ehemaligen Oppositionsparteien. Denn der Armutsbericht stellte das fest, was in dem genannten Kinder- und Jugendbericht bereits angedeutet war: Armut ist ein relevantes Problem in dem reichen Deutschland. Allerdings trat relativ schnell eine Ernüchterung ein. Denn man erkannte, dass die Armen, die in diesem Armutsbericht beschrieben werden, nicht mehr länger die Armen einer konservativ-liberalen Regierung, sondern nunmehr einer rot-grünen Bundesregierung sind. Von daher war die Begeisterung, den vorgesehenen zweiten Armutsbericht zu erstellen und vorzulegen, nicht mehr sonderlich groß. Aber auch dies ließ sich nicht verhindern und es stellte sich sogar ein skandalöses Ergebnis ein: Die Anzahl der Armen hat sich nicht nur nicht reduziert, sondern sie ist in der Amtszeit der rot-grünen Regierung größer geworden. Inzwischen haben wir es offiziell, nämlich durch jährliche Berichte der OECD, also der wirtschaftspolitischen Organisation, die auch PISA verantwortet: Deutschland ist geradezu weltmeisterlich darin, mit welcher Geschwindigkeit die Schere zwischen Arm und Reich auseinander geht. Und man kennt auch die Armutsrisiken: Kinder zu haben ist in Deutschland ein Armutsrisiko, ein weiteres Armutsrisiko besteht darin, Kinder alleine erziehen zu müssen und selbstverständlich ist eine schlechte Bildung ein erhebliches Armutsrisiko. Bezogen auf das Versprechen von Wohlstand, das Ludwig Erhard in den 50er Jahren noch gegeben hat, fällt die Bilanz für die bürgerliche Gesellschaft – nicht nur in Deutschland – negativ aus.

Bildung: Man hat immerhin über 350 Jahre Zeit gehabt, die Forderung von Comenius nach einer Bildung für alle umzusetzen. Der Aufstieg durch Bildung ist eines der zentralen Versprechen der bürgerlichen Gesellschaft, wobei eine Legitimationsgrundlage für das allgemeinbildende Schulwesen und für die in Deutschland gesetzlich vorgegebene Schulpflicht darin besteht, dass die Schule ökonomische Unterschiede der Herkunftsfamilien ausgleichen soll. Es war ein Versprechen, durch eigene Leistung und nicht mehr durch die Klasse oder den Stand, in die man hineingeboren worden ist, zu bestimmten Positionen in der Gesellschaft zu kommen. Das bürgerliche Leistungsprinzip hatte einen starken emanzipatorischen Charakter. Doch wie sieht es mit der Realität aus? Diese Realität ist inzwischen bekannt, nicht zuletzt durch die von der OECD verantwortete PISA-Studie. Der Skandal ist dabei nicht, dass Deutschland seinen Platz in den allseits beliebten Rankings im unteren Mittelfeld hat, der Skandal ist ein anderer: dass nämlich über 20% der getesteten Jugendlichen gerade einmal die untere Kompetenzstufe erreichen, also eigentlich nicht richtig lesen und schreiben können und damit ein gesellschaftlicher Ausschluss vorprogrammiert ist. Ein Skandal ist, dass Deutschland ein Weltmeister in der Selektion ist, geradezu also ein Gegensatz zu dem Versprechen besteht, dass das Bildungssystem ökonomische Ungleichheiten kompensieren könnte. Es gibt in Deutschland wie in keinem anderen Land der Welt einen engen Zusammenhang zwischen Schulerfolg und dem sozial-ökonomischen Status der Familie. All diese Befunde kollidieren mit dem Anspruch, dass Bildung ein Menschenrecht ist.

Dies hat auch der Menschenrechtsausschuss der Vereinten Nationen so gesehen und schickte daher vor vier Jahren einen Menschenrechtsbeauftragten, Prof. Munoz, nach Deutschland, der in seinem Bericht die Ergebnisse von PISA bestätigen musste. Es steht jetzt ein Kontrollbesuch in Deutschland an, um zu überprüfen, welche politischen Konsequenzen man aus seinem Bericht und aus den PISA-Studien gezogen hat. Jeder kann sich nunmehr überlegen, wie dieses Ergebnis aussehen wird.

Ich war in der Zeit der Veröffentlichung der ersten PISA-Studie Mitglied des Bundesjugendkuratoriums. Das Bundesjugendkuratorium wird von der jeweiligen Bundesregierung berufen und ist ihr jugendpolitisches Beratungsorgan. Wir hatten damals einige sehr kritische Papiere zur Lage der Jugend in Deutschland veröffentlicht, wobei wir zur Beschreibung dieser Lage das Wort „Zukunftsdiebstahl" verwendet haben. An dieser Stelle ist zum ersten Mal an den französischen Bildungs- und Kultursoziologen Pierre Bourdieu (Bourdieu/Passeron 1971) zu erinnern, der bereits in den 70er Jahren ein auch in Deutschland rege rezipiertes Buch veröffentlicht hat: Die Illusion der Chancengleichheit. Denn die historische Bildungsforschung zeigt, dass die Geschichte des Bildungswesens zugleich eine Geschichte des Bildungsmonopols ist. Dies leuchtet sofort ein, wenn man an den Slogan von Francis Bacon erinnert, demzufolge Wissen Macht ist. Denn wenn Wissen Macht ist, dann muss man mit Wissen ebenso wie mit Macht sehr vorsichtig umgehen und sich sehr genau überlegen, wer welche Anteile davon haben soll.

Kultur: Hier ist die Evaluation etwas schwieriger. Ein erster Ansatz wäre es, sich Nutzerstudien von Kultureinrichtungen anzuschauen. Solche Nutzerstudien gibt es in den letzten Jahren in immer größerer Anzahl. Die letzte mir bekannte Nutzerstudie stammt von der Zeppelinuniversität in Friedrichshafen und betrifft das Publikum von Opernhäusern. Das Ergebnis ist immer wieder erstaunlich, aber letztlich nicht neu: Nur 2% der Bevölkerung nutzen die Oper als Kultureinrichtung. Zwei Zielgruppen werden besonders gründlich in Deutschland untersucht. Zum einen ist es die Zielgruppe der Jugendlichen und ihre kulturellen Interessen. Seit einigen Jahrzehnten ist Jugendforschung in Deutschland wesentlich Jugendkulturforschung. Zudem gibt es seit einigen Jahren empirische Bestandsaufnahmen über die kulturellen Interessen der Jugendlichen, etwa das Jugendkulturbarometer des Zentrums für Kulturforschung in Bonn. Das Ergebnis ist ebenfalls nicht neu: Gerade unsere teuren Hochkultureinrichtungen sind ausgesprochen wenig beliebt bei Jugendlichen.

Eine zweite problematische Gruppe im Hinblick darauf, inwieweit sie als Teil des Publikums der Kultureinrichtungen auftauchen, sind Zuwanderer. Das Ergebnis ist bekannt: Sie tauchen quasi überhaupt nicht im Publikum unserer Kultureinrichtung auf. Dasselbe gilt übrigens nicht nur für Deutschland, sondern wir haben eine ähnliche Entwicklung in vielen europäischen Ländern. Anfang der 90er Jahre hat dies etwa Paul Willis, damals Mitglied des Birmingham Centre for Contemporary Cultural Studies (CCCS) veröffentlicht: Nur 2% der englischen Jugendlichen besuchen zumindest gelegentlich Kultureinrichtungen.

Nun mag man zu Recht einwenden, dass Kultur durch Vielfalt geprägt ist und es ja nicht darum gehen könne, dass es dieselbe Kultur sei, mit der sich nun jeder zu beschäftigen habe. Das ist im Grundsatz richtig und so hat es bereits Pierre Bourdieu (1987) in seiner legendären empirischen Studie „Die feinen Unterschiede" schon in den 70er Jahren herausgefunden: In der Gesellschaft gibt es verschiedene Lebensstilgruppen und Milieus, die sich insbesondere durch einen jeweils spezifischen Kulturkonsum und durch spezifische ästhetische Präferenzen unterscheiden. Man könnte nun danach fragen, welche der verschiedenen Lebensstilgruppen mit ihren jeweiligen ästhetischen Präferenzen im Rahmen einer öffentlichen Kulturfinanzierung berücksichtigt werden, welches Milieu in besonderer Weise bedient wird und welche Milieus vernachlässigt werden. Das Ergebnis besteht darin, dass wir es mit einer katastrophal ungleichen Verteilung öffentlicher Zuwendungen für die verschiedenen Lebensstilgruppen zu tun haben. Man kann etwas salopp als das berühmte „Matthäus-Prinzip" formulieren: Wer hat, erhält noch mehr, wer nichts hat, wird auch in der öffentlichen Kulturförderung weitgehend vernachlässigt.

Berücksichtigt man nun auch noch eine weitere, vielleicht die entscheidende Erkenntnis von Bourdieu, dass nämlich die unterschiedlichen Milieus und Lebensstilgruppen sehr unterschiedlich sind im Hinblick auf die Möglichkeit, sich an der politischen Gestaltung der Gesellschaft zu beteiligen, dann hat man einen engen Zusammenhang zwischen den jeweiligen ästhetischen Präferenzen und der politischen Partizipation an der Macht. Im Ergebnis ist dies die Aussage, dass es einen engsten Zusammenhang zwischen kultureller Partizipation und politischer Teilhabe gibt, dass Kultur und Ästhetik also alles andere als harmlos sind, sondern sich vielmehr als „Softpower", als die entscheidenden Medien herausstellen, mit der die Machtfrage in der Gesellschaft geregelt wird.

Ich komme zu einem Zwischenfazit: *Eine umfassende Teilhabe ist das zentrale Versprechen der Moderne.* Im Hinblick auf die politische Teilhabe kann man feststellen, dass mit dem allgemeinen und gleichen Wahlrecht diese zumindest formal sichergestellt ist. Ein Problem ist dagegen die soziale, ökonomische und kulturelle Teilhabe. Wir haben es also offenbar mit einer Zweiteilung der Teilhaberechte zu tun. Und dies lässt sich auch an der historischen Entwicklung der Menschenrechte ablesen. Denn die Allgemeine Erklärung der Menschenrechte, die man im Jahre 1948 in San Francisco per Akklamation angenommen hat, ist völkerrechtlich nicht bindend. Man wollte daher all diese Menschenrechte in völkerrechtlich bindendes Recht umwandeln und dachte an einen einzigen Pakt, der von jedem Mitgliedsstaat auf nationaler Ebene ratifiziert werden sollte. Ein erster Misserfolg bestand schon darin, dass es nicht gelungen ist, all die Menschenrechte in einen einzigen Pakt einzubinden. Man musste vielmehr eine Zweiteilung vornehmen: Ein erster Pakt, der sich mit den klassischen Abwehrrechten befasst, die den Einzelnen gegen Zumutungen des Staates schützen. Ein zweiter Pakt befasste sich mit den ökonomischen, sozialen und kulturellen Teilhabe-Rechten. Bei diesen Rechten handelt es sich um klassische Umverteilungsprozesse: Denn Gleichheit oder zumindest Gerechtigkeit lässt sich nur dann herstellen, wenn man von den einen etwas nimmt, das man den anderen gibt. Es liegt auf der Hand, dass eine solche Umverteilung in einer kapitalistischen Gesellschaft höchst umstritten ist. Die beiden Pakte wurden 1966 verabschiedet und 1975 in Kraft gesetzt.

Nun weiß man schon lange, dass sich an der Frage der Teilhabemöglichkeit die Legitimität der Gesellschaft entscheidet. Daher hat man unterschiedliche politische Maßnahmen getroffen, um Ausgrenzung und Ausschluss zumindest zu reduzieren, sodass sich daraus keine Gefahr für die politische Stabilität des jeweiligen politischen Systems ergeben kann. Interessant ist der Hinweis, dass es in den früheren Gesellschaftsordnungen in der Antike oder im Mittelalter Klassengesellschaften gegeben hat, bei denen also Gleichheit überhaupt nicht angestrebt worden ist. Trotzdem war die Frage der Ungleichheit kein gesellschaftlich relevantes Problem. Dies wurde erst innerhalb der Moderne, bei der Entwicklung der bürgerlichen Gesellschaft zu einem Problem. Und dieses war so groß, dass sich zum einen eine eigene Wissenschaft entwickelt hat, nämlich die Soziologie Anfang des 19. Jahrhunderts, die sich ausschließlich mit Fragen des Zusammenhalts bzw. mit den Ursachen von Desintegrationserscheinungen befasste. Und man wurde politisch aktiv.

Dass Desintegration mit der Entstehung der bürgerlichen Gesellschaft, was auch heißt: mit der industriellen Moderne verbunden ist, lässt sich durch einen kleinen historischen Exkurs plausibel machen. Denn die industrielle Moderne hatte einen enormen Bedarf an Arbeitskräften für die neu entstehenden Fabriken. Man muss daran erinnern, dass zu dieser Zeit der überwiegende Teil der Bevölkerung in der Landwirtschaft gearbeitet hat. Und genau dort besorgte man sich die Arbeitskräfte, wobei man vor keiner Zwangsmaßnahme gescheut hat. Man sorgte dafür, dass die Bauern ihre landwirtschaftliche Existenzgrundlage verloren und von daher gezwungen waren, in die neuen städtischen Siedlungen und in die Fabriken zu gehen. Das bedeutete allerdings einen geradezu revolutionären Umschwung in der Lebensweise der Menschen. Bauern leben im Einklang mit der Natur. Sie richten sich nach den Jahreszeiten bzw. im Tagesablauf nach dem Sonnenstand. Es gibt eine relativ stabile wertemäßige Ordnung, die stark religiös gestützt wird. Ein Spruch lautet: Es verließen fromme Katholiken ihre Dörfer, die in der Stadt als Heiden und Atheisten ankamen. Es entstand also im frühen 19. Jahrhundert die „soziale Frage". Hiermit assoziiert man oft das Problem einer materiellen Not und eines großen Elendes. Denn die Bezahlung war schlecht und die Unterkünfte der Arbeiter nicht menschenwürdig. Dies ist allerdings nur ein Teil der sozialen Frage. Ein zweiter Aspekt, der damit aufs engste zusammenhängt, ist die Sorge um den sozialen Zusammenhalt in der Gesellschaft. Man sorgte sich darum, dass die Massenloyalität verloren gehen könnte, denn man hatte inzwischen nicht bloß Erfahrungen mit Revolutionen gesammelt, es entstand zudem eine dynamische Arbeiterbewegung auch als politischer Protest gegen menschenunwürdige Bedingungen. In dieser Zeit am Anfang des 19. Jahrhunderts tauchte auch der Begriff der „Integration" als publizistischer und wissenschaftlicher Begriff zum ersten Mal auf. Begriffe tauchen dann auf, wenn die Problemlagen, die von ihnen erfasst werden, virulent werden. Das Wort Integration hat offensichtlich lateinischen Ursprung, sodass man vermuten könnte, es sei sehr alt. Dies ist nicht der Fall. Es ist vielmehr ein Kunstwort aus den Anfängen des 19. Jahrhunderts. Von den lateinischen Wurzeln her kann man auf zwei Quellen hinweisen: Zum einen bedeutet integrare wieder herstellen einer verloren gegangenen Ganzheit. Zum zweiten steckt das Wortelement integer, also unversehrt, mit darin. Man spürt es schon von der Wortwahl her: In dem Wort Integration schwebt eine Sehnsucht nach einer verloren gegangenen Gemeinschaft mit, schwebt die Sehnsucht nach einem Dorfidyll mit, bei dem alle Menschen am selben Strang ziehen. Wenn man sich aktuelle Debatten über Integrationsfragen anschaut, wird diese verborgene Sehnsucht nach einem verloren gegangenen Idyll immer wieder auffallen, woraus erklärlich wird, dass immer wieder unrealistisch hohe Integrations- (also Anpassungs)-Erwartungen formuliert werden.

Was hat man politisch getan, um eine die Erhaltung der Massenloyalität bedrohende Desintegration zu verhindern? Man ist mit zwei Strategien vorgegangen. In der sich entwickelnden Sozialpolitik im 19. Jahrhundert hat man in Deutschland versucht, zumindest ein Minimum einer materiellen Absicherung sozialer Risiken aufzubauen. Otto von Bismarck, dem diese Initiative zugeschrieben wird, musste sich hier vehement gegen andere Interventionsvorschläge wehren, die Ruhe und Ordnung lieber mit Polizei und Militärgewalt durchgesetzt hätten. Letztlich zählte die Argumentation, dass eine minimale Sozialpolitik auf alle Fälle finanziell günstiger war als ein vermehrter Polizei- und Militäreinsatz. Eine zweite Interventionsform betrifft die Bildungspolitik. Im 19. Jahrhundert setzt sich in vielen europäischen Ländern ein flächendeckendes allgemeinbildendes Schulwesen durch. Eine erste Vermutung über die Ursachen dieser Entwicklung könnte darin bestehen, dass es die ökonomische Entwicklung war, die erhöhte Qualifikationen erforderlich machte. Die historische Bildungsforschung weiß, dass dies nicht der Fall ist. Es waren vielmehr politisch- ideologische Gründe, die der stärkste Motor für die Entwicklung eines Bildungssystems waren. Und sieht man sich die Lehrpläne der damaligen Zeit an, so stellt man fest, dass es in der Tat religiöse und nationale Inhalte waren, also eine national bezogene Werteerziehung, mit der man alle Kinder und Jugendlichen in der Gesellschaft hat erreichen wollen.

Eine Verunsicherung gab es allerdings nicht bloß bei den unteren sozialen Schichten: Auch die „Eliten" hatten ihre Probleme. Insbesondere musste sich das Bürgertum in Deutschland immer wieder verdeutlichen, dass es anders als bei den Klassengenossen in anderen europäischen Ländern nicht gelingen wollte, einen angemessenen Anteil an der politischen Steuerung der Gesellschaft zu erwerben. Eine Kompensation für diese politische Unfähigkeit sah man daher im Kulturbereich. Der Aufbau eines dichten Netzes von Kultureinrichtungen wurde forciert mit der zentralen Aufgabe, dem städtischen Bürgertum Orte einer Identitätsstiftung zu geben. In dem schönen Buch von Bernd Wagner

„Fürstenhof und Bürgergesellschaft" kann man diese Entwicklung im Detail studieren. Dies heißt aber auch zugleich, dass mit dem (Bildungs-)Bürgertum eine Trägergruppe mit eindeutigen Interessen für die entstehenden Kultureinrichtungen vorhanden war, wobei diese eine klare gesellschaftliche und politische Funktion zu erfüllen hatten. Das Paradoxe an dieser Entwicklung war, dass diese starke gesellschaftliche Funktionalisierung von Kultur am besten durch eine „autonome" Kunst gelingen konnte. Diese Dialektik der Autonomie bereitet bis heute erhebliche Verständnisschwierigkeiten.

Insgesamt handelt es sich also um eine Doppelstrategie: Zum einen führte man eine marginale materielle soziale Absicherung ein, zum anderen aber gab es einen heftigen Kampf um die Köpfe und Herzen der Menschen. Bildungs- und Kulturpolitik haben es mit den letzteren zu tun, sodass es ein sinnvoller Ansatz ist, Bildungs- und Kulturpolitik zum einen als Einheit, zum zweiten als Mentalitätspolitik zu begreifen. Alle drei politische Strategien, die Sozial-, die Bildungs- und die Kulturpolitik sind so gesehen drei verschiedene Wege mit demselben Ziel, nämlich dem politischen Ziel des Machterhaltes.

Ich möchte nur drei Bemerkungen zur aktuellen Relevanz dieser Überlegungen für die heutige (kultur-)politische Situation darstellen.

1. Der Orientierungsbedarf der Menschen wird – gerade in Zeiten unserer Wirtschafts- und Finanzkrise – nicht kleiner, sondern größer. Eine zentrale Aufgabe von Kunst und Kultur besteht darin, Möglichkeiten zur Selbstreflexion, zur Auslotung von Orientierungsmöglichkeiten in einer schwierigen Zeit anzubieten. Versteht man den Slogan „Kultur für alle" in dieser Weise, nämlich in der Bereitstellung von Möglichkeiten der Sinnstiftung und Orientierung, so muss man konstatieren, dass er seine Relevanz überhaupt nicht verloren hat, sondern dass diese eher noch größer geworden ist.
2. Die aktuelle ökonomische Entwicklung zeigt, dass Armut ein immer relevanteres Problem für unsere Gesellschaft wird. Armut heißt aber auch: ökonomische Ausgrenzung. Ökonomische Ausgrenzung kann aber dazu führen, dass der notwendige gesellschaftliche Zusammenhalt verloren geht. Die zentrale Frage ist daher auch in der Politik: Welche politischen Maßnahmen sind geeignet, um die notwendige Integration herzustellen? Ein erster Schritt ist natürlich eine hinreichende materielle Absicherung, also das, was man unter dem Aspekt eines Wohlfahrtstaates diskutiert. Alle wissen, in welcher Weise der Wohlfahrtstaat, den es heute in allen europäischen Ländern gibt, immer wieder Angriffe erleiden muss. Eine zweite Strategie zielt auf das Mentale und Geistige. In Deutschland etwa ist es die immer wieder in die Diskussion gebrachte „Leitkultur". Diese Idee ist durchaus interessant. Wenn es gelänge, alle Menschen in Deutschland auf ein eindeutiges Wertesystem einzuschwören, das darüber hinaus mit einem verbindlichen Kanon in Musik, Literatur, Theater, Tanz und Bildender Kunst unterfüttert wird, wäre quasi eine einvernehmliche Wertebasis für einen gesellschaftlichen Zusammenhalt gesorgt. Leider kann das nicht funktionieren, denn Kultur hat es nun einmal an sich, zum einen ein dynamischer Prozess zu sein, der zweitens durch Vielfalt geprägt ist und sich ständig in einem Austausch mit äußeren und inneren Einflussimpulsen bewegt. Alle Versuche einer Festlegung von Leitkultur gehen also völlig an der Art und Weise vorüber, wie Kultur in der Gesellschaft funktionieren kann.

Interessant ist, dass dies auch ein internationales Problem zu sein scheint. So war ein starker Trend bei der zweiten UNESCO-Weltkonferenz zur kulturellen Bildung in Seoul im Mai 2010 die Betonung der kulturellen Traditionen, die insbesondere von Vertretern aus Afrika, Asien oder Südamerika eingebracht wurden. Allerdings handelte es sich dort um die Anerkennung indigener Kulturen, für die es in Deutschland kaum etwas Vergleichbares gibt.

3. Bourdieu ist mit seinen Überlegungen bis heute hochrelevant. Eine besondere Relevanz könnte allerdings Bourdieu auch im Hinblick auf eine bestimmte politische Aktivität bekommen. Er bekam nämlich mit seinen Kollegen vom Collège de France den Auftrag vom französischen Staatspräsidenten, den Entwurf eines neuen Curriculums für die Schulen Frankreichs vorzulegen. Aufgrund seiner Erkenntnis, wie stark die ästhetische Kompetenz und ästhetische Souveränität darüber entscheidet, welchen Platz in der Gesellschaft man später findet, hat er versucht, für den Erwerb einer umfassenden ästhetischen Kompetenz einen großen Platz in diesem Curriculum vorzusehen. Er tat dies dabei als Politiker, der sich der Emanzipation gerade der unteren Gesellschaftsschichten verpflichtet fühlte, er hat es nicht als Erziehungswissenschaftler, Psychologe oder Kunsttheoretiker getan. D. h., es ging ihm nicht um (zweifelhafte) „humanisierende" Wirkungen von hoher Kunst – an diese hat er kaum geglaubt: Es ging ihm um ihre belegten sozial-strukturellen und politischen Wirkungen.

Interessanterweise ist dieser Ansatz völlig in Einklang mit Überlegungen, die in den 70er Jahren im Europarat entwickelt worden sind, die die Basis für die Neue Kulturpolitik darstellen und die zu den theoretisch-konzeptionellen Grundlagen der Soziokultur gehören. Kultur und Bildung hatten nicht bloß ihren Eigenwert, sondern sie wurden stark als Motoren für die Entwicklung einer verbesserten parlamentarischen Demokratie betrachtet. Im Europarat wurden damals zwei Konzepte diskutiert: das erste war die Demokratisierung der Kultur und das zweite war die kulturelle Demokratie. Das erste Ziel einer Demokratisierung der Kultur betraf die Ausdehnung des Nutzerkreises bei Kulturangeboten. Es ist kein Zufall, dass sich in dem gleichen Kontext Fragen des Kulturmanagements entwickelt haben. Etwas salopp kann man dies als Frage eines geeigneten Marketings betrachten. Ich selber habe damals an dem berühmten Projekt Nummer 10: Culture and Region teilgenommen, das eine wesentliche Motivation für Kulturmanagementstudiengänge in Deutschland in den späten 80er und frühen 90er Jahren war. Das zweite umfassendere Konzept ist das der kulturellen Demokratie. Kulturpolitik spielt hier eine Rolle als Mittel einer politischen Veränderung. Kulturpolitik wird hier eindeutig verstanden als Politik der Gesellschaftsveränderung durch Teilhabe, ganz so, wie sie in dem deutschen Konzept der Soziokultur theoretisch fundiert wird.

Kulturpolitik kann verstanden werden als Mentalitätspolitik, als Kampf um die Köpfe und Herzen der Menschen. So gesehen ist Kulturpolitik überhaupt kein harmloses Politikfeld, sondern wichtiges, vielleicht sogar das entscheidendste Machtmittel im Hinblick auf unsere politische und gesellschaftliche Ordnung. Eine demokratische Kulturpolitik muss daher anstreben, zahlreiche Orte zu schaffen, in denen Menschen selbst für sich definieren können, wie sie leben wollen.

Wir leben also in einer Gesellschaft, in der die ursprünglichen Visionen der bürgerlichen Gesellschaft noch lange nicht Realität geworden sind. Doch muss man zugestehen, dass sich die Lebensqualität gegenüber früheren Notzeiten erheblich verbessert hat:

>> Es hat schon über 60 Jahre keinen Krieg mehr gegeben auf deutschem Boden. Man muss schon sehr weit in der Geschichte zurückgehen, um eine vergleichbare Zeitspanne des Friedens zu finden.
>> Der Lebensstandard in Deutschland ist hoch, das soziale Sicherungssystem ist trotz Mängeln im internationalen Vergleich gut ausgebaut.
>> Das Leben in Deutschland ist sicher, die Verwaltung weitgehend zuverlässig.
>> Die starke obrigkeitsstaatliche Prägung – und als Pendant: der Untertanengeist – ist deutlich zurückgegangen. Es lässt sich gut in einem zivilen Deutschland leben.
>> Es gibt ein gut ausgebautes System an Bildungs- und Erziehungseinrichtungen, das eine Ungleichheit der Zugangschancen in Teilen kompensiert.

Die deutsche Gesellschaft hat also durchaus zwei Seiten: die oben angesprochenen Disparitäten und Ungerechtigkeiten und die hier aufgelisteten Erfolge. Die ökonomische Situation in Deutschland ist auch derart, dass die meisten – vermutlich alle – Ungleichheiten und Ungerechtigkeiten abgebaut werden könnten, sofern der politische Wille vorhanden wäre. Gerade deshalb ist es notwendig, auf die Schwachstellen hinzuweisen: im Grunde könnten sie beseitigt werden.

Die unterschiedlichen Vorschläge einer Gesellschaftsanalyse, auf die oben hingewiesen wurde, sind in unterschiedlicher Weise brauchbar, um die hier angedeuteten Mängel in unserer Gesellschaft zu erfassen. Etwas pauschal kann man sagen, dass die kulturorientierten Ansätze (Erlebnisgesellschaft, Multioptionsgesellschaft, Lebensstilgesellschaft etc.) häufiger dazu neigen, ökonomische Disparitäten zu übersehen. Nach wie vor werden daher Theoriemodelle verwendet, bei denen die ökonomische Ungleichheit die zentrale Rolle spielt, etwa marxistische oder an der Kritischen Theorie orientierte Analysen.

In den letzten Jahren hat zudem der Theorie-Ansatz von Michel Foucault eine größere Relevanz gewonnen, sodass es sich lohnt, sich diesen etwas genauer anzuschauen. Dies gilt umso mehr, als er das auch hier im Mittelpunkt stehende Thema, das Verhältnis von Subjekt und Gesellschaft, thematisiert und auf eine neue Art untersucht. Dieser Einblick in eine produktive Theorie-Produktion kann daher als Übergang zu dem nächsten Teil dieser Arbeit fungieren. Interessant ist Foucault auch deshalb, weil er geistesgeschichtlich an die einflussreichen Kulturanalysen von Nietzsche (und später von Heidegger) anknüpft und sowohl marxistische als auch psychoanalytische Ansätze berücksichtigt.

Gesellschaft und Subjekt: Zur Aktualität von Michel Foucault in der Pädagogik

Michel Foucault, der französische Philosoph, Psychologe und Historiker, ist zwar schon seit rund zwanzig Jahren tot. Doch erst jetzt scheint er einen Siegeszug durch die deutsche Erziehungswissenschaft zu beginnen. Und dieser Siegeszug ist mit erheblichen Verunsicherungen verbunden (Ricken/Rieger-Ladich 2004). So ist es insbesondere der Subjektbegriff, der in die Kritik geraten ist. Ist es überhaupt noch

vertretbar, von einem starken Subjekt auszugehen, das die Welt der Dinge, des Sozialen und letztlich sich selbst so beherrscht, dass es autonomes Steuerungszentrum
seines Lebens sein kann? Ist es nicht ständig – und dies ist eine zweite Facette einer
foucault-orientierten Zugangsweise – so in einer Vielfalt gesellschaftlicher Unterord-
nungsstrategien und Machtverhältnisse eingebunden (z.B. Foucault 2005, 546), dass
von Autonomie und Freiheit überhaupt keine Rede sein kann, sondern vielmehr eine
ständig raffinierter werdende Anpassung an jeweilige gesellschaftliche Verhältnisse
unterstellt werden muss? „Regierung" nennt Foucault das System aller Techniken
und Strategien der Führung anderer Menschen und auch von sich selbst und eröffnet
hiermit ein weites Untersuchungsfeld für die Erforschung der Bedingungen, unter
denen die Produktion der jeweils gewünschten Form von Subjektivität stattfindet.
Insbesondere hat er sich in seinen Vorlesungen zur „Gouvernementalität" (ein Kunstwort, das dieses System von spezifischen Führungspraktiken erfasst, wobei es sich
nicht nur um die „offiziellen" Maßnahmen des Staates handelt) mit der Entwicklung
der modernen Industriegesellschaft im 19. und 20. Jahrhundert befasst und hierbei
den Liberalismus und Neoliberalismus in seiner „Rationalität" (also den hinter den
einzelnen Führungspraktiken stehenden Denkformen und Logiken) beschrieben (Foucault 2006a und b). Diese Studien erweitern seine frühen Arbeiten zum Gefängnis, zum
Krankenhaus und zur Schule, also einzelnen Einrichtungen, anhand derer er gezeigt
hat, wie der Kranke, der Straftäter oder der Schüler durch die jeweilige Institution
und der durch sie verkörperten Denkweise erst geschaffen werden: Der Mensch wird
geformt und zugerichtet durch die Architektur, durch die spezifische Auffassung von
Strafe, Krankheit oder Pädagogik, durch einen entsprechenden Blick der jeweiligen
Profis. Verbreitet ist die Sichtweise, dass diese historischen Studien über vergangene
Zeiten aktuell eine Position der Antipsychiatrie oder der Antipädagogik formulieren
(gegen die sich allerdings Foucault immer wieder – ohne großen Erfolg – wehrt; vgl.
die zahlreichen Interviews in seinen „Schriften" zu dieser Thematik).

   Das Bild vom Menschen, das in der verbreiteten Foucault-Rezeption gezeichnet wird,
ist daher ausgesprochen niederschmetternd: Es gebe nicht nur kein handlungsfähiges
Subjekt, sondern wir seien vielfach in Unterdrückungssystemen so „total" (im Sinne
von Goffman) integriert, dass jede Form von Eigenständigkeit und Freiheit undenkbar
würde. Als Schlussfolgerung ergibt sich in dieser Rezeption, dass Maßnahmen wie
Lernverträge, die das lernende Subjekt mit in die Verantwortung für das eigene Lernen
nehmen wollen, entwickelte Formen von Partizipation der Lernenden bei der Steuerung
der Bildungseinrichtungen nichts anderes als neoliberale Strategien der individuellen
Verantwortungszuweisung („Unternehmer seiner selbst") seien, bei denen alleine
der Einzelne die Last gesellschaftlicher Risiken tragen muss (vgl. als ein Beispiel L.
Pongratz in Rihm 2003, s. auch Klingorsky 2009). „Im falschen Leben kann es kein
richtiges Leben geben", so seinerzeit Adorno und so eine einflussreiche aktuelle Lesart
von Foucault. Für eine emanzipatorische Pädagogik bleibt hier keine Hoffnung. Auch
Kulturpädagogik wird so zur raffinierten Speerspitze einer neuen Unterdrückungsform
und zur unreflektierten Handlangertätigkeit im Interesse des neoliberalen Regimes.

   Was tun in dieser ausweglosen Situation? Eine, zugegeben zeitraubende Möglichkeit besteht darin, selbst Foucault zu lesen. Dabei sind es möglicherweise weniger
die irritierenden Texte über griechische und römische Selbst-Techniken einer von ihm

erneut in die Diskussion gebrachten Lebenskunst, obwohl diese Texte gerade unter der Perspektive von „Bildung als Selbstbildung", nämlich einer (Individual-)Ethik – verstanden als reflektierter Umgangsweise mit sich und als Arbeit an sich selbst – Sinn machen. Es sind vielmehr die zahlreichen kleinen Schriften und Interviews, in denen er sich immer wieder kritischen Fragen informierter Gesprächspartner stellt (oder auch selbst in die aufschlussreiche Rolle des Interviewers schlüpft, vgl. Nr. 334 in Foucault 2005, Bd. 4). Es stellt sich bei dieser Lektüre durchaus ein Staunen ein. Denn dieser Foucault hat wenig mit dem nihilistischen Misanthropen in der verbreiteten deutschen Rezeption zu tun. Es entsteht vielmehr der Eindruck, als ob – wieder einmal – die subtile Dialektik eines Denkens auf eine eindimensionale Sicht verkürzt wird.

Seine Denkweise hat dabei zahlreiche Parallelen zu den Arbeiten seines Kollegen am Collège de France, Pierre Bourdieu. So ist es zunächst ein streng relationales Denken: Begriffe sind Beziehungsbegriffe, müssen es sein, wenn sie Beziehungen erfassen wollen. Und um Beziehungen geht es. Beide beziehen sich hierbei auf den Symboltheoretiker Ernst Cassirer. Insbesondere ist Macht ein Beziehungsverhältnis. Wichtig dabei ist, dass Macht nicht einseitig als – ausschließlich negativ zu beurteilendes – Unterdrückungsverhältnis verstanden wird. Macht ist vielmehr eine soziale Beziehung, die beides tut: Eingrenzen und Ermöglichen, wobei „Täter" und „Opfer" nicht klar jeweils einer Seite zuzuordnen sind, und: Macht ist unvermeidbar. Jedes gesellschaftliche Verhältnis, so Foucault (2005, 450), ist ein Machtverhältnis. Zudem gibt es nicht nur ein einziges Machtverhältnis, sondern eine Vielfalt. Bourdieu verwendet hier den Begriff des Feldes, der mir auch bei Foucaults Analytik der Macht anwendbar erscheint. Jeder Einzelne ist zudem Teil verschiedener Felder.

Ein weiteres dialektisches Moment ist das Subjekt selbst. Natürlich gibt es Prozesse der Anpassung, da der Einzelne handlungsfähig in einem System bleiben und damit vorgegebenen Regeln folgen muss. Aber gleichzeitig gibt es Aspekte der Autonomie, ist „Subjektivierung", so bezeichnet Foucault diesen Prozess der Schaffung spezifischer Formen von Subjektivität, auch mit Handlungs- und Entscheidungsfreiheit verbunden. Foucault unterscheidet sehr genau zwischen diktatorischen und demokratischen Systemen, kämpft aktiv gegen Formen von Unterdrückung. Es ist – anders, als deutsche Rezipienten oft den Einruck erwecken – eben nicht gleichgültig, in welchem Regelsystem man lebt. In jedem Fall ist er gegen nostalgische Verklärungen der Vergangenheit, in der Unterdrückungssysteme vielleicht weniger subtil waren (ebd., 334).

Dies gilt insbesondere für die Schule. Foucault ist kein Antipädagoge und schon gar kein Vertreter der Entschulung der Gesellschaft. Er beschreibt seine eigene Schule in Poitiers sogar ausgesprochen positiv: „Das Leben in der Schule war eine vor äußeren Bedrohungen geschützte ... Umgebung. Und die Vorstellung, geschützt in einer lernbegierigen Umgebung, in einem intellektuellen Milieu zu leben, hat mich immer fasziniert. Das Wissen muss als etwas funktionieren, was die individuelle Existenz schützt und die Außenwelt zu begreifen erlaubt. ... Das Wissen als ein Mittel des Überlebens, dank des Verstehens." (Foucault 2005; S. 646, vgl. dagegen 234). Damit unterschlägt er nicht Formen der Unterdrückung. Im Gegenteil. Häufig weist er darauf hin, dass ihn vor allem die Formen von Widerstand interessieren, in denen der Einzelne für seine Handlungsfähigkeit kämpft. Und dieses Kämpfen ist Handlung, ist Praxis, ist Aktivität. Foucault ist zudem kein ausschließlicher Symboltheoretiker. Er ordnet sich selbst – ebenso wie sein gelegentlicher politischer Bündnispartner und Schulfreund früherer Jahre Bourdieu – in die Reihe derer ein, für die die Praxis eine entscheidende Rolle spielt: „Das Subjekt wird nicht nur im Spiel der Symbole konstituiert." (Foucault 2005, S. 494). Daher untersucht er eben nicht nur Diskurse auf der reinen Symbolebene. Er analysiert reale Praktiken.

Das heroische Subjekt ist sicherlich tot, hat es nie gegeben, höchstens als humanistische Vision idealistischer Denker. Aber der handlungsfähige Einzelne existiert, besser: kann geschaffen werden, oder noch genauer: kann sich selber schaffen. Damit sind wir bei dem späten Foucault, dem Theoretiker der Techniken des Selbst angelangt. Der Einzelne, so Foucault in klassischer philosophischer Tradition, wird zum Subjekt durch die bewusste und gezielte Entwicklung von Selbst- und Weltverhältnissen. Bewusst stimmt er der Konzeption von Habermas zu, der den Einzelnen in seiner Beziehung zur Welt der Dinge („Wissen") und zur Welt der Anderen („Macht") sieht. Er ergänzt dies durch die Betonung der Entwicklung eines bewussten Verhältnisse zu sich („Ethik;" S. 705 in Foucault 2005). Alle drei Beziehungstypen lassen sich nur analytisch von einander trennen: Man weiß natürlich, dass die Herrschaft über Dinge nur über die Beziehungen zu den anderen Menschen erfolgt; und dies impliziert immer auch Beziehungen zu sich, und umgekehrt, so Foucault. Offensichtlich handelt es sich hierbei um eine klassische Bestimmung von Bildung als Entwicklung einer bewussten Beziehung zu sich, zu anderen, zur Natur und Kultur und zu seiner Geschichte und Zukunft. In jeder der möglichen Dimensionen der Persönlichkeit spielt dabei der Selbstbezug eine entscheidende Rolle: Selbst-Erkenntnis, Selbst-Führung, Selbst-Beziehung. Dies ist es, was – durchaus in klassischer Tradition – den Einzelnen zum Subjekt macht. Diesen Prozessen spürt Foucault im hellenistischen und römischen Denken nach, wobei er die elaborierten Selbsttechniken – die „Sorge um sich" – am Beispiel der Sexualität aufzeigt. Er zeigt, wie stark diese systematische Arbeit an sich selbst im Mittelpunkt des Denkens stand – lange vor der „Entdeckung des Individuums" in der Renaissance (Fuchs 2001). Dabei wird der „Bruch", der sich während der Renaissance politisch und geistig anbahnt, gerade nicht negiert. Denn in dieser Zeit identifiziert Foucault den Wechsel im Machttypus vom „Gerechtigkeitsstaat" des Mittelalters zum „Verwaltungsstaat" der frühen Moderne, bevor sich dann im 19. Jahrhundert der „Regierungsstaat" durchsetzt (Foucault 2006a und b; vgl. auch die Tanner-Lectures Nr. 291 in Foucault 2005). Die Ethik als Reflexion und Handlungsanleitung führt zu einer „Lebenskunst", deren Fehlen er für die heutige Zeit beklagt.

Foucault also als ein weiterer Alles-Zermalmer, als totaler Kritiker der Vernunft? Häufig nennt er seine wichtigsten philosophischen Lehrmeister. Nietzsche (in Verbindung mit Heidegger) gehört dazu. Er bezeichnet sich selbst als Nietzscheaner. Und doch kommt er immer wieder auf Kant zu sprechen. Insbesondere tut er dies in seiner Auseinandersetzung mit der „Moderne", was für ihn heißt: Sich selbst zum Gegenstand einer strengen Auseinandersetzung zu machen (Foucault 2005, S. 698). „Was ist Aufklärung?" – jene kleine Schrift Kants wird gleich mehrfach zum Gegenstand von Ausführungen. Es wird schnell klar: Foucault sieht sich in dieser kritischen Tradition. Denn es geht Kant um die Frage, wie der Mensch aus seiner (selbst geschaffenen) Unmündigkeit heraustreten kann. Und dieser Prozess ist ein doppelter: ein politischer und ein individueller. Entscheidend ist dabei eine kritische Haltung.

Foucault ist für die (Kultur)Pädagogik und Politik in vielfacher Hinsicht ein relevanter Denker, der eine fruchtbare Verunsicherung bewirken kann. Sein dialektischer Ansatz muss immer wieder erarbeitet werden. Dinge und Prozesse sind eben nicht nur gut oder schlecht, richtig oder falsch. Jedes gut gemeinte Projekt kann sich in sein Gegenteil verkehren, jede leichtfertig als Unterdrückung etikettierte Situation birgt möglicherweise das Potential zu Widerstand. Es sind dabei konkret – also auch: mit empirischer Sorgfalt – die Praktiken und Handlungen zu untersuchen. Die bloße Diskursebene ist sicherlich relevant, aber letztlich nur begrenzt entscheidend. Man muss zudem seine Begrifflichkeit einer permanenten Kritik unterziehen. Denn allzu leicht schleicht sich eine Verdinglichung von solchen Erkenntnisobjekten ein, die nur als fließende verstanden werden können, „Identität", „Kultur", „Kunst", „Bildung", „Subjekt" werden leicht zu Containerbegriffen deformiert, obwohl die damit erfassten Gegebenheiten nur bewegliche und fließende Relationen sind.

Subjektivität ist also möglich, sogar: überlebensnotwendig. Doch ist sie Prozess und nicht fertiges Produkt, ergibt sie sich nicht von selbst, sondern ist Ergebnis von Arbeit an sich selbst. Dies gilt auch und gerade für Freiheit. Freiheit ist keine bloße Idee, sondern lebendige Praxis, und diese Praxis ist das Leben selbst: „Ja, denn was ist die Ethik anderes als die Praxis der Freiheit, die reflektierte Praxis der Freiheit?" (Foucault 2005, S. 879). Das heißt insbesondere, aufmerksam zu sein gegenüber Prozessen der Disziplinierung, der „Normalisierung" (also der Anpassung an vorgegebene Normen), der Kontrolle – gerade auch in emanzipatorisch angelegten Projekten.

Offen bleibt m. E. bei Foucault eine nähere Analyse, wie diese Prozesse der Selbstkonstitution (der „Bildung") erfolgen. Es liegt nahe, hierfür auf das Konzept des Habitus von Bourdieu zurückzugreifen. Allerdings steht m. W. ein gründlicher Vergleich beider wissenschaftlicher Konzeptionen noch weitgehend aus (vgl. Kajetzke 2008).

Allerdings hat die „Freiheit" einen Haken, da bei ihr die Dialektik nicht endet. Denn individuelle Freiheit ist auch die Grundlage für die moderne Form der Machtausübung, so wie sie im Liberalismus entsteht. Denn dieser benötigt zur Ausübung seiner Macht „freie" Individuen. Freiheit ist die Grundlage für die Beteiligung der Individuen am Marktgeschehen. „Freiheit" steht hier in enger Verbindung mit Sicherheit, so dass die Aufrechterhaltung von Freiheit zugleich die Entwicklung immer stärkerer Systeme der Sicherheit provoziert, die die Freiheit einengen, allerdings mit hoher Akzeptanz der Betroffenen (s. hierzu auch Schmidt/Woltersdorf 2008). In diesen Kontext passt, dass gerade unter dem offiziell der „Freiheit" verpflichteten Neoliberalismus die Summe der Reglementierungen und Kontrollen – auch und gerade durch die öffentliche Verwaltung – erheblich zugenommen hat. Inzwischen gibt es Studien, die zeigen, dass im Großbritannien von M. Thatcher unter dem Slogan des „schlanken Staates" die Anzahl der Vorschriften um bis zu 50% angewachsen ist.

Einige weitere relevante Fragestellungen:

Die neoliberale Rhetorik als Denkweise hat inzwischen auch in der Pädagogik Einzug gehalten. Foucault selbst weist mehrfach darauf hin, dass kein Begriff, aber auch keine Praxis sicher sein kann, in einer nicht-intendierten Absicht missbraucht zu werden.

So gibt es inzwischen eine neoliberale Rhetorik der Selbstermächtigung des Subjekts, die starke Ähnlichkeiten mit einer emanzipatorischen Praxis in der Kultur- oder Sozialpädagogik hat. Der Kompetenzbegriff wird in diesem Kontext gerne verwendet, um eine neoliberale Ausrichtung des Subjekts in Richtung Flexibilität und Employability zu kaschieren. Wird dadurch eine jegliche Verwendung des Kompetenzbegriffs – so wie im Kompetenznachweis Kultur (KNK) der BKJ – obsolet? Tatsächlich ist die Gefahr eines derartigen Missbrauchs vorhanden. Doch ist zum einen an einen respektablen erziehungsphilosophischen Hintergrund des Kompetenzbegriffs im philosophischen Pragmatismus (Dewey, Peirce etc.) zu erinnern. Zum anderen ist mit Foucault daran zu erinnern, dass erst eine exakte Analyse der entsprechenden Praktiken – und nicht der bloße Verweis auf Diskurse – Aufschluss über tatsächliche Wirkungen gibt. Dies wäre sonst eine der häufig anzutreffenden Verkürzungen des Foucaultschen Ansatzes in Studien zur Gouvernementalität auf einen bloß linguistischen Aspekt (Krasmann 2003, 74 ff). Dies gilt m. E. auch für die oft mit allzu leichter Hand und starkem kritischen Gestus vorgetragenen Kritiken an Überlegungen zur Kultivierung der Schule (etwa bei Pongratz). Der KNK zeigt sich in der Praxis als hilfreiches Instrument, die von Foucault gewollte Selbst-Thematisierung und Selbstreflexion der Betroffenen auf ein höheres Niveau zu bringen – auch als ein Mittel, Strategien der Fremd-Regierung aufzudecken. Foucault wäre zudem der erste, der Formen aktiver Partizipation bei der Gestaltung der Institutionen unterstützen würde, so wie sie etwa in Konzeptionen einer Kulturschule entwickelt werden. Man lese nur einmal seine zahlreichen politischen Stellungnahmen in den letzten Jahren, bei denen die Entwicklungen in Polen im Mittelpunkt standen. Natürlich ist ein neoliberales Regime in einer parlamentarischen Demokratie kritisch auf seine neue Domestizierungsqualität zu analysieren. Doch macht es wenig Sinn, keine Unterschiede mehr zwischen den verschiedenen Formen von „Regierung" zu machen: Foucault war – zumindest in den letzten Jahren – definitiv kein Anarchist, sondern mühte sich ernsthaft um Verbesserungen im laufenden Politikgeschäft. Ein Beispiel aus der Pädagogik (Foucault 2005, S. 722): „Nichts beweist beispielsweise, dass in der pädagogischen Beziehung die Selbstverwaltung die besten Ergebnisse bringt; nichts beweist im Gegenteil, dass das die Dinge nicht blockiert. Also würde ich im Großen und Ganzen Ja sagen..." (Gemeint ist der Versuch, einen Konsens zwischen denen „da oben" und denen „da unten" herzustellen). Kein Freibrief also für eine nur noch idealistisch sich selbst legitimierende Arbeit in und mit den Künsten, aber auch keine wenig hilfreiche Totalkritik einer jeglichen Praxis.

Der Handelnde hat immer Unrecht, so Dürrenmatt. Aber auch: Es gibt keine Trennung zwischen Denken und Handeln. Sorgfältige Analyse und Kritik muss sein. Doch reine Theorie konstituiert noch keine Praxis. Sie ist noch nicht einmal regulativ, bestenfalls dient sie als kritisches Prinzip (Foucault 2004, S. 722). Der Handelnde ist also zunächst auf sich gestellt, um eine Praxis zu generieren (die der Analytiker dann kritisch betrachten kann). Dabei entwickelt und investiert er seine spezifische Form praktischer Klugheit (techne), die in keinem hierarchischen Verhältnis zur Klugheit des Theoretikers (episteme) steht. In den Praktiken des Führungshandelns kann man die spezifische Rationalität der vorherrschenden Regierungsweise analysieren. Allerdings steht die konkrete Praxis nicht in einer linearen Ableitungsbeziehung sowohl zu dieser Rationalität als auch zu einer allgemeinen Theorie derart, dass man sie am grünen Tisch durch einfache Deduktion ermitteln könnte. Es kommt daher darauf an, dass mit Hilfe der Theorie Praxis kritisch analysiert wird und die (theoretisch reflektierte) Praxis offen bleibt für diese Analysen. Interessant ist dabei das Wechselspiel, wenn also das theoretische Wissen praktisch wird und wenn praktisches Wissen von der Theorie

aufgegriffen und damit verallgemeinert wird (Krasmann 2003, 72ff). Besserwisserei
– gleichgültig von welcher Seite – schadet nur. So schreibt Foucault zur Polemik:

> „Der Polemiker dagegen tritt vor, gepanzert mit Vorrechten, die er von vornhe-
> rein innehat und die er niemals in Frage stellen lässt. Er besitzt von Grund auf
> die Rechte, die ihn zur Kriegsführung autorisieren und die aus diesem Kampf ein
> gerechtes Unternehmen machen; er hat zum Gegenüber nicht einen Partner in
> der Suche nach der Wahrheit, sondern einen Gegner, einen Feind, der Unrecht
> hat, der schädlich ist und dessen Existenz bereits eine Bedrohung darstellt. Das
> Spiel besteht für ihn folglich nicht darin, ihn als Subjekt anzuerkennen, das das
> Recht hat, auch das Wort zu ergreifen, sondern ihn als Gesprächspartner jedes
> möglichen Dialoges zu annullieren, und sein letztes Ziel wird nicht sein, sich so
> gut er es vermag einer schwierigen Wahrheit zu nähern, sondern die gerechte
> Sache triumphieren zu lassen, deren offenkundiger Träger er von Beginn an
> ist. Der Polemiker stützt sich auf eine Legitimität, von der sein Gegner per
> definitionem ausgeschlossen ist." (Foucault 2004, S. 725).

Eine weitere interessante Fragestellung ergibt sich aus der Überlegung über die jeweils
spezifischen Denk- und Rationalitätsformen in der Pädagogik. Comenius etwa versucht,
eine Methodologie des pädagogischen Denkens aus einer Übertragung von Prinzipien
der Mathematik und der Naturbeobachtung zu gewinnen (immerhin ist es die Zeit
Keplers, Kopernikus' und Galileis). Die Philanthropen versuchen, die Beschreibung der
naturwissenschaftlichen Methode Newtons in der Pädagogik zu nutzen und in empirisch
ermittelten Fakten mathematisch zu formulierende Gesetzmäßigkeiten zu finden. Offensichtlich wird dabei mit jeder der angewandten Methoden der Erkenntnis-Gegenstand
„Erziehung" in spezifischer Weise konstituiert ebenso wie ein bestimmtes Verständnis
von „Natur" und „Bewegung" erforderlich war, damit die Newtonsche Methode der
Physik greifen konnte. Dominante Denkformen wie der von der Antike überlieferte mos
geometricus, die Methode des Rechnens, die Descartes in seiner analytischen Geometrie
entwickelte, das kombinatorische Denken, das Leibniz erfand, wurden als dominante
Rationalitätsformen nach und nach über ihren ursprünglichen Anwendungsbereich
ausgedehnt und auf andere Felder übertragen (vgl. auch Foucault 1971). Herbart etwa
wendet systematisch die kombinatorische Methode an. Interessant wäre es nun, die
neue Sicht auf die Gesellschaft, die sich gemäß Foucault im 19. Jahrhundert entwickelt
und die eng mit dem Begriff der Sicherheit (und der Versicherung) verbunden ist, der
wiederum nur im Zusammenhang mit der Entwicklung der Wahrscheinlichkeitsrechnung
zu behandeln ist, in seiner Auswirkung auf die Pädagogik zu untersuchen. Denn der
Gedanke des kalkulierbaren (und daher versicherbaren) Risikos ist mit einem spezifischen
Bild von Gesellschaft (und damit auch des Individuums) verbunden und steht am Beginn
der Entwicklung des modernen Sozialstaates (Krasmann 2003). Ein Aspekt besteht in der
neuen Relevanz von (errechneten) Mittelwerten als Vorgabe einer Norm. Offensichtlich
spielt dieser Gedanke zahlenmäßig erfasster Entitäten für eine empirische Wissenschaft
eine entscheidende Rolle. In derart empirisch vorgehenden Humanwissenschaften entstehen so Vorstellungen von Normalität (etwa die Gaußsche Glockenkurve bei Ergebnissen
von Klassenarbeiten). PISA als umfassendes System empirischer Erfassung ist damit
mitnichten ein bloßes Abbild des pädagogischen Geschehens, sondern eine politisch

einflussreiche Konstituierung von Normen. Dabei werden insbesondere die Abweichungen von der (sozialen) Norm interessant: sei es in kriminologischer, gesundheitlicher oder eben auch pädagogischer Hinsicht (Kajetzke 2008).

Zur Erinnerung: Der Kompetenznachweis Kultur hat mit dieser Konstitution des Pädagogischen nichts zu tun. Er konstituiert keine zahlengestützte „Normalität", setzt keine über-individuellen Normen, quantifiziert nicht komplexe psychische Prozesse. Er hat vielmehr in den letzten Jahren eine besondere Bedeutung im Hinblick auf die Entwicklung einer anderen pädagogischen Professionalität von LehrerInnen gewonnen. Denn die Zahlen- und Ranking-Orientierung, die oben erwähnt wurde, spielt in dem verbreiteten herkömmlichen Lehrerhabitus eine wichtige Rolle, da eine quantifizierte Leistungsbewertung, also die Vergabe von Zensuren, für viele geradezu Charakteristikum der Lehrertätigkeit ist („das rote Büchlein"). Damit werden LehrerInnen in der Tat zu wichtigen Agenten eines Dispositivs der Macht, das zu der oben beschriebenen Form von Regierungshandeln gehört. Mit Hilfe des Kompetenznachweises können LehrerInnnen nunmehr lernen, eine Förderung des Lernens und eine Ermutigung dazu zu praktizieren, die sich an den Stärken des Lernenden orientiert. Und in einer solchen Stärkung des Einzelnen sieht letztlich Foucault auch die entscheidende Möglichkeit, „weniger auf eine solche Weise regiert zu werden". Die Veränderung des Habitus der Lehrenden in Richtung einer Haltung – auch dies eine Foucaultsche Überlegung – ist dabei ein Schlüssel für die Begleitung einer widerständigen Praxis (siehe nächsten Abschnitt).

Das Leben, die Künste und die Ästhetik der Existenz

Es ist vermutlich dies der – zumindest in pädagogischen Kontexten – meistzitierte Satz von Foucault zum Thema „Subjekt":

> „Wenn diese Dispositionen verschwänden, so wie sie erschienen sind, wenn durch irgendein Ereignis, dessen Möglichkeit wir höchstens vorausahnen können, aber dessen Form oder Verheißung wir im Augenblick noch nicht kennen, diese Dispositionen ins Wanken gerieten, wie an der Grenze zum 18. Jahrhundert die Grundlagen des klassischen Denkens es taten, dann kann man sehr wohl wetten, *daß der Mensch verschwindet wie am Meeresufer ein Gesicht im Sande.*" (Foucault 1971, S. 462; meine Hervorhebung, M. F.).

Genau genommen ist es nur das Bild im hervorgehobenen Satzteil, das immer wieder zitiert wird. Und dieser kurze Hinweis genügt, um Foucault in die Reihe derer zu stellen, die irgendeine wichtige Begrifflichkeit und die von ihr erfasste Sache als beendet erklären: Hegels Rede vom Ende der Kunst, Nietzsches Rede vom Tod Gottes und nunmehr Foucault mit seiner These vom Verschwinden des Menschen.

Man könnte nun zwar darauf hinweisen, dass diese These am Ende einer äußerst komplexen Darstellung der Genese und des Niedergangs verbreiteter Denkformen in Philosophie und Wissenschaften steht, in der er zeigt, unter welchen Bedingungen die Art und Weise, wie Wissen gesellschaftlich produziert wird, genau diese das jeweils vorhandene Wissen seinen Gegenstand formt. Foucault ist nämlich Schüler der bekanntesten französischen Wissenschaftshistoriker (Bachelard, Canguilhem) und diese Arbeit gibt seiner späteren Professur am Collège de France den Namen: „Geschichte der Denksysteme". Er untersucht verschiedene wissenschaftliche Disziplinen (Politische Ökonomie, Biologie und Sprachwissenschaft) nach gemeinsamen Denkformen und identifiziert sie, so dass man ihn jahrelang trotz seines ständigen Protestes für einen Strukturalisten hielt. Bei diesen Untersuchungen zeigt er, dass der „Mensch" zu einer bestimmten Zeit – vielleicht notwendigerweise – zum Thema wird (vgl. auch Fuchs 1984). Es geht also um Wissen, hier: um ein Wissen, das erst den „Menschen" als wissenschaftlichen Gegenstand konstituiert. Seine These vom Verschwinden des Subjekts verliert also durch dieses genauere Hinsehen durchaus ihren zugeschriebenen revolutionären Gestus. Denn die Geschichte der Wissenschaften zeigt, wie Themen und Methoden relevant werden und an Bedeutung verlieren, wobei eine Kernfrage darin besteht, welches die Gründe dafür sind. Dies gilt auch für die Pädagogik (Benner/Oelkers 2004). Es handelt sich bei Foucault um eine strenge Historisierung von Wissen, die dazu führt, Selbstgewissheiten über scheinbar zeitlos gültige Wissensbestände zu zerstören. Und es ist damit verbunden ein Anti-Essentialismus und Nominalismus, denn man erfasst mit einem derartigen Wissen auch kein zeitlos Seiendes. Es geht also um die kognitive Konstruktion von Welt, und diese ist stark von jeweils sozialen und kulturellen Kontexten abhängig: Der „Mensch" und das „Subjekt" sind zeitlich gebundene und vor allem sprachlich konstituierte Konstruktionen (Fuchs 2010).

Nun kämpft Foucault sein gesamtes wissenschaftliches Leben gegen zu starke essentialistische Begriffe (wie oben bereits angemerkt). Einer dieser starken Begriffe ist der des „Subjekts". Auch hier lässt sich zeigen, dass dieses (angenommene) starke und autonome Subjekt, dem es gelingt, alles seinen Steuerungswünschen zu unterwerfen, so nicht existiert: Das Ende vom Menschen wird so zu einem Ende vom Subjekt. Aber auch hier geht es um das Ende einer bestimmten Konstruktion des Subjekts, die den Realitäten nicht standhält. Viele hat es daher überrascht, als Foucault eine nächste Arbeits-Etappe – es sollte seine letzte sein – ankündigte und seine vorausgegangenen Arbeiten alle als Auseinandersetzung um ein tragfähiges Konzept des Subjektes deutete (vgl. etwa Foucault 2005, S. 461ff. – Zur Genealogie der Ethik). Auch sein Zugang leuchtet in der Logik seiner Arbeiten ein. Er stellt in vielen Interviews seine Konzeption vor: Im Anschluss an die Dreidimensionalität des Weltverhältnisses des Menschen a) zu den Dingen („Wissen"), b) zu den Menschen („Macht") und schließlich c) zu sich selbst („Selbstsorge") werden auch drei Subjekttypen konstituiert: Das Subjekt, wie es durch das Wissen konstruiert wird (erste Phase), das Subjekt im Wechselspiel unterschiedlicher Macht- und Unterwerfungsstrategien (mittlere Phase) und schließlich das Subjekt als Schöpfer seiner selbst (letzte Phase; vgl. nur das lange Gespräch mit Ducio Trombadori in Foucault 2005, S. 51ff). Überrascht war man, dass er die Studien zur Moderne Ende der 1970er Jahre (Foucault 2005 a und b) nicht fortgeführt hat, sondern griechische, hellenistische und römische Autoren und deren Methoden des Umgangs mit sich selbst analysierte. Man kann hier eine gewisse Folgerichtigkeit erkennen. Aus einer pädagogischen Perspektive lassen sich etwa notwendige Bereichstheorien identifizieren: eine Theorie der Institutionen (erste Phase), eine kritische Sozialisationstheorie (zweite Phase) und schließlich eine Subjekt- und Bildungstheorie (letzte Phase). Foucaults Weg lässt sich dabei auch mit politischen Erfahrungen erklären. Denn er erlebte wie alle kritischen Denker seiner Generation eine Abfolge von Enttäuschungen: Weder erbrachten die Studentenrevolten, noch die Sozialisten an der Macht, noch die Entwicklungen in

China (in anderen sozialistischen Ländern schon gar nicht) die erhofften politischen Bedingungen. Zeitweise war er eng mit linksradikalen maoistischen Zirkeln verbunden, am Ende gab es eine Nähe zu Gewerkschaften. Es könnte sein, dass ihm eine anarchistische und letztlich alternativlose Totalkritik der bürgerlichen Demokratie als Sackgasse erschien, so dass er nach Wegen suchte, zu einer „autonomen" Lebensweise in bestehenden Systemen zu kommen. Hier finden sich dann die immer wieder zitierten Aussagen über widerständige Praxen oder darüber, „sich nicht so und nicht von denen regieren zu lassen". Die Entwicklung von Subjektivität sollte nicht mehr Anpassung des Einzelnen von vorgegebenen, auch emanzipatorisch formulierten Normen sein, sondern aufgrund einer selbstbestimmten Praxis erfolgen. Und hierfür schienen die antiken Vorstellungen einer Lebenskunst geeignet zu sein. Insbesondere ästhetische Praxisformen bargen für ihn Potentiale einer solchen Subjektentwicklung.

Mit Fragen der Ästhetik und der Künste hat sich Foucault – auch hier in bester französischer intellektueller Tradition – ständig befasst. Zunächst ist es das kulturelle Leitmedium in Frankreich, die Literatur. Er erklärt sich zwar nicht sonderlich kompetent in der Musik, hegt aber eine lange Freundschaft mit Pierre Boulez. Er trifft sich mit Filmemachern (etwa mit Werner Schröter) und schreibt über Bildende Kunst. Berühmt ist seine Bildanalyse in der „Ordnung der Dinge" und die Analyse des „Pfeifenbildes" von Magritte. Es geht hier um Sichtbarkeit und Unsichtbarkeit, um Repräsentation und um Trugbilder. Christoph Menke (2003) analysiert sorgfältig die Übungen und Praktiken, wie sie entweder zu einer Disziplinierung oder aber zu einer ästhetisch-existentiellen Konstitution eines (relativ-)autonomen Subjektes führen. Es findet sich hier dasselbe Problem wie bei anderen Strategien der Subjektivierung: Man kann nicht von vorneherein sagen, in welcher Weise die – ggf. sogar dieselben – Praktiken wirken. Die Unterscheidung beider ist nicht leicht. Menke sieht ein entscheidendes Merkmal:

> „Das Gelingen ästhetischer Tätigkeiten verlangt die Überschreitung jeden vorweg gesetzten Zieles: Sie gelingen gerade, wenn sie zu etwas anderem führen, als was an ihrem Anfang festgelegt wurde" (ebd., S. 298).

Dies macht letztlich die Lebenskunst aus: „Sein Leben wie eine ästhetische Tätigkeit zu sehen...", also „ein anderer zu werden ..." (ebd.). Die Unterscheidung, ob eine Übung disziplinierend oder ästhetisch-existentiell ist, erfolgt (bei Menke) darüber, dass man sie in einer bestimmten Haltung praktiziert, deren entscheidendes Merkmal „in der ästhetischen Freiheit zur Selbstüberschreitung" liegt (ebd., S. 299; s. oben den Hinweis auf den KNK).

Interessanterweise hat die BKJ in den späten 1990er Jahren aus systematischen Gründen in der Folge eines Forschungsprojektes, bei dem es um Alternativen zu einer damals geforderten, stark betriebswirtschaftlich geprägten Form von Evaluation ging, das Konzept der Lebenskunst zur Konkretisierung des abstrakteren Begriffs der kulturellen Bildung erprobt. Dieses Lebenskunstkonzept ging jedoch nicht auf Foucault zurück, obwohl zu einem späteren Zeitpunkt der Foucault-Anhänger Wilhelm Schmid mit seinem damaligen Verkaufserfolg einer „Philosophie der Lebenskunst" einbezogen wurde. Die Ursprünge des BKJ-Konzeptes gehen auf Ulrich Baer zurück, der dieses Konzept – ebenfalls ohne Bezug auf Foucault – zum Aufbau seines neuen Fachbereichs Kulturpädagogik in der Akademie Remscheid erprobte. Von Anfang an ergaben sich in der Diskussion dieses Konzeptes zwei Probleme: Zum einen die esoterische Konnotation dieses Begriffs, zum anderen und damit verbunden die Tendenz, Lebenskunst bloß individuell ohne Berücksichtigung sozialer Kontexte zu verstehen: Es ging gerade nicht um die Lebensgestaltung von Besserverdienenden, die sich aus dem Gemischtwaren- laden materieller, geistiger und spiritueller Konsumgüter bedienten (BKJ 1999). Es ist kein Zufall, dass in dieser Zeit der Slogan „Kulturelle Bildung ist soziale und sogar politische Bildung" verstärkt diskutiert wurde und dem der zweite Band der dreibän- digen Dokumentation gewidmet war (BKJ 2000). Innerhalb dieses Kontextes ging es genau um die von Menke beschriebene Dimension der Selbstüberschreitung, wie sich unschwer an den dokumentierten Lebenskunstprojekten erkennen lässt.

Interessant ist, dass diese Frage auch im Mittelpunkt der vermutlich bedeutsamsten kritischen Auseinandersetzung mit dem Konzept der Lebenskunst steht (Kersting/ Langbehn 2007). Es geht mir hier nicht um Foucault-Exegese oder darum, ob dieser exakt seine Quellen rezipiert hat (hat er offenbar nicht, ebd. S. 28), sondern es geht darum, ob das Lebenskunstkonzept sozial blind ist und nur für Privilegierte taugt (S. 29). Hierbei wären die Milieu-Studien seines Zimmernachbarn Bourdieu gerade im Hinblick auf die Verteilung und Nutzung des kulturellen Kapitals sicherlich hilfreich. Interessant ist zudem die Frage der Übertragbarkeit antiker Lebenskunstmodelle auf die Moderne. Zentral ist dabei die Frage danach, wie und wann „Autonomie" unter heutigen Bedingungen möglich ist und wie sie unterstützt werden kann. Es geht also um die von Foucault immer wieder betonte Dialektik von Unterdrückung und Ermöglichung. Es geht um die philosophische Dauerfrage nach dem Verhältnis von Ethik und Ästhetik (vgl. aktuell Elberfeld/Otto 2009). „Autonomie ... ist das Vermögen der Selbstbestimmung nach eigenen Gründen." so Heidbrink in Kersting/Langbehn 2003, S. 267 und als Fazit seiner Überlegungen: „Autonomie ist ohne Elemente der Heteronomie weder denkbar noch realisierbar." (271). Er formuliert vier Kriterien gelingender Autonomie (280 f):

1. Individuen müssen ihre Entscheidungen auf sich selbst zurückführen können.
2. Individuen beurteilen und bilden sich durch kritische Selbstreflexion und effektive Selbstmodifikation.
3. Individuen sollten „mit den Folgen der selbstverantworteten Urteilsbildung und selbstständigen Daseinsgestaltung so umgehen können, dass hieraus keine subs- tantielle Beeinträchtigung des eigenen Lebens entsteht."
4. Individuen können mit den Folgen ihres Handelns innerhalb eines bestimmten sozialen Kontextes leben.

Dies scheinen mir brauchbare „Evaluationskriterien" für eine emanzipatorische Kul- turpädagogik zu sein.

Foucault ist gestorben, bevor er sein Projekt der Selbstsorge bis zur heutigen Zeit hat ausarbeiten können. Es gibt Gründe zu der Annahme, dass er die Frage der sozialen Eingebundenheit, die Frage einer Dialektik von Autonomie und Heteronomie unter den Bedingungen der Moderne sorgfältig aufgegriffen hätte, zumal seine vorangegangenen Gouvernementalitätsstudien (Foucault 2006a und b) und seine eigene politische Praxis dies getan haben. Wenn es heute Verkürzungen und Einseitigkeiten in der hier angedeuteten Richtung gibt, ist es vermutlich eher ein Problem der Rezeption.

9. Zur Lage des Subjekts heute: Zweite Zwischenbilanz

Listen wir erneut die Probleme und Herausforderungen der heutigen Zeit auf. Die grund-
sätzliche Erfahrung komplexer kapitalistischer Gesellschaften ist die der Entfremdung.
Dazu kommt – nach dem Ende der Ost-West-Konkurrenz –, dass die Notwendigkeit sozialer
Absicherung immer weniger eingesehen wird. Eine wachsende Armut und eine größer
werdende Kluft zwischen Arm und Reich werden inzwischen OECD-offiziell der Bundesrepublik Deutschland bescheinigt. Es gibt also eine neue soziale Frage, wobei immer
neue Gruppen von Ausschluss von ökonomischer Teilhabe betroffen sind: Kinderarmut,
Altersarmut, prekäre Arbeitsverhältnisse, working poor sind die relevanten Stichworte.
    Dazu kommt eine Krise des sozialen Zusammenhalts. Nicht umsonst hat die Politik erkannt,
dass Integration ein Problem ist. Man versucht zwar noch den Ausweg, den „integrations-
unwilligen Ausländer" als Verursacher zu benennen. Dies ist – gerade für eine populistische
Politik, die nach dem Muster des SPD-Mitglieds Sarrazin solche Thesen publikumswirksam
öffentlich macht – sogar teilweise erfolgreich. Doch lösen solche Ablenkungsmanöver
letztlich nicht die Krise. Wenn Jürgen Habermas seinerzeit von „Legitimationsproblemen im
Spätkapitalismus" schrieb, so hat sich das Krisenhafte in jedem der gesellschaftlichen Felder,
also in Wirtschaft, Politik, Gemeinschaft und Kultur, eher noch verschlimmert (Abb. 21).

strukturelle Komponenten / Störungen im Bereich der	Kultur	Gesellschaft	Person	Bewertungsdimension
kulturellen Reproduktion	Sinnverlust	Legitimationsentzug	Orientierungs- und Erziehungskrise	Rationalität des Wissens
sozialen Integration	Verunsicherung der kollektiven Identität	Anomie	Entfremdung	Solidarität der Angehörigen
Sozialisation	Traditionsabbruch	Motivationsentzug	Psychopathologien	Zurechnungsfähigkeit der Person

Abb.21
Krisenerscheinungen bei Reproduktionsstörungen (Jürgen Habermas)

Wie muss also der Mensch beschaffen sein, um mit diesen gesellschaftlichen Herausforderungen umzugehen?

Zunächst einmal reagiert er mit Erkrankung. Depression ist eine Volkskrankheit geworden, wobei es immer jüngere Jahrgänge trifft (Ehrenberg 2002). Depression heißt dabei nicht nur Verzweiflung an äußeren Umständen, die sich als nicht mehr steuerbar erweisen. Es gehört inzwischen zur verbreiteten Meinung, in Anschluss an Foucault davon auszugehen, dass die Verantwortung für Krisen in einem selbst gesucht werden: „Subjektivierung" heißt eben auch genau dies. Auch die Erosion anerkannter Sinnstiftungsinstanzen trägt zu diesem Befund bei. Muss man also kapitulieren angesichts der Verschlechterung der Rahmenbedingungen? Dies ist nicht der Fall. In der Tat braucht diese labile Zeit ein starkes Subjekt, ein Subjekt, das an die eigene Wirkungsmächtigkeit, an die Relevanz des eigenen Handelns glaubt. Ein Subjekt, das zudem über die Kompetenzen verfügt, fehlende gesellschaftliche Unterstützungen aus eigener Kraft auszugleichen.

Es war dabei immer schon genuine Aufgabe der Pädagogik, bei der „Produktion" starker Subjekte zu unterstützen. Dabei ist es wichtig, Rahmenbedingungen realistisch wahrzunehmen. So wird es bis auf weiteres eine hohe Relevanz der Kulturindustrie und der Medienwelten geben. Die Kommunikation wird nicht auf die neuen Möglichkeiten auf Internet und Handy verzichten, sodass Verbote oder Einschränkungen wenig helfen. Es kommt daher darauf an, eine Souveränität im Umgang mit diesen Medien sicherzustellen: *Kulturelle Medienbildung war noch nie so wichtig wie heute*.

Es sind zudem die einzelnen Sozialisationsinstanzen zu stärken. Dies beginnt bei der Familie, bei der politische Rahmenbedingungen zu schaffen sind, damit sie ihre Erziehungsaufgaben auch erfüllen kann.

Unmittelbar zu beeinflussen sind die öffentlich getragenen oder zumindest finanzierten Bildungsorte. Denn hier kann die Stärkung des Einzelnen geschehen. Jede der Cassirerschen symbolischen Formen, die jede die ganze Welt zu erfassen imstande sind, müssen angeeignet werden. Es geht also nicht darum, die Wissenschaften und insbesondere die Technik gegen die Künste auszuspielen: Jede dieser Formen hat besondere Möglichkeiten zur Formung und Stärkung des Subjekts.

Der vorliegende Text konzentriert sich auf die ästhetische Weltzugangsweise. Ich gehe dabei davon aus, dass der Mensch ein lernendes Verhältnis zur Welt hat: Lernen heißt Welt- und Selbsteroberung. Dabei ist davon auszugehen, dass auf allen Ebenen interveniert werden muss: Auf der Makroebene sind die Rahmenbedingungen sicherzustellen, auf der Mesoebene muss man sich um die Organisationskultur der Bildungs- und Kultureinrichtungen kümmern, auf der Mikroebene geht es um die individuellen Lernprozesse. Nachdem im ersten Teil Vorschläge zur *Analyse* der Kultur der Moderne gemacht wurden, und in dem zweiten Teil auf eher allgemeine Weise die Rolle des Subjekts thematisiert wird, das diese Kultur leben muss, stelle ich im letzten Teil den Prozess des Lernens in den Mittelpunkt.

Betrachten wir zunächst Zeitdiagnosen der Gegenwart vor allem in Hinblick auf die Situation von Kindern und Jugendlichen. Einen Mangel an derartigen Analysen gibt es nicht. Wir haben es vielmehr mit einer Vielzahl von Diagnose-Angeboten zu tun, die z. T. in öffentlichem Auftrag (wie etwa die offiziellen Kinder- und Jugendberichte auf Bundesebene; aktuell: der 13. Kinder- und Jugendbericht aus dem Jahre 2009), z. T. in privater Finanzierung (prominentestes Beispiel: die Shell-Jugendstudien; aktuell „Jugend 2010"), zahlreiche Untersuchungen aus dem Wissenschaftsbereich (vgl. Krüger/Grunert 2010). In Hinblick auf die Erfassung der Lebensrealitäten und Herausforderungen gibt es eine große Übereinstimmung: Stichworte aus dem „Handbuch der deutschen Bildungsgeschichte" (Berg 1987; hier Bd. VI, hg. von Chr. Führ und C.-L. Furck 1998) sind: Medienkindheit, Konsum, Jugendkulturen und ihre Vermarktung, Veränderung der Familie, „flow"-Erlebnisse. Die aktuellen Shell-Jugendstudien gehen seit 2002 von dem Begriff der „pragmatischen Generation" aus: „Mit tatkräftigem Anpacken, wechselseitiger Unterstützung und einer pragmatisch-taktischen Flexibilität will die Mehrheit der Jugendlichen die Dinge in den Griff bekommen. Diese Haltung prägt die Einstellungen und den Lebensalltag und bietet zugleich Schutz davor, sich unterkriegen zu lassen." (Shell Deutschland Holding 2010, S. 15). Weitere Stichworte: begrenzter Optimismus, Verstärkung sozialer Unterschiede, Familienorientierung, umfassende Mediennutzung, aber auch Politikverdrossenheit und Vertrauensverlust in Wirtschaft und Finanzsektor. Es ist von einem „guten Lebensgefühl der großen Mehrheit der Jugendlichen" die Rede (ebd., S. 28f.), aber auch von einem deutlichen Gefühl eines gesellschaftlichen Druckes, wobei soziale Netzwerke ein wichtiges Hilfsmittel sind, diesem standzuhalten. Hierbei spielen auch die neuen Medien eine zentrale Rolle.

Der 13. Kinder- und Jugendbericht des Bundes (Deutscher Bundestag 2009) hat den Schwerpunkt „Gesundheit", wie üblich eingebettet in eine Analyse der gesamten Lebenssituation. Dabei setzt sich der Bericht (wie übrigens der Großteil der Fachwelt) von der Skandalierung eines angeblichen Erziehungsnotstandes (die Kinder als Tyrannen, die die Notwendigkeit von mehr Disziplin zur Folge hat, so die Bestseller der Gaschke, Wüsterhoff, Bueb und anderen) bewusst ab.

Die Diagnose (S. 45ff): Basis ist die Entwicklung der Moderne hin zu einer Vergrößerung der „Freiheitssprache des Handelns" (so Fend) mit Risiken für den Einzelnen. Realität ist die Pluralisierung der Lebensstile, aber auch das Hineinwachsen in eine zunehmend „unlesbare" Welt (so Sennett). Es sind die Lebenschancen ungleich verteilt, doch ist dabei „zu konstatieren, dass aufgrund förderlicher Voraussetzungen und Rahmenbedingungen viele Kinder und Jugendliche in der Lage sind, die Herausforderungen ohne größere Auffälligkeiten zu bewältigen" (ebd., S. 45). Und hier gibt es das entscheidende Problem: „Die institutionellen Ressourcen aus dem Bildungssystem, der Kinder- und Jugendhilfe und dem Gesundheitssystem sind in ihrer gegenwärtigen Gestalt aber nur unzureichend in der Lage, die personen- und milieugebundenen Ungleichheiten zu kompensieren und Ressourcen so zu fördern, dass von einer Ressourcengerechtigkeit gesprochen werden könnte" (ebd.). Der Ansatz des Jugendberichtes ist empirisch und theoretisch so gehaltvoll, dass einige Grundkonzepte vorgestellt werden sollen.

Ein erster Ansatz betrifft „Die ‚5 C' der positiven Entwicklung" (Abb. 22, Abb. 23, Abb. 24; alle nach dem Jugendbericht, S. 46 ff.).

Die „5C" der positiven Entwicklung

„Die Förderung von Kompetenz, dem ersten C, zielt u.a. auf die Verbesserung der sozialen, schulischen, kognitiven und beruflichen Kompetenzen der Teilnehmer. Soziale Kompetenz umfasst interpersonale Fähigkeiten wie Kommunikationsfähigkeit, Durchsetzungsvermögen, Ablehnung und Widerstand und die Fähigkeit zur Lösung von Konflikten. Kognitive Kompetenz beschreibt kognitive Fähigkeiten, einschließlich logisches und analytisches Denken, Problemlösungsfähigkeit, Entscheidungsfähigkeit, planvolles Handeln und die Fähigkeit, Ziele zu setzen. Schulnoten, Anwesenheit, Prüfungsergebnisse und Schulabschlussquoten fallen unter die schulische (akademische) Kompetenz. Berufliche Kompetenz meint Arbeitseinstellungen und Berufswahlorientierungen.
Die Förderung des Vertrauens von jungen Menschen, das zweite C, beinhaltet Ziele in Bezug auf die Erhöhung des Selbstwertgefühls, der Selbsteinschätzung, des Selbstvertrauens, der Identität und des Glaubens an die Zukunft der Jugendlichen. Die Anregung und Unterstützung von sozialen Bindungen, das dritte C, umfasst den Aufbau und die Stärkung von Beziehungen eines Jugendlichen zu anderen Menschen und Institutionen wie der Schule. Das vierte C – Charakter – lässt sich am schwierigsten definieren. Programmatische Ziele wie die Erhöhung der Selbstkontrolle und Selbstbeherrschung, die Verminderung von gesundheitsschädigendem (Problem-)Verhalten, die Achtung von kulturellen und gesellschaftlichen Regeln und Normen sowie Gerechtigkeitssinn (Moral) und Spiritualität beschreiben die Charakterkomponente. Die Entwicklung von Fürsorge und Mitgefühl, das fünfte C, zielt auf die Erhöhung der Empathiefähigkeit von Jugendlichen und ihrer Fähigkeit, sich in andere hineinzuversetzen"

Abb. 22

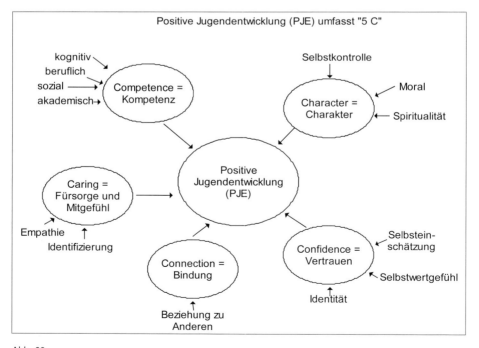

Abb. 23

Externale Entwicklungsressourcen

Unterstützung: Alle Heranwachsenden brauchen die Erfahrung der Unterstützung, Sorge und Liebe durch ihre Familien und viele andere. Sie brauchen Organisationen und Institutionen, die positive, unterstützende Umwelten schaffen.

>> Empowerment: Alle Heranwachsenden brauchen die Wertschätzung der Gesellschaft und brauchen Gelegenheiten, sinnvolle Rollen einzunehmen und andere Personen zu unterstützen. Dafür müssen sie sich zu Hause, in der Schule und der Nachbarschaft sicher fühlen.

>> Grenzen und Erwartungen: Alle Heranwachsenden müssen wissen, was von ihnen in der Familie, der Schule, der Nachbarschaft und von Erwachsenen erwartet wird und ob sich ihre Handlungen in den gesellschaftlichen Grenzen bewegen.

>> Konstruktive Nutzung der Zeit: Alle Heranwachsenden brauchen konstruktive und bereichernde Gelegenheiten für ihr persönliches Wachstum durch kreatives Handeln, Programme für jugendliche Engagements.

Internale Entwicklungsressourcen

>> Lernbereitschaft: Alle Heranwachsenden müssen eine Bereitschaft zu lebenslanger Bildung entwickeln.

>> Positive Werte: Alle Heranwachsenden müssen starke Werte wie Hilfsbereitschaft, Gleichheit und Gerechtigkeit, Verantwortlichkeit, Ehrlichkeit entwickeln, die ihr Handeln bestimmen.

>> Soziale Kompetenzen: Alle Heranwachsenden brauchen Fähigkeiten, für sich Entscheidungen zu treffen, Beziehungen aufzunehmen, Konflikte auszutragen, widerstandsfähig gegen Gruppenzwänge zu sein und mit kultureller Differenz umgehen zu können.

>> Positive Identität: Alle Heranwachsenden brauchen ein Gefühl der Selbstwirksamkeit, des Selbstwertes, der Sinnhaftigkeit und einer positiven Zukunft

---

Abb. 24

Der Münchener Sozialpsychologe Heiner Keupp, der die Leitung der Berichtskommission inne hatte und der in den vergangenen Jahren wichtige Projekte zur Identitätsentwicklung durchgeführt hat (Keupp/Höfer 1997, Keupp 1999) stellt sein Konzept in Bockhorst 2011 unter der Perspektive von Freiheit vor: „Was brauchen Heranwachsende an Basisvoraussetzungen, um selbstbestimmt in einer Gesellschaft handlungsfähig zu sein, die sich in hohem Maße als ambivalent-widersprüchlich erweist und in der die klaren biografischen Erfolgspfade alles andere als eindeutig sind" (ebd., S. 31). Es geht um einen Weg in soziale und kulturelle Ungewissheit, in moralische und wertemäßige Widersprüchlichkeit und eine erhebliche Zukunftsunsicherheit (ebd.). Das Ziel ist daher „das starke Kind". Dieses ist nicht um jeden Preis angepasst, sondern hat erhebliche Widerstandsressourcen:

„Die Widerstandsressourcen lassen sich wie folgt differenzieren:

>> Im Individuum: organisch-konstitutionelle Widerstandsressourcen, Intelligenz, Bildung, Bewältigungsstrategien und Ich-Stärke, die nach Antonovsky eine der zentralen emotionalen Widerstandsressourcen darstellt, als emotionale Sicherheit, als Selbstvertrauen und positives Selbstgefühl in Bezug auf die eigene Person.

>> Im sozialen Nahraum: Zu den Widerstandsressourcen gehören auch die
sozialen Beziehungen zu anderen Menschen. Diese beinhalten das Gefühl,
sich zugehörig und „verortet" zu fühlen, Vertrauen und Anerkennung durch
für einen selbst bedeutsame Andere zu erfahren und durch die Beteiligung
an zivilgesellschaftlichem Engagement sich als selbstwirksam erleben zu
können. Hinzu kommt die Möglichkeit, sich Unterstützung und Hilfe von
anderen Menschen zu holen und sich auf diese zu verlassen.

>> Auf der gesellschaftlichen Ebene: Widerstandsressourcen entstehen durch die
Erfahrung von Anerkennung über die Teilhabe an sinnvollen Formen von Tätigkeiten und ein bestimmtes Maß an Sicherheit, mit diesen seinen Lebensunterhalt
bestreiten zu können (Verfügen über Geld, Arbeit, Wohnung etc.).

>> Auf der kulturellen Ebene: Widerstandsressourcen vermittelt auch der Zugang
zu kulturellem Kapital im Sinne tragfähiger Wertorientierungen (bezogen
aus philosophischen, politischen, religiösen oder ästhetischen Quellen)."
(Keupp in Bockhorst 2011. S. 38f.)).

Ein zunehmend Verbreitung findender Ansatz zur weiteren Konzeptionalisierung dieses
Grundgedankens greift heute zunehmen auf den „capability approach" von Amartya
Sen und Martha Nussbaum zurück (so bereits in den frühen 1990er Jahren im Kontext
der Akademie Remscheid und der BKJ; vgl. etwa Fuchs 1998; vgl. für die heutige
Diskussion den Beitrag von M. Schrödter in Bockhorst 2011, S. 48ff.).

Speziell in Hinblick auf kulturelle Bildung ist eine kleine Aufsatzreihe in der Zeitschrift „Kulturpolitische Mitteilungen" interessant. Eingeläutet wurde sie durch einen Aufsatz von Thomas
Ziehe (2008), der in den 1980er Jahren mit dem Konzept eines auf der psychoanalytischen
Narzissmustheorie basierenden „Neuen Sozialisationstypen" viel Aufmerksamkeit gewinnen
konnte. Er beschreibt Veränderungen in drei Feldern der heutigen kulturellen Modernisierung:

>> Gesellschaft: Enttraditionalisierung, Entgrenzung, Pluralisierung, Informalisierung,
Unterstrukturiertheit

>> Kultur: Rolle der Popkultur, Verlust der traditionellen Hochkultur als Leitmedium

>> Persönlichkeit: erheblich verstärkte Selbstbeobachtung, Widerspruch zwischen
Selbst(über)schätzung und Anerkennungsentzug, zwischen Allmachtsphantasie
und Minderwertigkeitsgefühl.

Diese Diagnosen teilen Zacharias, Treptow und Röll in den weiteren Zeitschriften-Beiträ-
gen weitgehend, wobei Zacharias und Röll zusätzlich die Rolle der Medien stark machen.

Die Meinungen gehen allerdings erheblich auseinander, wenn fast im Gleichklang
die drei Genannten die konservativ anmutende negative Bewertung und – darauf auf-
bauend – die pädagogische, eher autoritär klingende Konsequenz von Ziehe kritisieren.

Ziehe will nämlich als „Gegengewicht zu den Entstrukturierungskontexten" (S.66)
mit einer „Post-Enttraditionalisierung" antworten, bei der strengere Strukturvorgaben
wieder wichtig werden. Ein Beispiel ist das berühmt-berüchtigte Education-Project
der Berliner Philharmoniker „Rhythm is it", bei dem ein gestrenger Choreograph mit
benachteiligten Jugendlichen „Le Sacre du Printemps" einstudiert. Ziehe verankert
seinen Vorschlag in einer Pädagogik des Wollens. Dagegen hält Treptow (in Erinnerung
an ähnliche Ideen von Paul Natorp 100 Jahre zuvor):

> „… dass sich Willensbildung im Jugendalter aber nicht nur in der Durchführung vordefinierter Aufgaben erschöpft, sondern einen wesentlich komplexeren Prozess im Umgang mit Gleichaltrigen umfasst, die auf der Suche nach eigenen, nicht vordefinierten Lebenskonzepten sind, und zwar ohne sich alleine von Erwachsenen den Rahmen vordefinieren zu lassen." (Treptow 2009, S. 55).

Er versucht immerhin, das Konzept der Willensbildung zu retten durch den Hinweis auf eine demokratische Willensbildung und die Möglichkeit kultureller Bildung, sofern diese

> „eine kluge Abwägung zwischen Entgrenzungsfreude und Selbstbegrenzung, zwischen Unübersichtlichkeit und Ordnung, zwischen Maske und Authentizität ermöglichen…" (ebd.).

So ähnlich auch Wolfgang Zacharias:

> „Die Exploration des Möglichen, das permanente Herausfinden der individuellen und kollektiven Optionen als Potential der Künste und Kulturen, mit und ohne Medialität, am besten beides im engeren Wechselspiel: Das ist die kulturell-ästhetische Chance unseres Segments im Horizont allgemeiner und zeitgemäßer Bildung und im Rahmen der Kulturen des Aufwachsens." (Zacharias 2008, S. 74).

Mein Fazit: Die Idee eines handlungsfähigen Subjekts, bei dessen Entwicklung das Ziel einer wachsenden Souveränität bei der Gestaltung des eigenen „Projektes des guten Lebens" zentral ist, ist nicht veraltet. Die Frage ist, wie eine solche Entwicklung unterstützt werden kann und was sie hemmt oder gar verhindert. Auch hier gibt es eine gewisse Einigkeit in den Diskursen: Nicht die Globalisierung an sich ist das Problem, der stehen gemäß Shell-Studie die Jugendlichen positiv gegenüber, es ist vielmehr das Diktat eines kurzsichtigen Ökonomischen, das auch in der Pädagogik und vor allem in der Schulpolitik auf die Reduktion von Bildung auf „Humankapital" zielt. Emanzipation und Empowerment sind daher keine „alteuropäischen Konzepte", die man nicht mehr braucht: *Will unsere Gesellschaft überleben mit Menschen, die nicht an ihr erkranken, braucht sie starke Subjekte, die sie nach Prinzipien der Humanität gestalten. Kulturelle Bildungsarbeit kann hierbei einen guten Beitrag leisten und ihre wichtigste Legitimation finden.*

Zum Verhältnis Subjekt – Gesellschaft: eine Zusammenfassung

Von Hegel stammt die boshafte Aussage, dass Kant ständig sein Messer wetze, ohne schneiden zu wollen oder – an anderer Stelle – dass er lernte zu schwimmen, ohne ins Wasser zu springen. Er meinte damit, dass Kant zu viel Wert auf die Kritik der alten und die Entwicklung neuer Methoden lege, diese aber nicht anwende, um zu besseren Theorien des Erkennens, des Handelns oder des Ästhetischen zu gelangen. Es bleibe bei dem bloß Formalen. Ein solcher Vorwurf könnte auch die bisherigen Ausführungen treffen. Denn es wurde zwar gesichtet, ob, wie und durch wen die Formung des Subjekts in Abhängigkeit von der jeweiligen Gesellschaft thematisiert worden ist, doch mit welchem Ergebnis dies geschehen ist und welche Rolle hierbei die verschiedenen, erzieherisch wirkenden Institutionen in der Gesellschaft spielen, kam dabei möglicherweise etwas zum kurz. Daher will ich an dieser Stelle knapp einige Ergebnisse zusammenfassen.

1. Jede Gesellschaft unternimmt im Interesse ihres Fortbestehens erhebliche Anstrengungen, ihre Mitglieder so zu erziehen, dass sie weiter bestehen kann. Man
   kann hierbei davon ausgehen, dass diese Eingliederungsanstrengungen tendenziell
   strukturkonservativ sind. Dies kann man die (soziale) Formung des Subjekts nennen.
2. Dies gilt in besonderer Weise für moderne Gesellschaften, bei denen aufgrund ihrer
   Komplexität dieser Prozess der Eingliederung mehr Zeit, besondere Institutionen
   und spezielle Professionalitäten erforderlich macht. Neben diesen intentionalen
   Aktivitäten geschehen jedoch viele Eingliederungsprozesse en passant („funktionale" oder informelle Bildung).
3. Aus der Sicht des Einzelnen ist der gesellschaftsspezifische (orts-, zeit- und
   gruppenabhängige) Prozess der Sozialisation, der Eingliederung in vorhandene
   Abläufe und Strukturen zunächst einmal notwendig. Denn der Einzelne braucht ein
   enormes Bündel an Kompetenzen, um in der jeweiligen Gesellschaft zu überleben.
   Der Einzelne muss handlungsfähig werden.
4. Klaus Holzkamp (1984) unterscheidet eine restringierte von einer verallgemeinerten
   Handlungsfähigkeit. Erste meint das Zurechtkommen in gegebenen gesellschaftlichen Verhältnissen, letztere erweitert diese um eine kritische Distanz zu diesen
   und den Wunsch und die Fähigkeit, sie gegebenenfalls auch entsprechend eigener
   Vorstellungen verändern zu wollen. Eine verallgemeinerte Handlungsfähigkeit
   gehört zu einem anspruchsvolleren Begriff von Subjekt und Subjektivität dazu.
5. Diese Handlungsfähigkeit muss in Hinblick auf die verschiedenen Gesellschaftsfelder
   („Subsysteme") ausgebildet werden. Mann kann Bildung im Sinne von Lebenskompetenz oder Lebenskunst daher in ökonomische, politische, soziale und kulturelle
   Bildung aufteilen.
6. Ebenso wie sich die Gesellschaft entwickelt, entwickelt sich die Anforderungsstruktur
   an den Einzelnen. Es wurden daher im historischen Ablauf Subjektmodelle identifiziert.
   Einige solcher Studien (von Daniel, Reckwitz oder Veith) wurden vorgestellt. Insbesondere sind die historisch-systematischen Studien des Erziehungswissenschaftlers
   Veith sowie die Studien zur Subjektgenese des Soziologen Reckwitz (der diese mit
   dem Ziel der Entwicklung einer Kulturtheorie durchgeführt hat) von Interesse.
7. Das Problem der Subjektgenese besteht darin, dass die Handlungsaufforderungen
   aus den verschiedenen Gesellschaftsfeldern an den Einzelnen sich gelegentlich
   widersprechen. Zudem muss der Einzelne die Krisen und Pathologien der Moderne
   aushalten.
8. Es hat sich von Beginn der Moderne an ein Krisendiskurs entwickelt. Man kann
   sagen, dass die meisten Studien zur Theorie der Moderne kritische Kulturtheorien
   der Moderne sind. Dies ist eine wichtige Rahmenbedingung für die Konstitution
   von Subjektivität: Es geht um das Überleben in einer krisenhaften Gesellschaft.
9. Zur Krise der Moderne gehört auch eine Krise des Subjekts, ein grundsätzliches
   Infragestellen der Möglichkeit souveränen Handelns (oder – in anderen Worten – von
   „verallgemeinerter Handlungsfähigkeit"). In den 1970er Jahren waren es bestimmte
   marxistische Ansätze, die von einer totalen Vereinnahmung des Einzelnen, von einer
   fugenlosen Einpassung in die Gesellschaft ausgingen. Heute hat ein von Nietzsche
   inspirierter Poststrukturalismus (etwa in Anschluss an Foucault) einen gewissen
   Einfluss. Es kommt daher darauf an, ein Konzept von Subjekt und Subjektivität zu

entwickeln, das die gesellschaftlichen Anpassungs- und Unterdrückungsleistungen zwar respektiert, das jedoch auch die Möglichkeit freier Entscheidung und - heute etwas altmodisch klingend – Emanzipation im Grunde zulässt. Ein solches Konzept wurde an anderer Stelle entwickelt (etwa unter Bezug auf die Arbeiten von Keupp; Fuchs 2008c) und hier in Konturen skizziert.

10. Es stellt sich dann die Frage nach den emanzipierenden bzw. unterdrückenden Einflüssen der verschiedenen Sozialisationsinstanzen. Diese Frage wurde in früheren Zeiten intensiver von der Erziehungswissenschaft gestellt. Heute muss man feststellen, dass – etwa der Fendsche Ansatz der gesellschaftlichen Funktionen von Schule wie Legitimation, Allokation/Selektion, Qualifikation und Enkulturation – häufig nicht mehr berücksichtigt wird. Es scheint gelegentlich so zu sein, als ob ein grundsätzlich kritisches Verhältnis zu den gesellschaftlichen Bedingungen nicht mehr von so großem Interesse ist.

11. Eine besondere Rolle spielen in der vorliegenden Arbeit die Künste und Künstler. Sie übernehmen traditionell die gesellschaftliche (oft seismographische) Aufgabe der Selbstreflexion der Gesellschaft und der Entwicklungsmöglichkeit des Einzelnen in der jeweiligen Gesellschaft. Beispiele für diese Reflexionsleistung wurden – etwa am Beispiel der Literatur – vorgestellt.

12. Künste sind jedoch nicht nur Medien der Selbstreflexion: Sie sind auch wichtige Medien der Bildung des Einzelnen (zu der Selbstreflexion allerdings dazu gehört). Die Frage stellt sich daher, welche Bildungsleistungen die Künste oder allgemeiner: eine ästhetische Praxis erbringen. In vorgestellten Theorien der Subjektgenese spielt diese Praxis eine wichtige Rolle (etwa bei Reckwitz). Man muss allerdings präziser fragen: Welche Kunstform, welche konkrete künstlerisch-ästhetische Praxis hat im Hinblick auf die „Formung des Subjekts" welche Wirkungen? Dabei ist insbesondere die jeweilige institutionelle Rahmung zu berücksichtigen. Denn auch Künste wirken weder gesamtgesellschaftlich noch bezogen auf den Einzelnen grundsätzlich und immer kritisch oder emanzipativ. Hier ergibt sich eine Fülle von noch nicht bearbeiteten Forschungsfragen.

13. Von der Methode der vorliegenden Arbeit her wird ein historisch-systematischer Weg beschritten. Es wird immer wieder gezeigt, wie und wer im Verlauf der Entwicklung der Moderne diese in ihrer Widersprüchlichkeit und Krisenhaftigkeit reflektiert und bewertet wurde und wie sich dies auf die jeweilige Genese von Subjektivität ausgewirkt hat.

Im letzten Teil wird nunmehr eine spezifische Dimension des Verhältnisses Einzelner/ Umwelt bearbeitet: die Tatsache nämlich, dass der Einzelne grundsätzlich ein lernendes Verhältnis zur Welt hat. Lernen rückt so geradezu in den Mittelpunkt des Mensch-Welt-Verhältnsses. Dabei interessiert mich vor allem ein Lernen, das die ästhetische Dimension des Mensch-Welt-Verhältnisses berücksichtigt. Mit der Vorstellung entsprechender Theorien und Konzepte wird zwar der etwas abstrakte Begriff der Genese und sogar der Formung des Subjekts konkreter. Doch dient auch dieser Teil nur als Grundlage für die weitere Untersuchung von (Selbst-)Bildungsprozessen, so wie sie insbesondere in dem gut ausgebauten System der Bildungs-, Erziehungs-, Jugend- und Kultureinrichtungen stattfindet. Diese letzte Fragestellung kann jedoch hier nicht mehr im Detail bearbeitet werden.

Teil 4:
Kultur lernen –
Die Genese des Subjekts und das Ästhetische

Der Einzelne muss eine Menge lernen, um kompetent und souverän die oben vorgestellten Herausforderungen seiner Kultur bewältigen zu können und ein gelingendes,
gutes und glückliches Leben zu gestalten. Der Begriff des Lernens hat dabei geradezu
die Qualität einer anthropologischen Grundkategorie.

Im folgenden soll daher das Konzept des Lernens aus einer pädagogischen Perspektive entfaltet werden, wobei es mir darum geht, die ästhetische Dimension des
Mensch-Welt-Verhältnisses hervorzuheben.

10. Lernen als Weltaneignung

Vermutlich würden die meisten Menschen, die man nach den wichtigsten pädagogischen
Begriffen befragt, neben Erziehung, Bildung und Schule auch „Lernen" benennen.
Denn die verbreitetste pädagogische Profession ist die des Lehrers oder der Lehrerin,
also eines Menschen, der Lernen ermöglichen oder vielleicht sogar bewirken soll. Und
von denen gibt es über 650.000 in Deutschland. Und all dies findet in einer der fast
40.000 Schulen statt, die in wichtigen Konzeptpapieren „Häuser des Lernens" genannt
werden. Pädagogik als Wissenschaft ist wesentlich als Schulpädagogik entstanden,
wobei – etwa bei Comenius – die Kunst des Lehrens, die Didaktik also, im Mittelpunkt
stand. Letztliches Ziel dieser Anstrengungen war jedoch das Lernen der Kinder und
Jugendlichen. Und auch heute dürfe es eine wesentliche Legitimation für das gut
ausgebaute System der Erziehungswissenschaften sein, sich mit dem Lernen in allen
Lebensphasen zu befassen.

Vor diesem Hintergrund muss es überraschen, dass offensichtlich die Erziehungswissenschaft entweder Probleme mit dem Lernen hat oder sich vielleicht doch nicht so
sehr dafür interessiert, wie es den Anschein hat. Denn wie sonst kann man es erklären,
dass man die „Deutungshoheit" dafür, was „Lernen" eigentlich ist, nahezu vollständig
der (Lern)-Psychologie überlassen hat. Dies hat man so sehr getan, dass heute Bücher
erscheinen, deren erklärtes Ziel in der Wiedergewinnung einer Deutungskompetenz
für den eigentlich „einheimischen Begriff" (Herbart) des Lernens durch die Pädagogik
ist (Göhlich u.a. 2007).

Dass dies nötig ist, belegt ein Blick in beliebige Pädagogik-Bücher. Wer sich zudem
über mögliche Texte zum Lernen informiert, erhält ein großes Angebot an Einführungen
in die Lernpsychologie. Unter diesen dominieren verhaltspsychologische Ansätze, die
etwa in verbreiteten Definitionen des Lernens ihren Niederschlag finden. Demnach
wird Lernen mit beobachtbaren Verhaltensänderungen in Verbindung gebracht.

In diesem Text sollen die Arbeiten zur Lernpsychologie natürlich auch berücksichtigt
werden. Es interessieren mich jedoch vor allem *pädagogische* Zugänge zum Lernen.

Wenn wir eine Konzentration auf das ästhetische Lernen vornehmen, werden wir uns allerdings mit der Psychologie auseinandersetzen müssen. Denn gleichgültig, wie eng oder weit man das Attribut „ästhetisch" fasst: In jedem Fall spielt die ursprüngliche Bedeutung als „sinnliche Erkenntnis", also die enge Verbindung zu Wahrnehmung eine entscheidende Rolle. Und dies ist auf alle Fälle (auch) ein psychologischer Begriff. Hierbei wird es also darauf ankommen, neben dem pädagogischen auch das ästhetische und kunsttheoretische Moment zu berücksichtigen.

Neben dem Diskurskomplex des Lernens und dem der Ästhetik, die bei einer Vermessung des Feldes des ästhetischen Lernens zu berücksichtigen sind, spielen weitere Debatten eine Rolle: Lernen, so viel soll bereits jetzt gesagt werden, wird als eine entscheidende Dimension der Welt- und Selbstverhältnisse der Menschen verstanden. Das heißt, bei der anthropologischen Bestimmung dessen, was den Menschen ausmacht, spielt seine lernende Haltung zu sich und der Welt eine wichtige Rolle. Diese anthropologische Grundlegung des Lernens muss also geleistet werden, auch um zu verdeutlichen, dass zum Lernen mehr gehört als die Anwendung raffinierter Methodentricks.

Mensch ist man jedoch nicht nur auf der eher abstrakten philosophischen Ebene: Wir sprechen über konkrete Menschen in konkreten gesellschaftlichen Kontexten, wobei ein Spezifikum des Lernens darin besteht, dass man es nicht delegieren kann. Das heißt, das Verhältnis des Einzelnen zur Gesellschaft spielt entschieden eine Rolle, wobei sich hierbei sofort Probleme im Hinblick auf Teilhabemöglichkeiten und Zugangschancen stellen. Lernen geschieht – es wurde eingangs bereits erwähnt – im Zuge der Moderne vermehrt in institutionellen Rahmungen. PISA hat dabei gezeigt, dass die Schule in Hinblick auf die von PISA gemessenen Leistungen weniger gut funktioniert als erhofft. Als erstes Fazit – auch für die Gliederung dieser Arbeit – ist also von einer Lokalisierung des ästhetischen Lernens in dem Fünfeck Ästhetikdiskurse, Lerndiskurse, Anthropologie, Soziale Geformtheit und Institution/Organisation auszugehen. Es gibt zudem eine Veranlassung, über Gemeinsamkeiten und Unterschiede des ästhetischen Lernens in den verschiedenen Kunstsparten nachzudenken.

In dem vorliegenden Text geht es dabei um eine erste Vermessung des Feldes, bei der die notwendigen und auch mit erheblicher Intensität erfolgenden Fachdebatten zu praktisch jeder der angesprochenen Fragen und Problemfelder an dieser Stelle nicht geführt werden kann: Es soll in der Vielfalt der Diskurse eine Konzeption herausgefunden werden, die gemessen an dem Stand der Debatten hinreichend tragfähig ist, um bei anstehenden praktischen Problemen eine Orientierung zu geben.

Dies gilt auch für das letzte Kapitel, bei dem es um Lehren geht. Es werden einige Konzeptionalisierungen dieses Kernbereichs pädagogischer Professionalität zusammengestellt, wobei wiederum die institutionelle Rahmung, die „Mesoebene" also, eine wichtige Rolle spielt. Auch in diesem Teil geht es um eine erste explorative Sichtung, um einen „roten Faden" in einem unübersichtlichen Feld zu identifizieren.

Problemstellung und Argumentationswege

Eine pädagogische Wiedereroberung des „Lernens" arbeitet sich vor allem an der verhaltenspsychologischen Dominanz in der Lerntheorie ab. In der Pädagogik hat diese kritische Haltung zwar – wie oben angedeutet – im Mainstream keine große Rolle gespielt. Doch gibt es etwa in der phänomenologisch orientierten Pädagogik (Meyer-Drawe 1984, 2008, Lippitz 2003, Buck 1989) und auch in der entsprechenden Psychologenschule (z. B. Graumann in Braun/Holzkamp 1984) eine lange Traditionslinie, die bis auf Husserls Kampf gegen eine empiristische Psychologie zurückgeht und die in dem Grundlagenbuch „Phänomenologie der Wahrnehmung" von Merleau-Ponty (1966) einen Höhepunkt hat.

Auch in der aktuellen Lernpsychologie, etwa in dem zunehmend auch in der Pädagogik rezipierten Buch „Lernen" von Klaus Holzkamp (1993), spielt die Auseinandersetzung mit behavioristischen Ansätzen eine wichtige Rolle. Doch warum ist das der Fall? Nehmen wir aus einem verbreiteten Lehrbuch der Lernpsychologie (Winkel/ Petermann/Petermann 2006, S. 12) die Definition:

> „Lernen bezieht sich auf relativ dauerhafte Veränderungen im Verhalten oder den Verhaltenspotentialen eines Lebewesens in Bezug auf eine bestimmte Situation. Es beruht auf wiederholten Erfahrungen mit dieser Situation und kann nicht auf angeborene bzw. genetisch festgelegte Reaktionstendenzen, Reifung oder vorübergehende Zustände (z. B. Müdigkeit, Krankheit, Alterung, Triebzustände) zurückgeführt werden."

Was stört an dieser Auffassung? Zunächst einmal geht es um den Menschen als ein aktives Wesen. Lernen ist also nicht – wie in klassischen Modellen des Empirismus – das bloße Auffüllen eines zunächst als leer und passiv angesehenen Behälters (des Gehirns) mit Wissen nach dem Modell des Nürnberger Trichters. Lernen wird zudem mit Erfahrungen in Verbindung gebracht, immerhin ein etablierter Begriff, der auch in der Ästhetik eine wichtige Rolle spielt und auf den wir zurückkommen müssen. Lernen bewirkt zudem eine Veränderung im Menschen: Er kann nach dem Lernen anders (souveräner?) mit Situationen umgehen. All dies macht noch keine Probleme. Im Gegenteil: *Lernen kann hier durchaus als Weg der Lebensbewältigung verstanden werden, womit sich ein Anschluss an den Bildungsbegriff (Bildung als Lebenskompetenz; Fuchs 2008a) ergibt.*

Ein Problem besteht allerdings darin, dass „Verhalten" der Angelbegriff ist. „Verhalten" ist etwas anderes als Handeln oder Tätigkeit, obwohl sich all diese Begriffe auf Aktivitäten des Menschen beziehen. Bei der Rede von Verhalten stellen sich sofort die Verbindungen mit dem klassischen Behaviorismus her, der auf dem Grundmodell Reiz-Reaktion basiert. Menschliches Handeln hat jedoch Motive und Gründe (so vor allem Holzkamp 1993), ist eingebunden in Sinndeutungen der Situationen und geschieht unter Einbeziehung des ganzen Leibes (so die Phänomenologie). Verhalten (so Winkel u.a., Seite 12) ist beobachtbar, muss es sein, um objektiv überprüft werden zu können. Das heißt, die methodische Notwendigkeit einer Überprüfbarkeit bestimmt den Basisbegriff der Definition. Dies kann man zwar akzeptieren, doch hat man es mit einer erheblichen Reduktion von menschlicher Lebenstätigkeit zu tun. Der Verdacht, dass hier ein Modell vom Menschen verwendet wird, bei dem das meiste, das den Menschen ausmacht (nämlich sinnorientiert und motiviert sein Leben in kulturellen Kontexten gestalten zu wollen), nicht auftaucht. Ein ähnlich reduktionistisches Menschbild verwenden übrigens auch die Neurowissenschaften. Um bei der obigen Definition zu bleiben: Der Mensch kann etwa gute Gründe dafür haben, aufgrund von Kenntnissen, Einsichten und Wertungen *nicht* zu handeln. Aus einer Beobachterperspektive sind dann ein Nichthandeln aus Einsicht und ein Nichthandeln aus Dummheit nicht zu unterscheiden.

Dass man auch aus einer verhaltenspsychologischen Sicht zu gehaltvolleren Definitionen kommen kann, zeigte bereits Heinrich Roth im Jahre 1957, als er definierte:

> „Pädagogisch gesehen bedeutet Lernen die Verbesserung oder den Neuerwerb von Verhaltens- und Leistungsformen und ihren Inhalten. Lernen meint aber meist noch mehr, nämlich die Änderung bzw. die Verbesserung der diesen Verhaltens- und Leistungsformen vorausgehenden und sie bestimmenden seelischen Funktionen des Wahrnehmens und Denkens, des Fühlens und Wertens, des Strebens und Wollens, also eine Veränderung der inneren Fähigkeiten und Kräfte, aber auch der durch diese Fähigkeiten und Kräfte aufgebauten inneren Wissens-, Gesinnungs- und Interessensbestände des Menschen. Die Verbesserung oder der Neuerwerb muss aufgrund von Erfahrung, Probieren, Einsicht, Übung oder Lehre erfolgen und muss dem Lernenden den künftigen Umgang mit sich oder der Welt erweitern oder vertiefen." (H. Roth nach Arnold 2009, S. 31).

Was können wir bislang festhalten? Lernen hat etwas mit Lebensbewältigung zu tun. Lernen bezieht sich auf alle Dimensionen des Menschen, erfasst also nicht nur das Wissen und das Kognitive. Lernen hat etwas mit Erfahrungen zu tun. Es gibt auch aus dieser historischen Wissenschaftsentwicklung der Verhaltensforschung erheblich weiterentwickelte Konzeptionen. Ausführungen von H. Roth aus dem Jahre 1963 geben auch hier einen Anknüpfungspunkt. Er unterscheidet

1. „Lernen, bei dem das *Können* das Hauptziel ist, das Automatisieren von Fähigkeiten zu motorischen und geistigen Fertigkeiten.
2. Lernen, bei dem das *Problemlösen* (Denken, Verstehen, Einsicht) die Hauptsache ist.
3. Lernen, bei dem das *Behalten und Präsenthalten von Wissen* das Ziel ist.
4. Lernen, bei dem das *Lernen der Verfahren* das Hauptziel ist (Lernen lernen, Arbeiten lernen, Forschen lernen, Nachschlagen lernen usw.).
5. Lernen, bei dem die *Übertragung auf andere Gebiete* die Hauptsache ist, also die Steigerung der Fähigkeiten und Kräfte (Latein lernen, um einen besseren Einstieg in die romanischen Sprachen zu haben).
6. Lernen, bei dem der *Aufbau einer Gesinnung, Werthaltung, Einstellung* das Hauptziel ist.
7. Lernen, bei dem das *Gewinnen eines vertieften Interesses* an einem Gegenstand das Hauptziel ist (Differenzierung der Bedürfnisse und Interessen).
8. Lernen, bei dem ein *verändertes Verhalten* das Ziel ist"

(Roth 1963, zitiert nach Seel 2000, S. 19).

Diese Überlegungen werden weiterentwickelt zu folgendem Verständnis von Lernen:
    „Lernen zeichnet sich demnach durch folgende Merkmale aus. Es ist
    >> *aktiv*, da jede Informationsverarbeitung kognitive Operationen voraussetzt,
    >> *konstruktiv*, insoweit es mit der Konstruktion von Wissen und mentaler
       Modelle einhergeht,
    >> *kumulativ*, insofern es zum Aufbau komplexer und überdauernder Wissens-
       strukturen und Fertigkeiten beiträgt,
    >> *idiosynkratisch*, so dass keine zwei Personen jemals zu identischen Wissens-
       strukturen und mentalen Modellen gelangen,
    >> *zielgerichtet*, da es mit der Bewältigung von Anforderungen verknüpft ist,
       wie sie von der jeweiligen Situation an den Lernenden herangetragen wer-
       den. Dabei gilt: Eine Verbesserung der Lernfähigkeiten erfolgt durch die
       Einübung begrifflichen und prozeduralen Wissens im Kontext spezifischer
       Wissensbereiche. Lernen und Denken entwickeln sich in weitgehender
       Abhängigkeit von den Inhalten und Begriffen eines Wissensbereichs, wie
       sie in Lernsituationen enthalten sind. Diese schränken das Wissen ein, um
       bestimmten Zwecken und Zielen zu dienen"
    (Glaser, zitiert nach Seel 2000, S. 22).

Dies wiederum weiterentwickelnd führt zu einem komplexen Schema (Abb. 25).

Doch wann und warum lernen wir überhaupt? Man darf bei der Beantwortung dieser
Frage durchaus auf die eigene Expertise als Lernender zurückgreifen. Zum einen lernt
man, um Prüfungen zu bestehen. Diese wiederum sind nötig, um schulisch und später beruflich weiterzukommen. Gelerntes soll zudem helfen, kompetent Aufgaben zu
bewältigen. Offensichtlich lernt man, weil man für die Lösung anstehender Probleme
noch nicht genügend weiß oder kann. Lernen setzt also dann ein, wenn es einen
Widerspruch zwischen erforderlichen und vorhandenen Handlungskompetenzen gibt.
Nun geht man an die Lösung von Problemen nicht mit einem leeren Kopf heran: Jeder
hat bei (fast) allen Problemen ein bestimmtes Vorwissen: Lernen steht also immer in
einer Beziehung zu bereits Gelerntem. Zum einen kommt hierdurch eine Zeitdimension
ins Spiel (Vergangenheit/Gegenwart/ Zukunft), zum anderen ist es oft genug der Fall,
dass das vorhandene Wissen/Können nicht bloß nicht ausreicht, um das anstehende
Problem zu lösen: Es könnte auch falsch sein. Lernen heißt also nicht bloß stets
„Erweiterung", sondern oft genug auch Umlernen. Und man muss es stets selber tun.
Die Betonung liegt dabei zum einen auf dem *selber*: Lernen ist nicht zu delegieren;
zum anderen auf dem *tun*: Lernen ist Handeln.
    Als Ertrag einer Richtung lernpsychologischer Ansätze und einer pädagogischen
Analyse des Phänomens des Lernens kommen Göhlich u.a. 2007, S. 17 auf folgende
definitorische Bestimmung:
    „Lernen bezeichnet die Veränderung von Selbst- und Weltverhältnissen sowie
    von Verhältnissen zu anderen, die nicht aufgrund von angeborenen Dispositio-
    nen, sondern aufgrund von zumindest basal reflektierten Erfahrungen erfolgen
    und die als dementsprechend begründbare Veränderungen von Handlungs- und
    Verhaltensmöglichkeiten, von Deutungs- und Interpretationsmustern und von

Geschmacks- und Wertstrukturen vom Lernenden in seiner leiblichen Gesamtheit erlebbar sind; kurz gesagt: Lernen ist die erfahrungsreflexive, auf den Lernenden sich auswirkende Gewinnung von spezifischem Wissen und Können." (Göhlich u.a. 2007, S. 17).

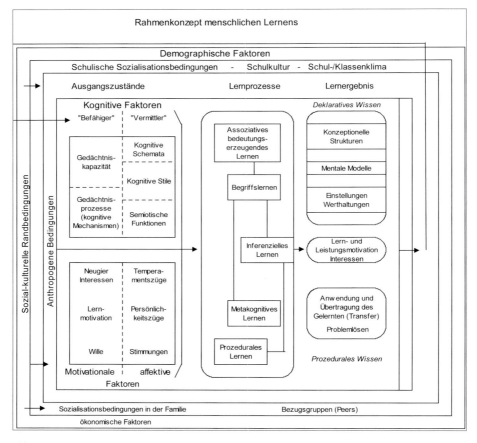

Abb. 25
(Quelle: Seel 2000, S. 27)

Was können wir – auf der Grundlage der bisherigen Überlegungen, weiterer Literatursichtungen und im Vorgriff auf spätere Darstellungen – über Lernen nunmehr sagen?

Lernen ist

>> Reiz-Reaktionszusammenhang
>> Verhaltensänderung
>> Erfahrung, besser: reflektierte Erfahrung
>> Teil der Lebensbewältigung
>> auf Lösung von Aufgaben und Problemen ausgelegt
>> Erweiterungs- oder Umlernen
>> eine Aktivität des ganzen Leibes
>> Handeln
>> sinnbezogen und erfolgt aus Gründen
>> Auseinandersetzung mit Widerständen
>> Reaktion auf eine Störung
>> ein bedeutungsgenerierender und bedeutungsvoller Prozess der Erschließung wie Einschränkung von Wahrnehmungs-, Denk- und Handlungsmöglichkeiten (Meyer-Drawe 2008, S. 48)
>> Erfahrungen über Erfahrungen zu machen
>> Aneignung
>> Subjektivieren von Objektivem
>> Erfassen von Welt und Selbst
>> Bedingung der Gestaltung von Welt
>> Ergebnis einer Unzufriedenheit mit oder sogar Leidens an der Unzulänglichkeit des Jetztzustandes
>> Teil der Subjektkonstitution
>> Teil der Selbstkultivierung und Selbstgestaltung
>> Ausloten von Existenz-Möglichkeiten
>> „Modifikation synoptischer Übertragungsstärke" (Spitzer)
>> biographischer Transformationsprozess (Alheit)
>> Konstruktion
>> defensiv oder expansiv, d. h. trägt dazu bei, in bestehenden Strukturen besser zu funktionieren oder ist die Grundlage dafür, die Existenzbedingungen mit zu verändern (Holzkamp)
>> notwendig zur Entwicklung von Handlungsfähigkeit

Abb. 26

Man wird es bemerkt haben, dass einige der angeführten Bestimmungsmomente des Lernens nicht systematisch entwickelt worden sind. So gesehen funktioniert die Auflistung als „advanced organizer", so der Lernpsychologe Ausubel, also eine Vorabformulierung des anvisierten Zieles.

Anthropologische Grundlagen

Der Mensch ist ein kulturell verfasstes Wesen. Dies bedeutet, dass er als Teil der Natur zwar auch Teil der Phylogenese des Lebendigen ist, es ihm allerdings gelingt, aus der Naturgesetzlichkeit der Evolution auszubrechen. In der Frühgeschichte nennt man die Zeit, in der dies geschah, Tier-Mensch-Übergangsfeld. Damit hat man zwar einen Namen für den Zeitabschnitt gefunden, weiß allerdings noch nicht, was exakt geschehen ist. Zur Zeit handelt es sich noch um eine black box, obwohl es intensive Forschungen dazu gibt, die konkreten Abläufe genauer zu bestimmen (Tomasello 2006, 2010). Was sich allerdings abzuzeichnen scheint, ist eine Bestätigung von theoretischen Konzepten, die bereits in den 1920er Jahren entwickelt wurden und die daher guten Gewissens als zumindest hoch plausible Konstrukte weiterer Überlegungen zugrunde gelegt werden können. Ich denke hier vor allem an die Arbeiten von Helmut Plessner (1976) und Ernst Cassirer (1990). Es mag durchaus als Bekräftigung dieser Annahme gelten, dass man in Debatten um ästhetisches Lernen oder zur kulturellen bzw. ästhetischen Bildung häufig auf diese Autoren zurückgreift. So hält Mattenklott (1998, S. 171) für die Theorie und Praxis ästhetischer Bildung vier Richtungen für besonders fruchtbar: Die Symboltheorie Ernst Cassirers und seiner Schülerin Susanne Langer; die psychoanalytische Symbolbildungstheorie von Winnicott; die phänomenologischen Forschungen zum Leib und zu den Sinnen (Plessner, Merleau-Ponty, Strauss etc.), die entwicklungspsychologischen Ansätze etwa von Howard Gardener. Dies deckt sich zum großen Teil mit den Referenzautoren von Aissen-Crewett (1998).

Der Grundgedanke von Plessner (1976) besteht darin, dass es dem Menschen als einzigem Wesen gelingt, in eine „exzentrische Positionalität" zu gelangen: Er tritt quasi virtuell neben sich und kann sich so zum Beobachter von sich selbst machen. Zentrale Konzepte ergeben sich hieraus (vgl. ausführlicher Fuchs 2008, 1999):
>> Der Gedanke der Reflexivität auf der Basis einer so gewonnenen Distanz zur Unmittelbarkeit seiner Lebensvollzüge.
>> Dadurch entsteht die Möglichkeit zur Bewusstheit, was wiederum die Grundlage für
>> seine bewusste Lebensführung ist.
>> Der Mensch ist hierbei Leib, also ganzheitlich in die Prozesse der Lebensgestaltung eingebunden.

Bereits aus dieser knappen Skizze wird deutlich, dass „Bildung" als Entwicklung eines bewussten Verhältnisses zu sich, zu anderen, zur Natur und Kultur und zur Zeit sich quasi zwanglos diesen anthropologischen Thesen ergibt. Bildung ist so gesehen die menschliche Art und Weise der Lebensbewältigung, sie ist ein nicht endender Prozess und sie kann nur durch das Subjekt selbst geschehen.

Auch die Kategorie des Subjektes lässt sich so einführen. Zwar hat man weitgehend Abschied genommen von der Idee eines allmächtigen Subjektes, das umfassend die Bedingungen seines Lebens kontrolliert (Meyer-Drawe 1990). Doch bleibt eine hinreichend tragfähige Vorstellung einer auf eine Person bezogenen Handlungsfähigkeit, die das Subjekt hinreichend charakterisiert (Fuchs 2008, Reckwitz 2006). Die Erreichung einer Subjektivität als (relativer) Steuerungsfähigkeit der Bedingungen seines

Lebens ist das zentrale Bildungsziel, sodass Bildung und Subjekt(ivität) aufs engste miteinander verknüpft sind. Dieser Prozess wird nicht passiv erlitten, sondern aktiv gestaltet: Daraus ergibt sich die Notwendigkeit der Kategorie der Tätigkeit. Tätigkeit lässt sich in „einfache Grundmomente" unterteilen:

Subjekt – Mittel – Objekt

Es ergibt sich so als weiteres Element das Gegenüber des Subjekts, das zu bewältigende Objekt: Menschliche Tätigkeit hat ein Ziel, einen Gegenstand, nutzt verschiedenste Mittel und geschieht immer schon in einem sozialen Kontext, in einer kulturell aufgeladenen Situation. Ernst Cassirers „Philosophie der symbolischen Formen" zeigt, wie der Mensch diesen Prozess der Selbst- und Weltaneignung gestaltet: Er „erfindet" symbolische Formen des Weltzugangs (Sprache, Kunst, Politik, Wirtschaft, Technik, Mythos, Religion, Wissenschaft), die alle je eigene Bilder von der Welt, also spezifische „Wirklichkeiten", zu produzieren gestatten. Alle symbolischen Formen erfassen die Welt als Ganzes, jede allerdings unter einem spezifischen Brechungsindex (Abb. 27)

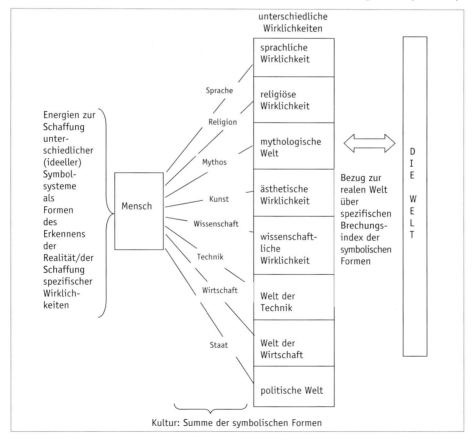

Abb. 27: Symbolische Formen als Weisen der Welterzeugung

Was hat dies mit Lernen zu tun? Man kann davon ausgehen, dass alle Verhältnisse des Menschen zu sich und zur Welt sich entwickeln müssen: Der Mensch hat grundsätzlich eine lernende Haltung zur Welt. Es lassen sich dabei drei „anthropologische Grundgesetze des Lernens" identifizieren:

1. Der Mensch ist auf Lernen angewiesen, er ist lernbedürftig. Denn mit seiner Geburt hat er nahezu gar keine überlebensrelevante Kompetenzen.
2. Der Mensch ist auf Lernen hin angelegt, er ist lernfähig. Dies ist, wenn man so will, seine evolutionäre Mitgift.
3. Er lernt ständig und überall.

Lernen hat also naturgeschichtliche Wurzeln. Lernen wird aber dann auch kulturgeschichtlich geformt (Scheunpflug 2001a und b); siehe aber auch die Studien zur Naturgeschichte des Psychischen im Kontext der kulturhistorischen Schule – Wygotski, Leontiew u.a. – und der Kritischen Psychologie – Klaus Holzkamp 1983).

Im Rahmen der Tätigkeitstheorie – und nicht nur dort – lassen sich weitere Prinzipien erkennen. Ein zentraler Mechanismus der Menschwerdung (phylo- und ontogenetisch) ist

>> das Prinzip der Aneignung und Vergegenständlichung.

Dies meint, dass der Mensch Dinge (und Prozesse) so gestaltet, dass sie für sein Überleben relevant sind. Dies macht die „Bedeutung" der Dinge und Prozesse aus. In den gestalteten Dingen und Prozessen ist dann – die vorgängige Erfahrung inkorporiert vergegenständlicht. Durch Gebrauch dieser Dinge – man denke etwa an den Gebrauch von Werkzeugen – eignet man sich das in dem Werkzeug geronnene Erfahrungswissen an, macht es „flüssig" und so nutzbar für sich.

Aus diesem Prozess erklärt sich als weiteres Prinzip

>> das Kumulative des Prozesses.

Es muss daher nicht jede Generation vom Nullpunkt an beginnen. Jeder wird in eine bereits gestaltete (was eben auch heißt: bereits mit Sinn und Bedeutung angefüllte) Umgebung hinein und nimmt quasi en passant das hier verkörperte (Überlebens-)Wissen in sich auf.

Im Hinblick auf das Lernen lässt sich aus diesen Überlegungen festhalten:

>> Lernen hat Überlebensrelevanz in einem bestimmten kulturell definierten Milieu
>> Lernen bezieht sich auf Wissen und Können und letztlich auf das Leben
>> Lernen ist eng verbunden mit dem Leib in all seinen Dimensionen
>> Lernen ist Tätigkeit.

Letzteres ist zu präzisieren. Der Mensch muss tätig sein Leben bewältigen. Es lassen sich so verschiedene Tätigkeitsformen unterscheiden: Arbeit, aber eben auch Spiel, Lernen, Soziales Handeln, politisches Handeln, ästhetisches Handeln.

Diese Kategorien lassen sich jedoch nur analytisch voneinander unterscheiden. Denn es ist jede Arbeitstätigkeit gleichzeitig ein sozialer Prozess, setzt politische Grundentscheidungen über Arbeitsteilung voraus (und bestätigt diese performativ), ein ästhetischer Prozess, und alles ist begleitet von der Unvermeidbarkeit des Lernens. Auch die Bereiche der Persönlichkeit (Kognition, Emotion und Motivation, Phantasie etc.) sind nur analytisch zu trennen (selbst falls es zutrifft, dass bestimmte Regionen des Gehirns sich auf bestimmte Teilaufgaben spezialisiert haben). Dies betrifft auch die seit der Antike gewohnte Aufteilung des Mensch-Welt-Verhältnisses in

>> Wissenschaft/theoretischer Zugang
>> Ethik und Moral / praktischer Zugang
>> Kunst und Ästhetik / ästhetischer Zugang.

Man kann – etwa in Anschluss an Kategorien von Kant – das folgende Modell (Abb. 28) betrachten.

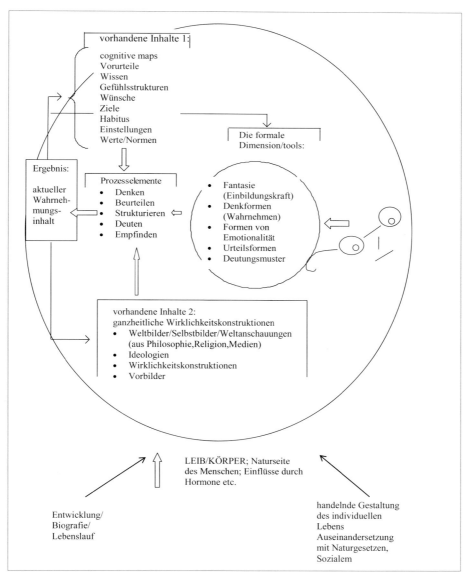

Abb. 28 Wirklichkeitskonstruktion

Die Graphiken Abb. 29 und Abb. 30 fassen die Überlegungen zusammen:

Die Kritische Psychologie trifft eine auch in unserem Kontext nützliche Unterscheidung: Sie thematisiert Entwicklung und den Aspekt der Phylogenese (die naturgeschichtliche Gewordenheit der Bedingungen der Möglichkeit der Anthropogenese); die Anthropogenese sowie die von Menschen selbst gemachte Geschichte; die jeweils historisch konkreten gesellschaftlichen Umstände sowie die Ontogenese.

Subjektivität kann dabei als der jeweilige Anteil an den historisch-konkreten, gesellschaftlich vorhandenen Verfügungsmöglichkeiten zur Gestaltung des Lebens verstanden werden. Macht man einen Sprung von der Anthropologie zur Jetzt-Zeit, so lässt sich die Komplexität heutiger Subjektkonstitution an der Abb. 2 in der Einleitung erkennen.

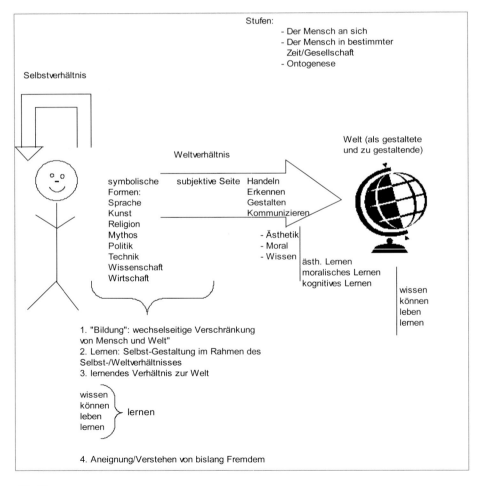

Abb. 29

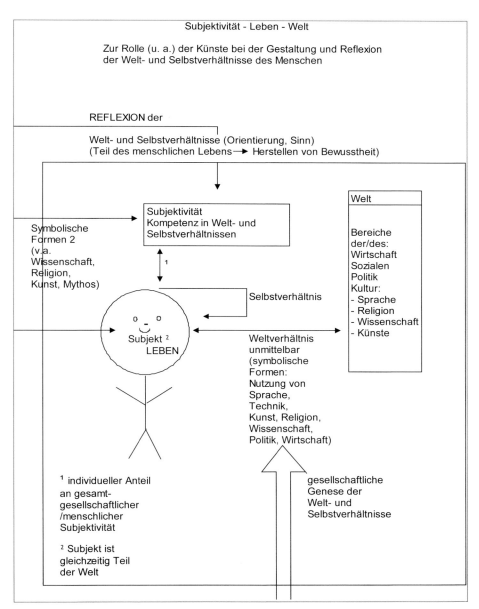

Abb. 30

11. Kunst, Ästhetik und die ästhetische Erfahrung

Ästhetik als Disziplin gibt es erst seit Mitte des 18. Jahrhunderts. A. Baumgarten hat sie – gegen den dominierenden kontinentalen Rationalismus gewendet – als Theorie der sinnlichen Erkenntnis eingeführt. Damit hat er Anschluss an die griechische Wortbedeutung „aisthesis" gefunden. Natürlich werden Fragen der Kunstqualitäten, v.a. der Schönheit, seit der Antike diskutiert, doch nicht unter der Rubrik der Ästhetik (vgl. Fuchs 2011b). Ebenso hat sich erst seit dieser Zeit die Autonomisierung der Künste vollzogen. Kunst war – v.a. auf der Grundlage des griechischen Begriffs der techne und seiner lateinischen Übersetzung der ars – eine „Kunst" im Sinne eines regelgeleiteten Handelns. Es war also eher ein Begriff, der sich auf das Handwerk, die „mechanischen Künste", bezog. Ein erster Kampf erfolgte daher, Künste (die bis Baumgarten jede für sich betrachtet werden) als artes liberales, als freie Künste zu betrachten, um aus den engen Vorschriften der Zünfte herauszukommen, die die mechanischen Künste organisierten.

Autonomisierung ist dabei ein durchgängiges Prinzip, wobei im antiken Griechenland zunächst die Künste die geistige Hegemonie hatten: Platon kämpfte für das Deutungsrecht der Philosophie gegen Homer und er kämpfte gegen die Künste in der Polis (Ausnahme Musik), obwohl er selber Schriftsteller von hohen Graden war. Es kämpften dann die Künste später gegen den einengenden Zunftzwang, dann gegen ihre (adligen) Auftraggeber. Mit der Durchsetzung des Marktes im 19. Jahrhundert gewann man diese Freiheit, doch entwickelte sich dann in den einzelnen Sparten das jeweilige System von Menschen und Institutionen, die es mit der Herstellung und Verbreitung von Kunst zu tun hatten (von der Ausbildung in den Kunstakademien über den Handel zu den Museen und Kritikern – hier am Beispiel der Bildenden Kunst). In diesen Kunstsystemen gibt es einen ständigen Streit zwischen den Beteiligten, wer die Definitionsmacht über Kunst hat. Künstler beteiligten sich an dieser Debatte zwar auch mit Diskussionsbeiträgen, vor allem aber performativ durch ihre eigenen Kunstproduktionen, die immer auch als Stellungnahme zum vorherrschenden Kunstbegriff verstanden werden kann. Die dichte Abfolge von Ismen spätestens seit der 2. Hälfte des 19. Jahrhunderts hat daher sowohl marktbedingte („Innovation") als auch kunsttheoretische Gründe.

Für das ästhetische Lernen spielt diese hier nur grob skizzierte Entwicklung durchaus eine Rolle. Denn es geht bei all diesen Auseinandersetzungen darüber, was eigentlich Kunst ist, auch um Qualitätsmaßstäbe: Das professionelle und selbstreflexive System Kunst ist ein hochrelevantes Referenzsystem auch für das ästhetische Lernen. Das heißt allerdings nicht, dass der Künstler als Rollenmodell oder die professionelle künstlerische Produktionsweise unmittelbar als Muster für pädagogische Prozesse dienen könnten. Denn die existentielle Unbedingtheit, mit der sich Künstler auf künstlerische Prozesse einlassen, ihre gesellschaftliche Funktionalität (sei es als Bohème oder als staatstragend), ihre Selbstausbeutung, ihre Überschreitung von Grenzen sind pädagogisch zu reflektierende Dimensionen, die nicht (sofort) auf die Arbeit mit Kindern oder Jugendlichen übertragen werden können. Zudem ist genau zu reflektieren, wie die Kunstideologien und hierbei vor allem kunstreligiöse Vorstellungen, die zum Beginn des 19. Jahrhunderts entstanden sind (eben weil die Künste auch eine ideologische Rolle bei der Konstitution des – v.a. deutschen – Bürgertums spielten), zu berücksichtigen sind. Bis heute finden sich solche Ideologeme in zahlreichen Legitimationen von Kunstausgaben. Zu dieser Debatte gehört auch der Umgang mit dem schwierigen Konzept der Autonomie (vgl. zu allem Fuchs 2011). Es kann hier nicht – auch nicht in Grundzügen – eine Ästhetikkonzeption entfaltet werden. Allerdings ist festzustellen, dass in pädagogischen Kontexten eine durchaus elaborierte Ästhetik-Debatte geführt wird. Das betrifft zumindest vier Diskurse:

>> Zum ersten werden in den Fachdebatten zu den einzelnen künstlerischen Schulfächern (Theater, Bildende Kunst, Musik, aber auch Literatur und Tanz) fachspezifische Ästhetikdiskurse geführt.

>> Ästhetik als Reflexionsinstanz für *alle* Künste findet in meiner Wahrnehmung vor allem im Bereich der Grundschulpädagogik (Mattenklott 1998, Aissen-Crewett 1998) und in der Sozialarbeit (Jäger/Kuckhermann 2004) auf hohem Niveau statt.

>> Neben der Ästhetik als Bezugsdisziplin für die spezialisierten Felder ästhetischen (musikalischen, bildnerischen, theatralen) Lernens gibt es seit den 1980er Jahren eine Debatte über Ästhetik als Dimension für die gesamte Pädagogik (Koch u.a.1994)

>> Und schließlich gibt es mit der Postmoderne seit den 1970er Jahren eine Ästhetikdebatte in der Gesellschaftsdiagnose. Die Postmoderne kann geradezu als Ästhetisierung der Gesellschaftsdiskurse verstanden werden.

All diese Debatten sind zwar auch relativ autonom und haben z. T. eigene wichtige Referenzautoren. So spielt etwa Schiller eine zentrale Rolle in allen Pädagogikdebatten, die Postmoderne-Diskurse nehmen ihn dagegen kaum zu Kenntnis. Die Debatten sind allerdings auch lose miteinander gekoppelt (Abb. 31).

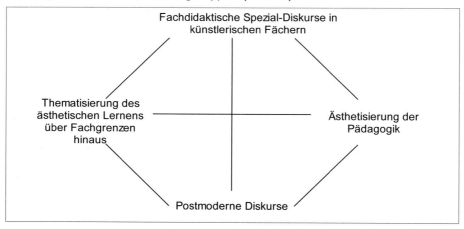

Abb. 31

Im folgenden sollen einige ausgewählte, pädagogisch relevante Themen aus der Ästhetik aufgegriffen werden.

1. Ästhetik im klassischen Verständnis als aisthesis hat es mit sinnlicher Erkenntnis zu tun.
   >> Es geht hier um (auch erkenntnistheoretische und wahrnehmungspsychologische) Fragen der Sinne und der Sinnlichkeit des Menschen, ihre entwicklungsgeschichtliche Genese und ihre sozialgeschichtliche Formung (Wulf 1997).

>> Es geht um den Status der Wahrnehmung und der verschiedenen Theorien dazu.
>> Es geht um Fragen der Aufmerksamkeit, der individuellen Disposition der Wahrnehmung generell und speziell im Umgang mit ästhetischen Aspekten an Wahrnehmungsobjekten
>> Es geht um die Beziehung zwischen Wahrnehmung und Intellekt.

All diese Themen sind Gegenstand nicht nur des Ästhetik-Buches von Kant (Kritik der Urteilskraft), sondern auch seiner Grundlegung der theoretischen Erkenntnis (Kritik der reinen Vernunft).
In der Pädagogik hat dies dazu geführt, von „aisthetischem" im Unterschied zu „ästhetischem" Lernen zu sprechen.
Die Thematisierung der Sinne, also der Ausstattung des Körpers, das diesen in die Lage versetzt, in eine Erkenntnisbeziehung zur Welt (und zu sich) zu treten, ist ein Schwerpunkt in einer phänomenologischen Zugriffsweise: Es geht um den Leib (in Abgrenzung zu dem physikalisch verstandenen Konzept des Körpers) in seiner Lebenswelt.
>> Zu diesem Themenkomplex gehört auch die Frage, wie Erfahrungen zustande kommen (etwa durch Reflexion der Perzeption). Auch geht man von einem durchgängig reflexiven Charakter der Sinnlichkeit und der Erfahrungen aus: Man sieht eben nicht nur einen Gegenstand, sondern man erlebt sich hierbei auch als Sehenden und macht beim Sehen zugleich Erfahrungen über das Sehen.
>> Ingesamt bekennt sich heute kaum jemand zu dem Sensualismus, so wie in Locke (in Verteidigung der Sinne gegenüber ihrer Vernachlässigung im kontinentalen Rationalismus in Anschluss an Descartes) konzipiert.
>> Zugleich gehört in diesen Kontext die Frage, wie sich Begriffe oder sogar die Kantschen „Kategorien" entwickeln. Die vermutlich bekannteste, aber auch umstrittene Konzeption hat Jean Piaget vorgelegt. Andere Konzeptionen stammen etwa aus dem Umkreis der kulturhistorischen Schule (in Anschluss an Wygotski oder Leontiew). Diese Debatten sind hochrelevant für das ästhetische Lernen. Ein wichtiger Aspekt ist etwa, dass das wahrnehmende Subjekt keine passive Aufnahme fertiger äußerer Einflüsse erlebt, sondern aktiv an der „Produktion oder Konstruktion" von Wahrnehmungen und Erfahrungen mitwirkt. Aktivität, Handeln oder Tätigkeit werden also – je nach theoretischer Orientierung – zu zentralen Kategorien. Ich bevorzuge die Kategorie der Tätigkeit, die weitere schon genannte Kategorien nach sich zieht: Aneignung und Vergegenständlichung, die „einfachen Momente" Subjekt – Mittel – Objekt etc. (Als methodische Gliederungshilfe dient mir auch der Darstellung der Ästhetikdiskurse in Fuchs 2011, s. Abb. 32).

2. Ein zweiter Komplex betrifft das spezifisch Ästhetische am ästhetischen Lernen, speziell also die Frage, worin der Unterschied zwischen aisthetischem und ästhetischem Lernen besteht. Offensichtlich muss man sich hierbei genauer mit Bestimmungen des Ästhetischen befassen. Ich gebe einige Graphiken aus Fuchs 2011 wieder. Unter Nutzung des Tätigkeitskonzeptes kann man relevante Themen der Ästhetik wie in Abb. 32 gezeigt zuordnen.

Zentrale Kategorien bzw. Ästhetikansätze	SUBJEKT (z. B. Kant)	TÄTIGKEIT (z. B. Dewey)	OBJEKT (z. B. Hegel)
	>> aisthesis i. S. von sinnlicher Erkenntnis >> ästhetische Erfahrung >> ästhetische Wahrnehmung >> ästhetische Bewertung/ ästhetische Urteilskraft >> Katharsis >> Geschmack >> ästhetisches Verstehen >> Sinne (Auge, Ohr, Nase, Mund, Tastsinn) >> ästhetische Rationalität >> zwischen Subjekten: ästhetische Kommunikation >> Spüren, Leib >> Erfahren von Gegenständlichkeit >> Menschen im Raum (Stadt, Haus), d. h. Relevanz von Architektur und Stadtplanung	>> künstlerisch-ästhetische Praxis: Rezeption >> Produktion >> Formung, Gestaltung (Poiesis) >> Konstruktion >> Bewegung in gestalteten Räumen >> Dichten, Musizieren etc. als symbolische Tätigkeiten >> „symbolische Arbeit" (Willis)	>> das KUNSTWERK >> Geschichte der Künste (Kunst-, Literatur- etc. -geschichte) >> Verkörperung/ Vergegenständlichung >> ästhetische „Ontologie" >> Baukultur; geformte Gegenstände >> Design, angewandte Kunst
	Rezeptionsästhetik	Produktionsästhetik	Werkästhetik

Abb. 32
Annäherungen an die Ästhetik aus der Perspektive von Subjekt, Tätigkeit und Objekt

Auf der Basis von Kleimann 2002 lässt sich das ästhetische Weltverhältnis erfassen wie in Abb. 33 gezeigt.

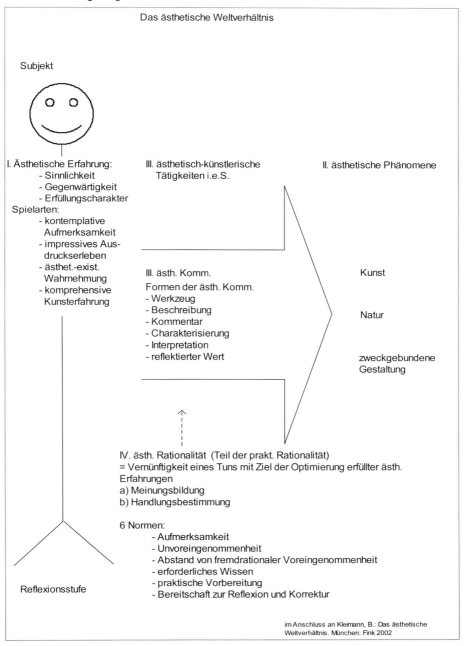

Abb. 33

Eine nützliche Unterscheidung nehmen die Graphiken 34 und 35 vor

Sinnliche Wahrnehmung

Ästhetische Wahrnehmung　Ästhetische Reflexion

Ästhetische Erfahrung

Abb. 34 Ästhetische Erfahrung

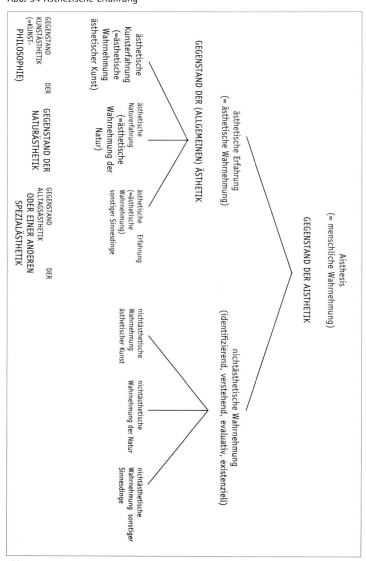

Abb. 35
Die unterschiedlichen Gegenstandsbereiche von Aisthetik, Ästhetik und Kunstästhetik

Es lässt sich auf dieser Grundlage also folgende Beziehung herstellen (Abb. 36)

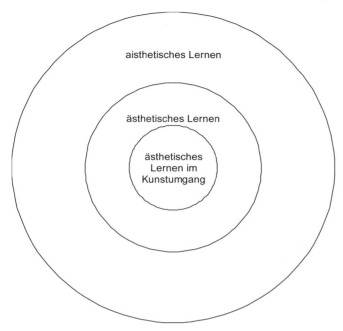

Abb. 36

Am Beispiel der Reflexivität lässt sich das Spezifische einer kunstorientierten ästhetischen Weltwahrnehmung dadurch erklären, dass zu dem Aspekt der Perzeption und der
Reflexion noch dazu kommt, dass man bei dem Umgang mit Kunst mit einer gewissen
Vorerwartung auf den betreffenden Gegenstand oder Prozess zugeht: Man weiß, dass
es sich um ein bewusst gestaltetes Objekt handelt, bei dem die (nicht eindeutig zu
beantwortende) Frage erlaubt ist: Was hat sich der Künstler dabei gedacht? Man weiß
zudem, dass der „richtige" Umgang mit Kunst eine ästhetische Eingestimmtheit ist,
also etwa die zeitweise Loslösung aus der Funktionalität des Alltags und eine damit
verbundene Handlungsentlastung. Man darf neugierig darauf sein, wie der Künstler
seine Selbst- und Weltwahrnehmung gestaltet hat. Ein Kunstwerk ist zudem ein gestalteter Kosmos für sich, sodass man nach den Gestaltungsprinzipien dieses Kosmos
fragen kann.

    All dies kommt in Vorstellungen und Zielen des ästhetischen Lernens zum Ausdruck,
wenn – durchaus im Konsens – formuliert wird, dass es beim ästhetischen Lernen (also
bei jeder Auseinandersetzung mit der ästhetischen Dimension von Wahrnehmungsobjekten) darum geht, ästhetische Erfahrungen (die entsprechend ermöglicht werden sollen)
zu machen, aisthetische Reflexionen zu üben (also etwa Wert- und Qualitätsmaßstäbe
zu entwickeln, anzuwenden, zu kommunizieren und ggf. zu revidieren).

Als eher assoziative Sammlung von Bestimmungen von Kunst, die jede für sich umfangreich begründet werden kann, mag die folgende Auflistung (Abb. 37) dienen.

Was Kunst ist

>> das Allgemeine im Besonderen und Einzelnen
>> das Unsichtbare im Sichtbaren
>> das Gute und Wahre im Schönen
>> das Soziale im Individuellen
>> das Rationale im (scheinbar) Nicht-Rationalen
>> das Objektive im Subjektiven
>> das Geschichtliche im Gegenwärtigen
>> das Kognitive im Wahrnehmbaren/Sinnlichen
>> eine Möglichkeit, Kontingenz zu erleben
>> eine Erinnerung des Einzelnen an die Menschheit („in ästhetischer Katharsis gelangt das
     partikulare Alltagsindividuum zum Selbstbewusstsein der Menschengattung"; Lucacs)
>> gleich ursprünglich wie Sprache, Religion, Mythos, Wissenschaft, Wirtschaft und Politik
     als symbolische Form (i. S. von Cassirer)
>> eine Weise der Welt- und Selbstwahrnehmung
>> eine Weise der Welt- und Selbstgestaltung
>> Erleben von Freiheit (Kontingenzerfahrung/Möglichkeitswelten)
>> Lust am Schöpferischen
>> Umgang mit Symbolen (Das Symbol = Beziehung zwischen Sinnlich-Wahrnehmbarem
     und Bedeutung)
>> Bedeutungsvielfalt (das „offene Kunstwerk"; Eco)
>> auf der Seite des Subjekts: ästhetische Wahrnehmung (man weiß, dass es Bedeutung(en)
     gibt, man wird animiert zum Nachdenken über die Bedeutung(en), man ist entlastet,
     weil man nicht ein einzige („wahre") Bedeutung herausfinden muss)
>> eine Vielzahl von Kunstwirkungen, vielleicht sogar von Kunstfunktionen

---

Abb. 37

Es liegt auf der Hand, dass sich ein pädagogisch interessierter Zugang zur Ästhetik vor allem dafür interessiert, was im rezipierenden und produzierenden Subjekt geschieht. Die zentrale Kategorie hierfür ist die der *ästhetischen Erfahrung*. Im Zuge der Entwicklung der Ästhetik und des Diskurses über das (Kunst- oder Natur-)Schöne kann man über die Zeiten eine Verschiebung des Interesses vom Werk zum Subjekt feststellen. Diese Entwicklung beginnt im 18. Jahrhundert, hat mit der „Kritik der Urteilskraft" von I. Kant einen Höhepunkt, erhält zwar durch die objektorientierte Ästhetik Hegels eine Konkurrenz, aber bleibt seither zentral. Auch die Entwicklung einer psychologischen Ästhetik im 19. Jahrhundert, die Versuche einer empirischen Erfassung von Kunstaktivitäten verstärkt diese Subjektorientierung. Küpper/Menke (2003, S. 7f) beschreiben dies:

„ ,Ästhetische Erfahrung' ist der Leitbegriff, der die Diskussion der Ästhetik
seit ihrem bis heute nachwirkenden Neueinsatz in den späten sechziger und
frühen siebziger Jahren des 20. Jahrhunderts geprägt hat". Dieser Ansatz ...
„wendet sich ab von einem Bild in sich ruhender Gegenstände und hin zu den
Prozessen der Aneignung, Beurteilung, Verwendung und Veränderung, die sich
auf diese Gegenstände richten."

Vor diesem Hintergrund ist es wichtig, genauer darüber informiert zu sein, was Erfahrung eigentlich ist (so die Frage des phänomenologisch orientierten Philosophen und Psychiaters Thomas Fuchs 2003).

Explizit spricht er von einer „Kunst der Wahrnehmung". Zu dieser gehört es, ein „Gefühl für Stil, Charakter und Eigentümlichkeit der Dinge" zu entwickeln. Eine pädagogisch relevante Schlussfolgerung zog seinerzeit schon Selle/Boehe 1986, als er über „ein Leben mit den schönen Dingen" schrieb und sich auch intensiv mit Design befasste. Wenn heute eine wichtige Forderung „Die Schule muss schön sein!" lautet, so bezieht dies die Rolle des Leibes im gestalteten Raum ein, wobei Atmosphäre, Stimmung etc. – also die phänomenologischen Kernbegriffe, die kaum quantitativ erfassbar sind – relevant werden. Wahrnehmung, so Fuchs (a.a.O.) weiter, wird zur Kunst durch Können, was einen geübten Umgang mit den Dingen einbezieht. Nicht von ungefähr zitiert er das Beispiel eines Fischers (von M. Serre), der zeitlebens ohne Karte und Navigationsgeräte ausgekommen ist. Die Kategorie der Navigation (so bereits Röll, etwas früher schon von H. Glaser vorgeschlagen) und der Orientierung, die der Sinne bedürfen, spielt eine Rolle (Stegmeier 2008).

Bemerkenswert seine Elemente der Erfahrung.

1. „Erfahrung erwirbt man durch *Wiederholung*. Denn sie bezieht sich nicht auf einmalige Ereignisse oder Erinnerungen, sondern auf das Wiederkehrende, Ähnliche, Typische; sie stellt einen Extrakt aus vielen Einzelerlebnissen dar.

2. Erfahrung resultiert somit aus erlebten *Situationen* – „Erfahrungen" – d. h. unzerlegbaren Einheiten leiblicher, sinnlicher und atmosphärischer Wahrnehmung. Im Erlebnis des Meeres, des Windes, der Schiffsbewegung wirken Sehen, Hören, Tasten, Geruch, Gleichgewichtssinn u.a. synästhetisch zusammen. Die Analyse dieser Erfahrung in Einzelmomente führt nicht mehr zurück zum ganzheitlichen Wahrnehmungseindruck, der die Situation ausmacht.

3. Situationen sind zentriert auf den Leib: Der Erfahrene bewegt sich nicht im abstrahierten Raum der Landkarte oder der Geographie, sondern im Raum der „*Landschaft*", strukturiert durch leibliche Richtungen, rechts und links, hier und dort, Nähe und Ferne, Zentrum und Horizont.

4. Die situative Einheit der Erfahrung schließt die Beweglichkeit des Leibes ein: „Erfahren" ist eine *Tätigkeit*. Erst der Gestaltkreis von Wahrnehmungen und Eigenbewegung, von „Bemerken" und „Bewirken" vermittelt die persönliche Kenntnis der jeweiligen Materie und erlaubt schließlich den geschickten Umgang mit ihr.

5. Erfahren bedeutet andererseits auch ein *Erleiden*, nämlich Begegnung mit dem Fremden, Unbekannten, Anderen; daher hat sie es mit dem *Widerstand*, der Widrigkeit der Dinge zu tun. Erfahren ist, wer gelernt hat, Gegenkräfte zu überwinden oder ihnen auszuweichen, Umwege zu gehen, Hilfsmittel zu gebrauchen und Listen zu finden.

6. Dabei entwickelt der Erfahrene einen besonderen Sinn für Charakter, Stil und *Physiognomie* seines Gegenstandes. Seine Wahrnehmung wird einerseits reich an Unterscheidungen und Nuancen, andererseits erweitert sie sich oft um einen „siebten Sinn", ein Gespür oder Vorgefühl, also eine intuitive, ganzheitliche Erfassung der Atmosphäre einer Situation.

7. Dieses Wahrnehmen, Wissen und Können des Erfahrenen ist immer nur un-
   vollständig in Worte zu fassen. Als *„implizites Wissen"* aktualisiert es sich
   im praktischen Vollzug, lässt sich jedoch in diskursiven oder axiomatischen
   Sätzen nicht hinreichend aussagen. Erfahrung kann daher auch letztlich nur
   durch Vorbild gelehrt und durch Nachahmung erlernt werden.
   (Thomas Fuchs in Hanskeller 2003, S. 70f.).

Erfahrung entsteht durch Aktivität, hat eine zeitliche Dimension (sie wurde früher
gemacht, um für später gerüstet zu sein), sie ist Abarbeiten an Widerständen („Wi-
derfahrnisse"), sie führt zu *intuitivem* Wissen und Können, zu implizitem Wissen.
Genau dies thematisiert Pierre Bourdieu (1998) als praktischen Sinn, der durch Habitualisierung en passant in entsprechenden Situationen durch ständige Wiederholung
(„performativ" und mimetisch, wie man sagen könnte) erworben wird. Es geht um das
Leibgedächtnis, so wie es stark bei Tänzern ausgeprägt ist bzw. durch Tanzen gefördert
wird. Erfahrung wird von Th. Fuchs in eine Nähe zur Intuition gebracht, wenn es bei
rational nicht klar zu bewertenden Situationen zu Entscheidungen kommen muss.
Wichtig in diesem Zusammenhang ist die Frage nach dem Verlust von Erfahrung (ebd.,
S. 81ff), wenn also der leibliche Kontakt mit der Welt verloren geht. Die Beispiele von
Fuchs betreffen Entsinnlichung als Teil unserer kulturellen Entwicklung, die Präsentation der Welt nur noch durch Bilder, die szientifische Infragestellung der Lebenswelt
– etwa in der Gerätemedizin. Es liegt auf der Hand, dass man diese Themenstellung
vertiefen muss, da unsere Lebenswelt heute entschieden eine Medienwelt ist. Häufig
werden – v. a. in der politischen Diskussion über Medien – Verbote ausgesprochen,
was letztlich wenig mit dem Ziel zu tun hat, die Heranwachsenden handlungsfähig in
unserer Welt, wie wir sie vorfinden, zu machen. Immerhin wichtig sein abschließender
Hinweis: der homo sapiens ist der schmeckende Mensch, da das lateinische sapere
wissen und schmecken bedeutet.
    Immerhin ist der hier erneut begründete Appell zur Berücksichtigung der Ganz-
heitlichkeit der menschlichen Welt- und Selbstverhältnisse hochrelevant. Man erinnere
sich: Descartes als Begründer der modernen Philosophie hat durch seine Zweiteilung
in eine res extensa und eine res cogitans den Weg frei machen wollen dafür, dass der
Mensch ohne theologische Bevormundung die Natur erforschen konnte. Immerhin war er
Zeitgenosse von Bacon, Galilei und Kepler. Der Begründer der Phänomenologie, Edmund
Husserl, von Hause aus Mathematiker (er hat bei Weierstrass, einem der führenden Ma-
thematiker seiner Zeit, promoviert), hat sich zeit seines Lebens mit Descartes befasst.
Denn recht bald nach Descartes begann nicht nur die „Mechanisierung des Weltbildes"
aufgrund der schlagenden Erfolge der „experimentellen Philosophie" (so nannte man
die Physik), es begann auch sofort die Kritik an szientifischen Verkürzungen dieser
Weltzugangsweise, wenn sie auf andere als messbare Sachverhalte ausgedehnt wird.
Es ist eine recht komplexe Diskurslage, in der mit der algebraischen und der geomet-
rischen Methode gleich zwei Denk-Paradigmen vorlagen, die eine starke Ausstrahlung
hatten. Selbst Newton verwendete die axiomatische Methode in der Darstellung seiner
Ergebnisse, er zeigte nur einen alternativen Weg des Findens der ersten Prinzipien
auf. Die Algebra brachte das Rechnen, den operativen Umgang mit kleinsten Partikeln
ins Bewusstsein, ein konstrukivistisches Verfahren, das auch in der Philosophie (etwa

von Hobbes) aufgenommen wurde. Diese Idee reicht bis zu der These von Vico, dass der Mensch nur das verstehen kann, was er selbst gemacht hat. Vico übertrug diesen Gedanken auf die Geschichte, die erst so als verstehbar gedeutet wurde, weil sie der Mensch selbst gemacht hat (vgl. hierzu Fuchs 1984).

Husserl (1976) setzt sich in seinem letzten Werk, dem „Krisis-Buch", mit den Verkürzungen auseinander, die die Anwendung der mathematisch-naturwissenschaftlichen Methode in der kulturellen Entwicklung der Moderne mit sich gebracht hat. Dies ist der philosophische Hintergrund der Ausführungen von Thomas Fuchs. Als Ausweg aus dieser Verengung schlägt Husserl in seinem letzten, erst sehr viel später veröffentlichten Kapitel seiner Studie „Lebenswelt" als deutungsreiche Kategorie vor. Seither arbeiten sich die Phänomenologen intensiv an solchen szientifischen Verkürzungen ab: Husserl an der empirischen Psychologie seiner Zeit, Merleau-Ponty ebenfalls, spätere Phänomenologen nehmen sich Piaget (seinen Lehrstuhlnachfolger) aufs Korn. Aktuell gibt es (m. E. auch notwendige) Streitschriften gegen die naturwissenschaftlichen Verkürzungen des menschlichen Geistes durch die Neurowissenschaften (s. etwa Meyer-Drawe 2008).

12. Ästhetisches Lernen

Auf der anthropologischen Ebene scheint alles geklärt zu sein: Der Mensch ist ein kulturell verfasstes Wesen. Er gestaltet sich und seine Umwelt. Hierzu dienen die symbolischen Formen, zu denen Kunst gehört. Ein ästhetischer Zugang ist im Rahmen der Philosophie nicht weiter begründungspflichtig, da er neben dem theoretischen und dem praktischen Zugang eine gleichberechtigte Rolle spielt. Wolfgang Welsch (1996) hat schließlich – durchaus als Fazit der Entwicklungen in den letzten 200 Jahren – mit dem Konzept der transversalen Vernunft zwar auch die Besonderheit jedes der drei Zugänge zur Welt, aber eben auch ihren Zusammenhang dargestellt. Der Mensch ist zudem ein lernendes Wesen. Auch dies ist auf der anthropologischen Ebene unstrittig. Alle Dimensionen, sein Intellekt und seine Sinnlichkeit, seine Phantasie und sein Beurteilungsvermögen lassen sich in ihrer Genese verfolgen. Der Mensch ist zudem ein aktives Wesen. Nur durch Tätigkeit konstituiert er sich und gestaltet seine Welt. All dies lässt sich nunmehr zusammenführen in einem Konzept des ästhetischen Lernens. In Kapitel 10 wurden einige Bestimmungsmomente des hier verwendeten Lernkonzeptes verdeutlicht (Abb. 26).

Insbesondere ästhetisches Lernen ist ein aktiver Vorgang, ist Konstruktion und Produktion, knüpft an (nicht nur) ästhetischen Erfahrungen an und ist erfahrungsoffen, ist ein Lernen mit allen Sinne, berücksichtigt den Leib und seine lebensweltliche Eingebundenheit.

Ästhetisches Lernen kann über künstlerische Produkte geschehen, doch ist das Ästhetische als Gestaltetes in allen Wahrnehmungsobjekten auszumachen. Wie Schiller in seinem 22. Brief zur ästhetischen Erziehung schreibt: Eine Erziehung durch Kunst schlägt um in eine Erziehung zur Kunst, ein Gedanke, der bis hin zum „Wow-Faktor" von Ann Bamford (2010) eine Rolle spielte: education through the arts oder to the arts. Es ist – wie vieles – eine bloß analytische Trennung, die – wenn man sie zu ernst nimmt – rein ideologisch wird. Ästhetisches Lernen meint also beides: Das Erlernen des Ästhetischen, etwa im Sinne der seinerzeit von Mollenhauer vorgeschlagenen „ästhetischen Alphabetisierung" – durchaus an Gegenständen elaborierter Kunst, so wie er es in seinem Buch „Ästhetische Grundbildung" (1996) gezeigt hat. Ästhetisches Lernen kann jedoch an jedem anderen Gegenstand geschehen: Das Ästhetische ist auf der Seite des Objekts eine überall vorzufindende Dimension.

Auch das ästhetische Handeln kann enger und weiter verstanden werden: enger, insofern es sich an dem klassischen Kunstkanon orientiert und etwa die künstlerische Praxis meint (Singen und Musizieren, Theater spielen etc.). Es kann aber auch in einem weiteren Sinn als jegliche Form von Tätigkeit betrachtet werden.

Auf der Seite des Subjekts ist vor allem die spezifische ästhetische Verfasstheit zu sehen: Das Eingestimmtsein auf Handlungsentlastung, auf die Neugierde auf und Freude an Gestaltungsprozessen, auf das Sich-Selbst-Erleben in ästhetischen Gestaltungsprozessen.

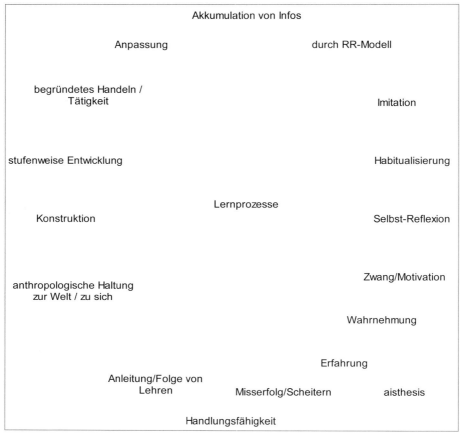

Abb. 38 Assoziationen zum Lernen

Es ist kein Zufall, wenn Ästhetikkonzeptionen immer wieder auf das Subjekt zurückkommen: Auch die Gestaltung oder Erfassung von „Schönheit" an einem Objekt verweist letztlich auf die Fähigkeit des Menschen, diese zu erfassen oder sogar herzustellen und dabei Freude, Genuss oder Befriedigung zu empfinden. Der Mensch ist sich selbst beides zugleich, die größte Last und die größte Lust.

All diese Aspekte können m. E. nicht in einem rigiden verhaltenspsychologischen Ansatz erfasst werden. Es ist zudem kein Zufall, dass in einem Buch, das der Wiedergewinnung des Lernbegriffs durch die Pädagogik gewidmet ist (Göhlich u.a. 2007), solche Lernformen auftauchen, die speziell im ästhetischen Lernen eine Rolle spielen: Der Leib, das Performative und Mimetische, der Umgang mit sich und seiner Geschichte etc. Es ist auch kein Zufall, dass Vertreter einer nicht-behavioristischen Lerntheorie, etwa John Dewey, der mit seinem handlungs- und lebensweltorientierten Ansatz immer wieder neu entdeckt wird, sich auch intensiv mit Kunst befasst haben: Kunst als Erfahrung, die handelnd gemacht wird (Dewey 1980).

Die Künste scheinen zudem ein Erfahrungsfeld zu sein, an der das Genuine von Lernprozessen geradezu in Reinkultur zum Ausdruck kommt. So gibt es den wichtigen Hinweis darauf, dass Lernen nicht bloß ein kontinuierlicher Akt einer fortlaufenden Erweiterung ist, sondern man vielmehr immer wieder mit Hindernissen und Widersprüchen und auch mit der Notwendigkeit eines Umlernens konfrontiert wird: Lernen und Negativität gehören zusammen.

Zu einem zeitgemäßen Konzept von ästhetischem Lernen gehören auch solche Themen wie Üben oder Gedächtnis: Das Gedächtnis, so kann man sagen, ist unsere Verbindung zur Vergangenheit. Sofern Bildung auch die Entwicklung eines bewussten Verhältnisses zur Zeit ist, darf man das Gedächtnis nicht vernachlässigen. Gedächtnis hat jedoch – beim Einzelnen, vor allem aber auch in sozialen Kontexten – sehr viel mit Konstruktion und auch mit Macht zu tun. Und Üben ist kein verzichtbares lästiges Beiwerk, sondern Bedingung der Möglichkeit, Könnerschaft zu erwerben. Diese wiederum ist notwendig, wenn eine künstlerische Gestaltung ein wichtiges Kriterium von Kunst erfüllen soll, nämlich öffentlich gezeigt zu werden. Wenn ästhetisches Lernen ein Weg ist, Selbstwirksamkeit – also eigene Produktivität – zu erfahren, dann gehört die Herstellung von Öffentlichkeit dazu. Denn dies ist der Weg, Anerkennung zu erfahren.

Betrachten wir einzelne Aspekte des ästhetischen Lernens etwas genauer.

1. Erfassen der ästhetischen Praxis
   Um eine weitere Klärung des Konzeptes des ästhetischen Lernens vornehmen zu können, braucht man eine Vermessung des Feldes der ästhetischen Praxis. Die folgende Graphik (Abb. 39) zeigt eine erste Topographie der relevanten Diskurslandschaft und der realen Entwicklungen, in die ästhetische Praxis und ihre Reflexion eingeordnet ist.

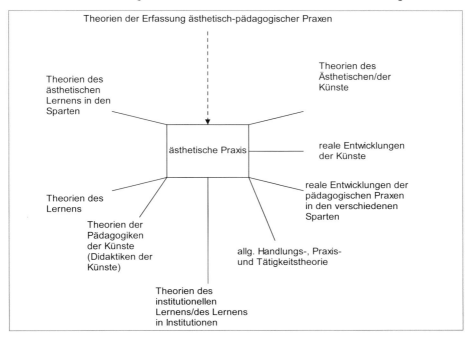

Abb. 39 Erfassen der ästhetischen Praxis – Zugänge zum ästhetischen Lernen

2. Überblick über gängige Lerntheorien

Abbildung 40 gibt einige grundlegende Informationen über verbreitete psychologische Lerntheorien:

KATEGORIE	BEHAVIORISMUS	KOGNITIVISMUS	KONSTRUKTIVISMUS
Gehirn ist ein	passiver Behälter	informationsverarbeitendes Gerät	geschlossenes System
Welt	...kann nicht Gegenstand der Theorie sein		...existiert außerhalb des Bewusstseins
Wirklichkeit	... ist die Lernsituation	...bestimmt die Denkstruktur	Das Gehirn legt Welten fest, konstruiert sie
Wissen wird	abgelagert	verarbeitet	konstruiert
Wissen ist	...eine konkrete Input-Output-Relation, ...die Lerngeschichte	... ein adäquater interner Verarbeitungsprozess	... mit einer Situation operieren zu können, ... nie abgeschlossen
Symbole sind	... nicht Gegenstand der Theoriebildung	... mentale Repräsentationen der objektiven Außenwelt	... mentale Konstruktionen der subjektiven Innenwelt
Lernziele	richtige Antworten	richtige Methoden zur Antwortfindung	komplexe Situationen bewältigen
Paradigma	Stimulusresponse	Problemlösung	Konstruktion
Strategie	Lehren	Beobachten und helfen	Kooperieren
LehrerIn ist	Autoritätsperson	TutorIn	Coach, TrainerIn, SpielerIn
Feedback wird	extern vorgegeben	extern modelliert	intern modelliert
Interaktion	starr vorgegeben	dynamisch in Abhängigkeit des externen Lernmodells	selbstreferentiell, zirkulär, strukturdeterminiert (autonom)
Intelligenz	... kann nicht Gegenstand der Forschung sein	... ist die Fähigkeit zum Problemlösen	... ist die Fähigkeit, in eine mit anderen geteilte Welt einzutreten

Abb. 40: Aussagen zu Lehren und Lernen aus der Sicht verschiedener Paradigmen
Quelle: Steinbach, Chr.: Pädagogische Psychologie 2003

3. Lernformen und Lernbereich – einige Unterscheidungen und Zusammenhänge
   a. Göhlich/Zirfass (2007) unterscheiden ähnlich wie Delors (1997) vier Bereiche: Wissen lernen, Können lernen, Leben lernen und Lernen lernen.
   b. Einen weiteren nützlichen Zusammenhang zeigt die folgende Graphik (Abb. 41), die bereits die institutionellen Kontexte der Lernprozesse einbezieht.

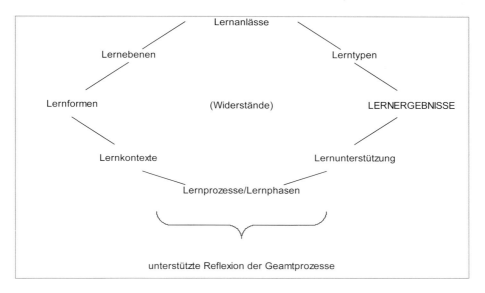

Abb. 41

c. Einen weiteren Ordnungsversuch zeigt Abb. 42.

alle	Formen des Lernens	In allen Hand-lungsformen	In den Lernbe-reichen	In verschiede-nen Lernorten
	kognitiv	>> herstellen	Können	Schulen
	emotional	>> sprachlich kommunizie-ren	Wissen	außerschulische Orte
Lernen	sozial	>> sich treffen	Leben	Orte des infor-mellen Lernens (Familie, öffentliche Orte, Medien etc.)
	kreativ	>> rezipieren	Lernen lernen	Betrieb

Abb. 42: Ordnungsschema Lernen

4. Idealtypische Abfolge von Lernprozessen

Eine idealtypische Abfolge eines Lernprozesses kann wie in Abb. 43 modelliert werden.

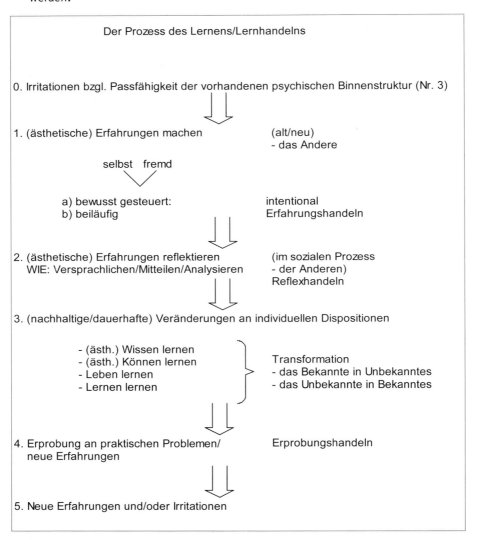

Abb. 43

5. Ästhetisches Lehren – eine Zwischenbilanz

Der übliche „Lehr-/Lernkurzschluss" (Holzkamp) versteht Lernen als Produkt des Lehrens. Zeitgemäße Theorien des Lernens nehmen zu dieser Vorstellung Abstand. Es bleibt aber dann die Frage, wie die Anleitung oder Ermöglichung von Lernen in intentional angelegten Settings überhaupt erfolgen kann. Was kann der Lehrer tun und welche Professionalität braucht er dafür? Geht es bei dem ästhetischen Lernen darum, Erfahrungen zu machen – als Eigenwert und als Basis bzw. Gegenstand von weiteren Reflexionen –, dann ist eine zentrale Aufgabe in der Anleitung dieser Prozesse, solche Erfahrungen zu ermöglichen. Ein erster Schritt besteht dann in der Gestaltung eines anregungsreichen Milieus. Eine zweite Handlungsstrategie besteht darin, etwas zu zeigen, zu präsentieren (Prange 2005). Dies ermöglicht auf der Seite der Lernenden, Prozesse der Mimesis in Gang zu setzen. Wichtig ist zudem die Gestaltung der Atmosphäre. Besteht eine entscheidende Lernmöglichkeit darin, unter der Bedingung der Handlungsentlastung sich mit Gestaltung auseinanderzusetzen, dann hat dies Folgen für das Anleitungsverhalten: Denn eine solche Atmosphäre muss geschaffen werden. Dies bedeutet generell eine spezielle Haltung in der Anleitung: Anerkennung, Ermutigung, Animation.

Auch und gerade Prozesse der Selbstreflexion brauchen eine Atmosphäre des Vertrauens. Denn ästhetische Praxis (als Basis des ästhetischen Lernens) heißt immer auch: Entäußerung. Es kommen Dinge zum Vorschein – etwa Aspekte des intimen Selbst –, die man im Alltag normalerweise nur kontrolliert zur Sprache bringt.

Als Kernkompetenzen ästhetischen Lehrens kann man also bislang benennen (vgl. Kap. 13):

>> Zeigen
>> Vorführen
>> Animation/Ermutigung
>> Anerkennen und Wertschätzen
>> Atmosphäre schaffen
>> auf der Basis einer zugewandten unterstützenden Haltung.

6. Horizonte ästhetischen Lernens

Ästhetisches Lernen kann sich eng abgegrenzt auf eine einzelne Situation beziehen, es kann aber auch zum Gestaltungsprinzip des ganzen Lebens werden. Es sind folgend Unterscheidungen denkbar:

>> punktuelles ästhetisches Lernen in zeitlich abgegrenzten Situationen
>> ästhetisches Lernen in einem Schulfach: Fachdidaktik
>> ästhetisches Lernen in einem (schulischen oder außerschulischen) Projekt
>> ästhetisches Lernen als allgemeines didaktisches Prinzip in *allen* Fächern: Lehrkunst/Lernkunst
>> ästhetisches Lernen als Organisationsprinzip für die gesamte Einrichtung (s.u.): die Kunst der Schule
>> ästhetisches Lernen als Organisationsprinzip für alle pädagogischen Kontexte
>> ästhetisches Lernen als Grundprinzip der Lebensgestaltung: (ästhetische) Lebenskunst; der Mensch als Ästhet.

7. Die gesellschaftlichen Kontexte ästhetischen Lernens
Der Mensch ist ein gesellschaftliches Wesen. Selbst seine Individualität kann er nur auf der Basis intersubjektiver Verhältnisse entwickeln. Bildung, so wurde es oben beschrieben, ist individuelle Aneignung je gesellschaftlich vorhandener Gestaltungskompetenzen der Lebensbedingungen. Diese Überlegung hat folgende Konsequenzen:

„Die Gesellschaft" kann entsprechend einer systemtheoretischen Zugangsweise in die Subsysteme Politik, Wirtschaft, Gemeinschaft und Kultur aufgeteilt werden. Der Einzelne muss handlungsfähig in jedem dieser Felder werden. Man spricht hier von politischer Sozialisation, Qualifikation, Allokation/Selektion und Enkulturation, so wie sie (im Anschluss an Fend) vor allem als Funktionsbeschreibung des öffentlichen Schulsystems beschrieben werden. All dies realisiert der Einzelne durch Handeln in verschiedenen Kontexten, bei dem alle Dimensionen seiner Persönlichkeit geformt werden (Abb. 44).

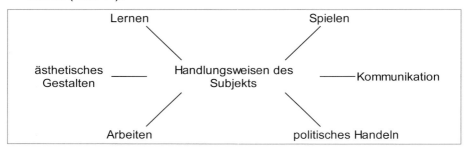

Abb. 44

Die Genese der jeweils in einer Gesellschaft benötigten/gewollten Form von Subjektivität wird dabei nicht dem Selbstlauf überlassen, sondern geschieht u.a. durch ein aufwendiges Bildungssystem. Im Zuge der Durchsetzung der Moderne wurde sowohl die für das geplante Lernen vorgesehene Lebenszeit als auch das System, das dieses bewirken soll, immer weiter ausgebaut. Dabei geht es nicht nur um eine maximale Entwicklung von Begabungen: Der ganze Prozess muss in einem politischen Rahmen, d.h. unter dem Aspekt von Macht und Herrschaft gesehen werden. Wenn es heute in Deutschland erhebliche Probleme mit der Gewährung von Teilhabechancen gibt, wobei bestimmte Bevölkerungsgruppen in besonderer Weise benachteiligt werden, dann kommt darin dieser Machtaspekt deutlich zum Ausdruck. Als ein Vorschlag, diese soziale und politische Dimension des organisierten Lernens zu begreifen, kann die Bildungs- und Kultursoziologie von Pierre Bourdieu zugezogen werden. Sein in unserem Zusammenhang zentraler Begriff bei der Produktion erwünschter Subjektformen ist der Begriff des Habitus. Insbesondere für das informelle Lernen liefert „Habitus" ein gutes Konzept der Erklärung. Der Habitus erfasst die allgemeine Disposition zur Welt, die Wahrnehmungs-, Denk- und Handlungsschemata, so wie sie handelnd in den verschiedenen Alltagspraxen erworben und angewendet werden. Der Habitus stattet milieuspezifisch Menschen mit Kompetenzen zur Bewältigung ihrer lebensweltlich anstehenden Aufgaben aus. Interessant – aber bisher noch nicht hinreichend untersucht – ist der Zusammenhang zwischen expansivem Lernen (i.S. von Holzkamp) und der Habitusentwicklung (Bremer in Faulstich/Ludwig 2004, S. 263 – 274). Die von Bremer angesprochenen Probleme sind relevant: So entsteht der Habitus eher beiläufig im Alltagshandeln, sodass die Gefahr besteht, milieusprengende ästhetische Erfahrungen erst gar nicht machen zu können (eben weil sie nicht zum Alltag des Milieus gehören). Ein „lernender Weltaufschluss" (Holzkamp) durch neue Dispositionen muss also anders als durch beiläufige Habitualisierung erworben werden. Ein Problem scheint auch zu sein, dass der Holzkampsche Ansatz stark kognitiv orientiert ist, wobei Bourdieus Praxisbegriff entschieden den Leib und das Lernen des Körpers einbezieht. Dies ist ein Grund dafür, dass insbesondere Tanz und Bewegungserziehung das Habitus-Konzept mit seinem Weg der „Inkorposierung" eine wichtige Rolle spielt. Auch die symbolische Besetzung des Raumes, die Bourdieu in seinen frühen Studien in Nordafrika unternommen hat, verrät eine Nähe zur Phänomenologie von Merleau-Ponty.

Eine gute Zusammenfassung der bisherigen Überlegungen liefert ein längeres Zitat von Fauser/Veith:
„Mit dem Begriff Bildung wird die selbsttätige und zunehmend reflexiv werdende Auseinandersetzung des Menschen mit seiner historisch überlieferten, gesellschaftlich und symbolisch strukturierten Umwelt bezeichnet. Dabei erscheint der Bezug zur Kultur als eine ebenso selbstverständliche wie notwendige Bedingung der Persönlichkeitsentwicklung. Bildung realisiert sich in der von Vernunft geleiteten Beschäftigung mit menschlichen Erfindungen. Diese sind in Form von Gebrauchsgegenständen, Institutionen und Symbolen kulturhistorisch inventarisiert. Über Sprache und Literatur, Wissenschaft und Technik, Philosophie und Ethik, Religion und Kunst werden sie tradiert.
Der Begriff des ästhetischen Lernens akzentuiert die sinnliche Dimension der Aneignung und Vergegenständlichung. In der menschlichen Sinnesausstattung sind jedoch nur die Grundmodalitäten der gegenständlichen Wahrnehmung festgelegt. Wir sehen Konturen, Farben und Muster, hören Geräusche und Töne, empfinden Wärme und Kälte, Berührung und Schmerz, riechen Düfte, schmecken Unterschiede zwischen süß und sauer, salzig und bitter und registrieren, wenn wir uns bewegen, sensibel Gleichgewichts- und Richtungsänderungen. Eine verlässliche Auskunft auf die Frage, ob das, was wir dabei erleben, angenehm und schön ist oder als Missempfindung Abwehr provoziert, geben uns die Sinne nicht. Ganz offenbar steht die Kulturbedeutung eines Objekts im Zusammenhang mit den lebensweltlichen Praktiken von Gemeinschaften. Sie lassen sich also weder aus der neurophysiologischen noch aus der psychologischen Organisation der Wahrnehmungsprozesse alleine herleiten. Das Wahrnehmungssystem stellt sicher, dass wir in der Mannigfaltigkeit von Sinnesdaten die Welt als eine konstante Gegebenheit erkennen können. Es unterliegt jedoch durchaus Täuschungen.

Man lernt mit den Sinnen

In unsere Sinneswahrnehmungen mischen sich stets Erfahrungen und Vorstellungen, die wir im Medium kulturell definierter symbolischer Wissenssysteme und
normativer Ordnungen begrifflich ordnen und reflektieren. Deshalb ist das, was
die Menschen sehen, mehr als nur ein Produkt der sinnlichen Informationsverar-
beitung. Psychologisch betrachtet, sind unsere inneren Bilder und Erlebnisformen
gesellschaftlich imprägnierte subjektive Konstruktionen, die nur im Kontext
bestimmter sozialer Praktiken sinnvoll und verstehbar werden. Die soziokulturelle
Schematisierung der Sinne beginnt mit ersten Lebensäußerungen und verfestigt
sich zu individuellen „Habitus" (Bourdieu) noch bevor die Heranwachsenden
ihre Welt begrifflich ordnen. Man lernt mit den Sinnen, wie die Gegenstände,
mit denen man umgeht, in der Gemeinschaft, in der man lebt, gehandhabt,
symbolisch gedeutet und wahrgenommen werden. In diesem elementaren, nicht
auf physiologische und psychologische Struktureigenschaften des menschlichen
Körpers reduzierbaren Sinn, strukturieren ästhetische Wahrnehmungsschemata
unsere sinnlichen Erfahrungen und Vorstellungen von Welt, aber auch unser
Selbstverständnis und Begriffe von Subjektivität und Reflexion. In der Regel
wird die sozialisatorische Dimension von ästhetischem Lernen nicht thematisiert.
Wir sind intuitiv davon überzeugt, dass unser Geschmack und Bewegungsemp-
finden einer fiktiven Normalnorm entsprechen. Gleichzeitig jedoch wissen wir,
dass die ästhetischen Maßstäbe, an denen wir uns orientieren, in Abhängigkeit
von sozialen Lagen oder kulturellen Zugehörigkeiten stark variieren. Unter
Pluralitätsbedingungen wird ästhetisches Lernen deshalb auch zur kulturellen
Herausforderung. Denn in dem Augenblick, in dem wir begreifen, dass die
sinnlichen Beziehungen zur Welt kulturell konfiguriert sind, werden wir uns des
konstruktiven Charakters unserer eigenen Wahrnehmungs- und Ausdrucksformen
bewusst. Erst mit diesem Wissen wird das ästhetische Lernen kreativ und reflexiv
– und zwar sowohl in Bezug auf den Lernprozess als auch auf die habitusbil-
denden gesellschaftlichen Praktiken. Man beginnt dem bloßen Augenschein zu
misstrauen, stellt seine Sinneserfahrung oder die sinnlichen Inszenierungen
der anderen in Frage und sucht nach neuen Formen der Wahrnehmung und Präsentation. Insofern bilden sinnliche Erfahrungen den Ausgangspunkt und das
Korrektiv von Lernprozessen, die weit über die ästhetische Dimension hinaus
auch Lernen inspirieren". (Fauser/Veith 2011)

8. Prinzipien des ästhetischen Lernens

Kern der kulturellen Bildungsarbeit ist der aktive oder rezeptive Umgang mit den
Künsten. Ästhetisches Lernen wiederum ist die Art und Weise, wie kulturelle Bildung zustande kommt. In der Theorie und der Praxis der kulturellen Bildungsarbeit
haben sich Prinzipien herauskristallisiert, die handlungsleitend bei Planung und
Durchführung ästhetischer Lernprojekte helfen oder die zur Analyse einer statt-
gefundenen Praxis dienen können. Doch welches sind diese Prinzipien? Brigitte
Schorn (2009) listet die folgenden auf:

a. Ganzheitlichkeit: Kopf, Herz und Hand
b. Selbstwirksamkeit

c. Ästhetische und künstlerische Erfahrung
d. Stärkeorientierung und Fehlerfreundlichkeit
e. Interessenorientierung
f. Partizipation
g. Selbstgesteuertes Lernen in Gruppen
h. Zusammenarbeit mit Profis
i. Öffentlichkeit und Anerkennung.

Nützlich für die Gestaltung ästhetischer Lernprozesse sind zudem die „Charakteristika der ästhetischen Erkenntnis" von Aissen-Crewett (1998, S. 314). Sie formuliert diese Charakteristika auf der Grundlage ihrer begründeten Zielsetzung, dass „ästhetische Erfahrung" das Ziel der ästhetisch-aisthetischen Erziehung ist (Kap. 6), die durch Symbole (i.S. von Cassirer und Langer) vermittelt wird (Kap. 7).

Die Wege des ästhetischen Lernens (Kap. 8)

>> sind erfolgsbezogen und handlungsorieniert
>> nah an den Dingen
>> angewiesen auf Langsamkeit und Verweilen
>> sowie auf Subjektivität und Affektivität
>> und wenden sich der lebendigen Fülle des Einzelnen zu
>> auf der Basis „denkender Sinne".

Ästhetisches Lernen in diesem Sinne führt zur „gleichgewichtigen Ausbildung der sinnlichen und geistigen Kräfte des Menschen" (Kap. 12) und hat als Ziel ästhetisch-aisthetische Erkenntnis.

Die oben angesprochenen Charakteristika sind in Abb. 45 zusammengefasst.

>> Ästhetisch-aistetische Wahrnehmung und Erkenntnis repräsentiert als *dynamisches Erkenntnisprinzip* den sinnlich wahrgenommenen und erfahrenen *Reichtum und Mannigfaltigkeit der Welt*.

>> Ästhetisch-aistetische Wahrnehmung und Erkenntnis nimmt die *subjektiven Wahrnehmunen und ästhetischen Erfahrungen* der Lernenden ernst und stellt insofern eine *Vermittlung zwischen Subjekt und Objekt* her.

>> Ästhetisch-aistetische Wahrnehmung und Erkenntnis ist nicht individualistisch, sondern *konstitutiv auf Mitteilung und Mitteilbarkeit* angelegt und stellt insofern eine *Vermittlung zwischen Individualität und Allgemeinheit* her.

>> Ästhetisch-aistetische Wahrnehmung und Erkenntnis ist produktiv; sie ist ein *kontinuierlicher Prozess des Bildens von Wahrnehmungsstrukturen*.

>> Ästhetisch-aistetische Wahrnehmung und Erkenntnis lässt sich *nicht* durch *begriffliche Vorfestlegungen* einfangen und begrenzen.

>> Dem ästhetischen Wahrnehmungs-, Erkenntnis- und Strukturierungsprozess liegt ein subjektiv-notwendiges Bedürfnis zugrunde, die ästhetisch wahrgenommene und erfahrene Mannigfaltigkeit und den Reichtum von Welterfahrung in einem System *stimmig zu machen, d. h. zu erkennen*.

>> Ästhetisch-aistetische Wahrnehmung und Erkenntnis ist eine notwendige *komplementäre Komponente* zum begrifflichen Denken und stellt insofern eine *Vermittlung von Sinnlichkeit und Vernunft* her.

Abb. 45 Die Charakteristika der ästhetisch-aisthetischen Wahrnehmung und Erkenntnis aus didaktischer Sicht (Aissen-Crewett)

Daraus leitet sie die folgenden unterrichtspraktischen Maximen ab (Abb. 46).

Die Umsetzung des Prinzips der ästhetisch-aisthetischen Wahrnehmung und Erkenntnis erfordert, soll sie im Unterricht gelingen, Konsequenzen für Unterrichtsmittel und -ziele. Ohne hier eine abschließende Erörterung liefern zu wollen, scheint mir die Ermöglichung oder Inszenierung folgender Gelegenheiten sinnvoll:

>> Gelegenheit, die Kunst der Wahrnehmung zu praktizieren: Ästhetisch-aisthetische Erkenntnis setzt ästhetisch-aisthetische Wahrnehmung und Erfahrung voraus. Die Kinder sollten deshalb lernen bzw. ihnen sollte die Gelegenheit gegeben werden, mit allen Sinnen wahrzunehmen und zu erkennen, und zwar ohne Festlegungen und Vorgaben.

>> Gelegenheit, zu kreieren, zu erfinden, zu improvisieren: Die Gelegenheit für genuine Intuition, Improvisation und Kreativität auf seiten der Kinder ist im konventionellen Unterricht relativ selten anzutreffen. Wenn es richtig ist, dass viele der komplexesten Probleme, denen wir uns gegenübersehen, nicht mittels Messung, Kalkulation und logischer Deduktion gelöst werden können, ist es notwendig, dass Kinder Gelegenheit zu ästhetischen Erfahrungen haben, in denen inventive, intuitive Denkweisen gefordert und gefördert werden.

>> Gelegenheit, Vorstellungen und Erfahrungen darzustellen: Wahrnehmen reicht nicht. Es ist ebenso wichtig, in der Lage zu sein, das, was man wahrnimmt, zu strukturieren, zu deuten, zu bewerten, darzustellen und zu kommunizieren. Hierzu sollte den Kindern vielfältige Möglichkeit gegeben werden.

>> Gelegenheit, sich in genuinen Untersuchungen zu engagieren: Untersuchung bedeutet immer ein „Herausfinden". Kindern sollte deshalb Gelegenheit gegeben werden, ohne Festlegungen, mit „offenem Ende" Probleme zu identifizieren und Hypothesen aufzustellen, um Erfahrungen zu machen, diese zu sammeln, zu synthetisieren und zu analysieren, um hierdurch zu lernen, Hypothesen zu verifizieren oder falsifizieren, möglicherweise auch eine Theorie zu bilden und diese mit anderen Kindern zu diskutieren.

Abb. 46 Konsequenzen für Unterrichtsziele und –mittel (Aissen-Crewett)

Durchaus kompatibel mit den Überlegungen von Aissen-Crewett sind die Ausführungen von Mattenklott (1998), die ebenfalls für die Grundschule gedacht sind. Interessant sind in unserem Kontext die sechs von ihr identifizierten Gegenstandsbereiche

1. Der Leib und die Sinne
2. Elementare ästhetische Erfahrungen
3. Bauformen der Künste
4. Theaterkünste
5. Das Naturschöne
6. Zwischen Alltag und Kunst.

Die (ästhetisch) lernende Organisation

„Ästhetische Erfahrung" als Grundbegriff

Es gibt einen breiten Konsens in den Diskursen des ästhetischen Lernens, dass eine zentrale Zielstellung darin besteht, ästhetische Erfahrungen zu ermöglichen. Der Erfahrungsbegriff ist dabei ein gut geeignetes Konzept, unterschiedliche disziplinäre Zugänge in Theorie und Praxis zu bündeln. Dies gilt v.a. dann, wenn man davon ausgeht, dass Erfahrungen auf dem Handeln des Subjekts basieren. Das Konzept der (handlungsbasierten) Erfahrung kann daher als – gar nicht so kleiner – gemeinsamer Nenner fungieren. Zur Erinnerung einige Hinweise, die die Anschlussfähigkeit des Erfahrungskonzeptes aufzeigen.

1. „Erfahrung" ist zunächst einmal ein Begriff der Erkenntnistheorie. Es geht um Wissen, wobei „Erfahrung" zugleich die Nähe dazu eröffnet, dass sich das Erfahrungswissen in der Praxis bewährt hat. Dies ist bereits an dem Wort selbst zu erkennen: Denn Erfahrungen macht man, indem man ganz praktisch durch (noch unbekannte) Gegenden führt. Man bewegt sich also, wird aktiv: Erfahrungen erarbeitet man sich aufgrund einer eigenen Tätigkeit. Es sind dann auch *meine* Erfahrungen: Erfahrungen beziehen sich auf Wissen aus einem radikalen Subjekt-Standpunkt. Beide Aspekte machen als philosophische Großtheorien etwa den amerikanischen Pragmatismus, v.a. die Philosophie von John Dewey (1980, 2010)interessant. Denn eine durch handelnde Praxis erworbene Erfahrung ist bei ihm das Bindeglied zwischen philosophischer Grundlage, Anthropologie, Erziehungswissenschaft und Kunst. Aber auch andere Ansätze, die Aktivität/Tätigkeit/Praxis (an dieser Stelle ist eine Differenzierung noch nicht notwendig) in den Mittelpunkt stellen wie etwa praxeologische Ansätze in Pädagogik, Psychologie oder Soziologie (um Namen beispielhaft zu nennen: D. Benner, Wygotski, Bourdieu) sind hier auf Anschlussfähigkeit zu überprüfen. Das Handeln des Menschen führt zwanglos dazu, dass der Mensch in seiner Ganzheitlichkeit betrachtet werden muss. Sinnlichkeit spielt natürlich eine wichtige Rolle. Doch kann man gerade bei bewusster Tätigkeit das Denken nicht ausklammern. Man muss sehen, dass eine rigide Unterscheidung von Sinnlichkeit und Intellektualität nur als analytische Trennung vorzustellen ist: Stets sind bei allen menschlichen Aktivitäten alle Dimensionen seiner Person gefordert.

Insbesondere lässt sich über Erfahrungen nicht reden, ohne die sinnliche Seite des Erkennens zu thematisieren. Der englische Empirismus und Sensualismus, kämpfte im 18. Jahrhundert vehement gegen rationalistische Verkürzungen, die Descartes in seiner Philosophie begründet hat. Man sollte jedoch gerechtigkeitshalber bedenken, dass der Ansatz von Descartes ein emanzipatorisches Ziel verfolgte: Er wollte die Philosophie vom Diktat der Kirche und der Theologie befreien und der sich formierenden Naturwissenschaft Forschungsperspektiven ermöglichen, etwa das ungehinderte Untersuchen von Naturgesetzen. Auch der englische Empirismus hatte gesellschaftliche Gründe, die damit zu tun hatten, dass England gegenüber dem Kontinent in politischer Hinsicht im 17. und 18. Jahrhundert erhebliche Fortschritte gemacht hat und sich daher andere weltanschauliche Probleme stellten (Fuchs 1984). Kant hat schließlich seinen Ansatz als Synthese von Empirismus und Rationalismus verstanden. In der Psychologie, gerade auch in der Wahrnehmungspsychologie, kommt man mit einer unvermittelbaren Entgegensetzung von Rationalismus und Empirismus nicht weiter. Piaget zeigte bereits, wie die bei Kant noch gesetzten Kategorien, die die sinnlichen Wahrnehmungen ermöglichen und sortieren, in ihrer Genese erklärt werden können. Und bei dieser Genese spielt das sinnliche Handeln des Menschen eine zentrale Rolle. Man erinnere sich: die „reflexive Abstraktion", die die Basis abstrakter Begriffe ist, ist keine Abstraktion von Dingen (so wie in der Abstraktionstheorie von Aristoteles), sondern eine Abstraktion von Handlungsstrukturen. Klaus Holzkamp zeigte schließlich, wie im tätigen Umgang mit Dingen und Menschen Vorbegriffe und Begriffe entstehen, die wiederum das Prisma bilden, durch das hindurch Wahrnehmung gesteuert, strukturiert und auch gefiltert wird: Es gib keine Unmittelbarkeit der sinnlichen Erkenntnis. Dies gilt natürlich auch im Ästhetischen. Denn unsere ästhetische Sozialisation führt dazu, dass sich Wahrnehmungs- und Bewertungsweisen herausbilden, die unsere Wahrnehmung formen. In unserem Zusammenhang kann man daher festhalten: Erfahrung ist ein Prozess. Sie geschieht zudem im Zusammenspiel von Geist und Sinnlichkeit. Sie kann auch zur Revision bereits gemachter Erfahrungen führen – zumindest sollte die Möglichkeit zu einer solchen Ergebnisoffenheit mit bedacht werden. Auch hier zur Erinnerung: Piaget stellt in seiner Entwicklungstheorie Entwicklung als Prozess der Akkomodation und Assimilation dar: In ein jeweils vorhandenes Erkenntnisinstrumentarium werden solange Wahrnehmungen integriert („Assimilation"), bis es zu Widersprüchen kommt. Überschreiten diese nicht integrierbaren Erfahrungen ein gewisses Maß, passt sich das interne Erkenntnisinstrumentarium an („Akkomodation"). Auch in dieser – von den Phänomenologen stets kritisierten Theorie (vgl. Meyer-Drawe 2008; Piaget war der Lehrstuhlnachfolger von Merleau-Ponty in Paris) – gibt es Widersprüche und Negativität, gibt es Dynamik.

In der Pädagogik hatte der Erfahrungsbegriff (und verwandte Begriffe wie der Begriff der Anschauung) immer schon einen festen Platz. Die profundeste Untersuchung hierzu stammt von Günther Buck (1989), der seinen Ansatz der Epagoge (des induktiven Vorgehens) darauf aufbaut. Aber auch Redewendungen wie „Schule als Erfahrungsraum" bzw. die Kritik an der Schule, dass sie zu wenig Platz für Erfahrungen lässt, zeigen dies (Duncker 1987; siehe auch die Schriften von Horst Rumpf).

Ästhetische Erfahrung ist auch – in den letzten Jahren verstärkt – ein Grundbegriff der Ästhetik. Dies hat damit zu tun, dass es erneut eine Verschiebung des Interesses vom ästhetischen Objekt (etwa dem Kunstwerk) hin zum Subjekt gegeben hat (Küpper/ Menke 2003; Hanskeller 2003).

Nicht zuletzt weisen all diese Diskurse darauf hin, dass Lernen, Erfahrung und speziell auch ästhetische Erfahrung stets auf das Subjekt bezogen sind, das sie macht: Man braucht also ein hinreichend tragfähiges Konzept von Subjekt und Subjektivität, das Hypotasierungen der Subjektidee vermeidet, aber als Trägerin von Handlungsfähigkeit, von Gestaltungskompetenzen für das eigene Leben („Lebenskunst"), erkennbar bleibt (vgl. hierzu Fuchs 2008a).

In Ergänzung zu den Funden und Erträgen aus dem letzten Kapitel gebe ich hier ein Zitat des Geographie-Didaktikers Jürgen Hasse (2001) wieder:

„Ästhetische Erfahrung ...

...ist in einem präintellektualistischen Sinne existentiell, weil sie über die Sinne im Leib verwurzelt;

... sensibilisiert für die Transversalität der Vernunft, weil im Ästhetischen als dem Anderen des Theoretischen Brückenköpfe des Verstandesbewusstseins angelegt sind;

... ist bipolar, weil sie Erkenntnisse über den Objekt- und Situationsbereich des Wahrgenommenen und über das Subjekt der Wahrnehmung vermittelt;

... konfrontiert das erkennende Individuum mit Subjektivität und verlegt die intellektual-kulturelle Abstraktionsbasis unter den Horizont der diskursiven Sprache;

... steht auf dem Boden der Sinnlichkeit und wird im Moment sprachlich vermittelnder Aussagen kommunizierbar;

... erschließt sich als unverfügbares Refugium mimetischer Weltbegegnung (trotz und entgegen kulturindustrieller Kolonisierungen).

Ästhetische Erfahrung bezieht sich auf das, was einem widerfährt, was im sinnlichen und vitalen Erleben zudringlich wird. Zur Erfahrung wird ästhetisches Erleben in seiner Verarbeitung im Bewusstsein, in der Rekonstruktion von Bedeutungen, die das Sinnliche und Leibliche im Leben spielen. Daran ist immer die naturphilosophische Reflexionsaufgabe geknüpft, das gattungsgeschichtlich entstandene Verhältnis zur Natur fragwürdig zu machen." (Hasse 2002).

Mit dieser Wortmeldung eines Geographiedidaktikers sind wir bei unserem Thema: der kulturellen Entwicklung von Schule, hier verstanden als umfassende Umsetzung des Prinzips des ästhetischen Lernens, angelangt. Dass die künstlerischen Fächer unmittelbar mit ästhetischem Lernen zu tun haben, ist selbstverständlich. Allerdings muss deutlicher werden, in welcher Weise ästhetisches Lernen in den verschiedenen Sparten gelingen kann, wie also die hier vorgestellten *allgemeinen* Prinzipien jeweils konkretisiert werden müssen. Ein weiteres Feld ist das ästhetische Lernen in nicht-künstlerischen Fächern. Hierzu einige Hinweise:

>> Im Fach Sport findet bereits jetzt Tanz als Teil des Curriculums seinen Platz. Die Verbindung mit ästhetischem Lernen ist der Umgang mit dem Körper. Beckers (1985) beansprucht sogar, dass der Sportunterricht der genuine Ort einer ästhetischen Bildung ist.

>> Am Beispiel von Hasse (s.o.) kann gezeigt werden, dass Geographie (eben auch als sinnliche Erfahrung mit Landschaft und Raum) eine große Nähe zur Aisthesis hat. Immerhin spielte die ästhetische Erfassung von Landschaft durch Petrarca im frühen 14. Jahrhundert eine zentrale Rolle bei der kulturellen Vorbereitung und Konstitution der Moderne (gemeint ist die legendäre Besteigung des Mont Ventoux).

>> In den Naturwissenschaften ist nur an Martin Wagenschein zu erinnern, der in seinem gesamten Lebenswerk an die sinnliche Seite der Naturwissenschaft erinnert hat.

>> Geschichte und historisches Lernen gehörten ohnehin zu dem weiteren Bereich kultureller Bildung; man denke an Museen und Kindermuseen.

>> In der Gesellschaftslehre gibt es mit der Soziologie als Bezugsdisziplin eine Wissenschaft, die spätestens im Zuge der Postmoderne-Debatten die ästhetische Dimension neu entdeckt hat.

Urväter dieser Disziplin wie Simmel zeigen, dass Soziologie sehr stark als Kultursoziologie betrachtet werden muss.

Diese Hinweise mögen genügen. Zudem zeigen viele Beispiele Möglichkeiten einer sinnvollen Einbindung des ästhetischen Lernens in alle Unterrichtsfächer. Damit hat man einen wichtigen Teilbereich – manche sagen (z.B. J. Oelkers), dass Unterrichtsentwicklung ohnehin der zentrale Bereich einer jeglichen Schulreform sein müsse – von Schulentwicklung bereits erfasst. Es gibt unter den 36.000 Schulen in Deutschland inzwischen zahlreiche Schulen, die sich in einen intensiven Entwicklungsprozess begeben haben (einige werden in Braun u.a. 2010 vorgestellt). Bevor weitere Überlegungen vorgestellt werden, will ich ein konkretes Beispiel vorstellen: die Steinwaldschule in Neukirchen.

„Kurz und knapp. Die Steinwaldschule

Die Schule: Integrierte Gesamtschule in Hessen

Profilschwerpunkt: Kulturelle Praxis, Musikklassen

Kooperationspartner: Staatstheater Kassel, Theater im Centrum (Kassel) Aktionstheater Kassel, Kunst- und Werkhof Großroppershausen, Xaris Dance Ensemble, Young Americans, Kulturverein „Kunst und Dunst", Kulturnetzwerk weiterführender Schulen der Sparkassenkulturstiftung Schwalm-Eder

Unterrichtsstruktur: Fachunterricht, unterrichtsbezogene Projekte, Wahlpflichtkurse, Wahlkurse, fächer-, stufen- und schulübergreifende Formen von Projektarbeiten

Künstlerischer Fachunterricht: Musik, Kunst, Kreatives Schreiben, Theater, Tanz, neue Medien, Persönlichkeit Fördern

Kulturangebote im schulischen Pflichtbereich: Jährlich mindestens ein kulturelles Projekt und ein kulturelles Ereignis pro Jahrgang wie zum Beispiel Museums- oder Theaterbesuch. Laut Kooperationsvereinbarung mit dem Staatstheater darüber hinaus ein Projekt pro Jahrgang mit Aufführungsbesuch: im fünften Jahrgang Musik mit dem Orchester, im sechsten Jahrgang Darstellendes Spiel mit den Schauspielern, im siebten Jahrgang Kunst mit den Abteilungen Bühnenbild, Kostümbild oder Grafikabteilung; im achten Jahrgang Arbeitslehre und Werkstätten, im neunten Jahrgang Sport und Ballett; im zehnten Jahrgang Deutsch und Dramaturgie

Kulturangebote im freiwilligen Bereich: Tanz und Theater für die fünften bis zehnten Jahrgänge, Videowerkstatt, Kreatives Schreiben in den fünften und achten Klassen, Band, Fälscherwerkstatt

Räume für Kultur: Atrium als Theaterprobenraum, Theaterfachraum, Holzwerkstatt, Keramikwerkstatt, Metallwerkstatt

Drittlernorte: im Rahmen der Kooperationspartner in deren Räumlichkeiten, jedoch ansonsten keine direkten Möglichkeiten im ländlichen Einzugsgebiet.

Finanzierung: Budget der Schule, Kulturstiftung der Sparkasse, PWC, Bosch, Bürger Pro A, lokale Sponsoren."

Für eine weitere Präzisierung des Konzeptes der „kulturellen Schulentwicklung" siehe die beiden Werkstattberichte Fuchs/Braun 2010a und b.

Ein erster Ansatz, die Schule als gesamte Organisation zu entwickeln, stammt aus der Organisationstheorie (Weik/Lang 2005, Bd. 2, Kap. 8):

> *„Kulturelles Lernen* hat seinen Ursprung in interpretativen Ansätzen des menschlichen Verhaltens und basiert auf der Auffassung, dass Organisationsmitglieder im Zeitablauf ein System intersubjektiv geteilter Bedeutungen (Konstruktionen der Wirklichkeit) entwickeln, die durch Artefakte wie z. B. Symbole, Metaphern, Rituale und Mythen, die wiederum durch Werte und Einstellungen getragen werden, vermittelt wird. Die Entwicklung dieser kulturellen Muster wird insbesondere auf der organisationalen und Gruppenebene des Lernens thematisiert."
> (ebd., S. 279).

In den beiden Werkstattpapieren (Fuchs/Braun 2010 a und b) wird das Ergebnis einer Sichtung relevanter Organisationstheorien vorgestellt. Dies soll hier nicht wiederholt werden. Ein Ertrag dieser Sichtung war, dass es zwar als vielleicht einflussreichstes Modell das auch mit internationalen Erfahrungen gesättigte Dortmunder Modell der Schulentwicklung gibt (verbunden mit dem Namen H.-G. Rolff), dass aber – gerade aufgrund der Rolle der kulturellen Dimension – andere Konzeptvorstellungen eher geeignet sind für unsere Zwecke.

Man kann in Hinblick auf den Grad der Verbindlichkeit der Operationalisierung und Strukturierung des Entwicklungsprozesses die verschiedenen Ansätze der Schulentwicklung in einem Kontinuum, das von eher rigide bis offen reicht, einordnen wie folgt:

1. Straffe operationalisierbare einheitliche Leitlinien für alle Schulen
2. Flexibilisierung von Nr. 1 in Hinblick darauf, dass es verschiedene Pfade der Schulentwicklung gibt
3. Verzicht auf alle methodologischen Vorgaben
4. Einigung auf gemeinsames Ziel; Freigabe des Entwicklungsweges
5. Freigabe von Ziel und/oder Wegen, lediglich Schulung der Akteure in der Schule in Hinblick auf
   >> Sensibilisierung für Entwicklungsprozesse/-notwendigkeiten
   >> Sensibilisierung für Entwicklungschancen
   >> Wahrnehmungstraining
   >> Personalentwicklung der Lehrenden (etwa in Hinblick auf einen „anderen pädagogischen Blick" (KNK).

Für ein geeignetes Konzept der Schulentwicklung wurden folgende Essentials festgehalten:

1. Leitkonzept Selbstkultivierung der Schule
2. Leitprinzip kulturelles Lernen, v.a. Prinzip des Ästhetischen Lernens, das wiederum auf dem Konzept der ästhetischen Erfahrung basiert
3. Partizipation und dialogisches Prinzip (Demokratie als Prinzip)
4. Systemischer Ansatz
5. Beobachtung, Reflexion, Selbstreflexion, Beobachtung des Beobachters, Prinzip der exzentrischen Positionalität
6. Change-Management
7. Anwendung kulturpädagogischer Prinzipien.

Ein weiterer Ertrag war das folgende Schema (Abb. 47).

Bildung des Subjekts	Entwicklung der Schule
(Selbst-)Bildung	(Selbst-)Kultivierung
(individuelles) Lernen im Zentrum	(organisationales) Lernen im Zentrum
Anthropologie der Person	Anthropologie der Schule
Aufgabe der Pädagogik = Lernunterstützung	Aufgabe der Moderatoren: dito
Person als Akteur	Schule als (kollektiver) Akteur
Vision: handlungsfähiger Mensch	Vision: Schule als erfolgreiches Unterstüt-zungssystem für die einzelnen Schüler
Erkennbar an: gelingender Lebenskunst	Kern: Definition gelungenen Lernens
Der Einzelne als „System"	Die Schule als System
Kultivierung der Selbstbeobachtung und Selbst-Reflexion	dito
Professionalisierung der Pädagogen	Professionalisierung der Moderatoren
als Lernunterstützer	
Kompetenznachweis Kultur als Ergebnis eines erfolgreichen dialogischen Bobach-tungsprozesses	Zertifizierung/Gütesiegel als Ergebnis eines erfolgreichen Entwicklungsprozesses (auf der Basis von unterstützter Selbstbeobach-tung und Reflexion)
Der Einzelne als Akteur	Die Schule als Akteur
Die Akteure in mir	Akteursgruppe in der Schule Mikropolitik/Macht
Menschenbild	Organisationsbild
die Rolle von Mythen	
Art of living	Art of schooling
Art in life	Art in school
reichhaltiges Leben	anregungsreiche Schulkultur
Kunst als Notwendigkeit des Lebens	Kunst als Notwendigkeit des Schullebens
Bildung als Koproduktion	Schule als Koproduktion
Ziele der persönlichen Entwicklung >> Wissen-Lernen >> Können-Lernen >> Leben-Lernen >> Lernen-Lernen	Ziele der Schulentwicklung dito sowie Katalog von Fend: institutionelles Lernziele >> Glauben >> Wissen >> Können >> Selbst- und Weltverständnis (ebenfalls sinnvoll auf Person und Instituti-on zu beziehen).

Abb. 47 Tabellarischer Vergleich: kulturelle Bildung der Person – Schulentwicklung

Bereits der Bericht der Bildungskommission NRW hat dringend empfohlen, die Erkenntnisse der modernen Organisationsforschung bei der Schulentwicklung zu nutzen. Das
dort formulierte „Leitbild" von Schule kann so übernommen werden:
  „Schule ist
  >> ein Ort, an dem alle willkommen sind, Lehrenden in ihrer Individualität
     angenommen werden, die persönliche Eigenart in der Gestaltung von Schule
     ihren Platz findet,
  >> ein Ort, an dem Zeit gegeben wird zum Wachsen, gegenseitige Rücksicht-
     nahme und Respekt vor einander gepflegt werden,
  >> ein Ort, dessen Räume einladen zum Verweilen, dessen Angebote und Her-
     ausforderungen zum Lernen, zur selbsttätigen Auseinandersetzung locken,
  >> ein Ort, an dem Umwege und Fehler erlaubt sind und Bewertungen als
     Feedback hilfreiche Orientierung geben,
  >> ein Ort, wo intensiv gearbeitet wird und die Freude am eigenen Lernen
     wachsen kann,
  >> ein Ort, an dem Lernen ansteckend wirkt."
  (Bildungskommission 1995, S. 86).

Trends in der Organisationsentwicklung thematisieren die Organisationskultur, nehmen Abschied von linearen Ursache-Wirkung-Zusammenhängen, bringen Akteurs- und
Strukturansätze zusammen, nutzen interpretative Methoden.
  „Uns hingegen erscheint es, so sehr auch wir uns eine Schule im Sinne einer
  lebendigen, lernunterstützenden Einrichtung wünschen und entsprechende
  Ansätze in jeder Schule begrüßen, sinnvoller, die einzelschulische Praxis als
  komplexe, spannungsreiche, aber auch stets bereits in Bewegung befindliche
  kulturelle Wirklichkeit anzuerkennen und ihr ggf. durch Rückspiegelung der
  bereits in ihr stattfindenden Bewegung Entwicklungsmöglichkeiten aufzuzeigen.
  Wir verstehen Schulentwicklung als mustermimetischen Prozess. Aus dieser
  Sicht wird die jeweilige Schulkultur als Spiel fein gestalteter Wiederholungen
  bestimmter Muster sichtbar, wobei deren feine Gestaltung ein kreatives Potential birgt, das einerseits dem einzelnen schulischen Akteur die Mitwirkung
  an der schulischen Wirklichkeit – und damit nicht zuletzt individuelles Lernen
  – und andererseits der einzelnen Schule institutionelles bzw. organisationales
  Lernen, d. h. spezifischen Wandel hin zu einem lebendigen Haus des Lernens,
  ermöglicht." (Göhlich/Zirfas 2007, S. 155).

Damit wird auch die zentrale Methode deutlich: „Rückspiegelung", also Reflexion.

Hier einige weitere Überlegungen. Können Organisationen lernen? Zunächst einmal
können Menschen lernen. Organisationen bestehen aus Menschen, sodass über deren
Lernprozesse sich auch die Organisation verändern kann. Dies deckt sich mit der
Erkenntnis, dass zur Schulentwicklung Personalentwicklung (also v.a. Lehrerfortbil-
dung) und Unterrichtsentwicklung gehören. Hierbei geht es darum, die Relevanz des
Ästhetischen und seine Möglichkeiten – auch und gerade bei der genuinen Aufgabe
der Schulfächer – aufzuzeigen. Es ist also zu belegen, dass man Mathematik, Natur-

wissenschaften und die Sprache – nicht zufällig sind es die PISA-Fächer – durch die Berücksichtigung der ästhetischen Dimension besser lernen kann. Gerade hierzu gibt es zahlreiche Wirkungsstudien v.a. im amerikanischen Raum (man gebe nur einmal „impacts of arts education" in einer Suchmaschine ein).

Menschen sind es auch, die über Organisationsstrukturen, Abläufe, Rituale, über die Rolle und die Gestaltungsmöglichkeiten von Schule und Schulkultur unterrichtet werden, die also entsprechende Lernprozesse durchlaufen müssen. Auch hier gibt es zahlreiche Verfahren, wie dies gelingen kann (die von entsprechenden Moderatoren und Organisationsentwicklern auch genutzt werden). Soweit es Menschen (in Organisationen) betrifft, funktioniert die Anwendung des Lernbegriffs offenbar ohne Probleme. Doch klappt dies auch bei der Organisation als Ganzes? Kann eine Organisation Kompetenzen entwickeln, kann sie ihr Wissen erweitern, kann sie umlernen? Eine Organisation verarbeitet – wie der einzelne Mensch – Informationen und Wahrnehmungen aus der Außenwelt. Allerdings ist dies Informationsaufnahme und Verarbeitung organisiert, sodass man über das (zu gestaltende) Kommunikationsmanagement hier Veränderungen herbeiführen kann. In dieser Hinsicht ist also die Frage, ob Lernen von Organisationen möglich ist, zu bejahen.

Auch die Bearbeitung von internen bzw. von außen herangetragenen Problemen hängt nicht nur von der Kompetenz der Menschen, sondern von der Eignung der Organisation ab. Diese ist gestaltbar, sodass auch in dieser Hinsicht eine Organisation lernt. Ebenso sind Prozesse der Selbstreflexion möglich. Das LQW-Verfahren (www.artset-lqw.de) funktioniert so über einen wechselseitigen Prozess der (angeleiteten) Selbstbeobachtung und der unterstützten (Selbst)-Reflexion.

Übertragen wir einige Elemente des ästhetischen Lernens auf die Organisation Schule. Kernbegriff ist der Begriff der ästhetischen Erfahrung. Die Schule als ästhetischen Erfahrungsraum zu organisieren, wird von vielen Schulen bereits organisiert. Dies beginnt mit der Gestaltung des Gebäudes und der Klassenräume, schließt aber auch die soziale Organisation, die Feste und Feiern, die Rituale des Alltags mit ein. Die Schule kann dann auch ästhetische Erfahrungen mit sich selbst machen, etwa wenn entsprechend gestaltete Aktivitäten bewusst von allen Beteiligten wahrgenommen und positiv bewertet werden.

Die Schule kann von der Haltung ihrer Mitglieder sich öffnen für ästhetische Erlebnisse und für Überraschungen. Performativ lassen sich – bezogen auf die Gesamtorganisation – so auch ästhetische Maßstäbe (z.B. Standards die erfüllt sein wollen bei Ereignissen) entwickeln. Die Schule als Kulturort kann so in der Öffentlichkeit wahrgenommen werden, sodass wiederum eine Rückkopplungsschleife entsteht, bei der es ein unterstützendes Feedback von außen gibt. Es lassen sich so alle Felder der BKJ-Qualitätsmatrix, v.a. die schulbezogenen Zeilen Meso-, Mikro- und Subjektebene systematisch danach untersuchen, wo und wie ästhetische Erfahrungen einbezogen werden können Abb. 48).

Erstelldatum: 31.03.2009	Strukturqualität / Infrastrukturen / Ressourcen	Prozessqualität / Organisationsentwicklung / Management	Ergebnisqualität / Wirkungen / Output	Partizipative Evaluation / Reflexion / Kritik
Theorieebene Konzeptionelle Grundlagen	- Wissenschaftliche Flankierung in Hochschulen, Verbänden, Stiftungen - Ressourcen für Konzeptentwicklung und Forschung (Studien, Projekte)	- Theoriebildung - Weiterentwicklung und Zusammenführung von Konzepten der Schulentwicklung und der Kulturellen Bildung	- Transferierbare Konzepte kultureller Schulentwicklung - Qualitätsstandards, Checklisten, Leitfäden, Instrumente	- Transfer von Praxiserfahrungen - Konzeptkritik - Kritische Reflexion theoretischer Grundlagen
Makroebene Politischer Rahmen / Öffentlichkeit	- Richtlinien, Erlasse, Förderprogramme der Länder und Kommunen - Rahmenvereinbarungen - Kommunale Bildungslandschaften	- Förder- und Unterstützungsprogramme in Ländern und Kommunen - Verortung innerhalb der Kommune - Verankerung in Bildungsnetzwerken - Qualifizierungsangebote für Lehrer und Fachkräfte	- Politische Unterstützung - Unterstützung durch Fachstrukturen und Verbände - Öffentlichkeitswirksamkeit - Nachhaltigkeit und Verstetigung	- Politische Forderungen - Stellungnahmen (Resolutionen, Positionen) - Empfehlungen zu Aus-, Fort- und Weiterbildung
Mesoebene Schule / Träger	- Schulprogramme - Zeitstruktur - Organisationsform der Schule - Kooperationsstrukturen - Rechtsrahmen - Personalausstattung, Koordination - Bildungspartner - Finanzielle Ressourcen	- Gesamtkonzept zur kulturellen Schulentwicklung - Leitung und Zuständigkeiten - Teamentwicklung und kollegiale Beratung - Kommunikation und Dialog - Partizipation - Öffentlichkeitsarbeit	- Transfermöglichkeiten des Konzepts (Modellhaftigkeit) - Schulklima und Schulkultur - Vernetzung im Sozialraum - Qualifikation des Personals - Identifikation der Mitarbeiterinnen - Zufriedenheit der Eltern - Öffentlichkeitswirksamkeit	- Kritische Reflexion des Entwicklungsprozesses (intern und extern) - Kritische Bestandsaufnahme der Ergebnisqualität - Evaluation
Mikroebene Lehr-Lernsituation / Interaktionen	- Personelle Ausstattung (Lehrer/innen, Künstler/innen, Kulturpädagog/innen) - Raumausstattung - Materialausstattung, Mittel, Medien - Erreichbarkeit von Drittlernorten	- Konzepte, Inhalte und Methoden der kulturellen Bildung - Unterrichtsentwicklung - Stärkenorientierte Anerkennungsverfahren - Qualifizierung - Qualität von Unterricht und Angeboten	- Ästhetisch-künstlerische Qualität - Unterrichtsqualität - Integration kulturpädagogischer Bildungsprinzipien - Öffentliche Darstellung	- Kontinuierlicher Fachdiskurs um geeignete Konzepte und Methoden - Kritische Bestandsaufnahme der Unterrichtsqualität und der künstlerischen Qualität
Subjektebene Das lernende Individuum	- Sozialisation - Bildungsbiografie - Erfahrungsorte - Ökonomisches, kulturelles, soziales Kapital	- Partizipation und Identifikation mit dem Prozess - Reflexion von Lernprozessen - Motivation, Mitgestaltung, Aneignung - Individuelle Förderung - Gestaltung von Beziehungen	**Ziel / Vision:** - Fachkompetenzen - Sozial-, Personal- und Methodenkompetenzen - Künstlerische Kompetenzen - Emanzipation - Zufriedenheit, Selbstwirksamkeit - Schul- und Bildungslaufbahn = Lebenskompetenz	- Dokumentation der Kompetenzentwicklung (Kompetenznachweis Kultur) - Langzeitdokumentationen der individuellen Laufbahnen

Abb. 48

13. Ästhetisches Lehren

Überblick

Es hat sich heute die Erkenntnis durchgesetzt, dass Lernen eine Tätigkeit ist, die nicht delegiert, die auch nicht in einem linear-kausalen Verständnis von außen gesteuert werden kann: Lernen ist subjektives Handeln. Vor diesem Hintergrund stellt sich dann aber das Problem, was Lehren – als eine Form äußerer Einflussnahme auf den subjektiv verlaufenden Lernprozess – eigentlich bedeuten kann. Denn das verbreitete Verständnis von Lehren als unmittelbares Bewirken von Lernen kann vor diesem Verständnis von Lernen nicht mehr gelten. Klaus Holzkamp (1993) bezeichnet dieses Alltagsverständnis von Lernen und Lehren als Lehr-Lern-Kurzschluss. In der Tat lässt sich zeigen, wie stark bis heute in pädagogischen Kontexten Lernen nur als Folge von Lehren begriffen wird.

Immerhin hat sich auch in der deutschen erziehungswissenschaftlichen Diskussion die Unterteilung formales, nonformales und informelles Lernen durchgesetzt. Während das formale und nonformale Lernen in inszenierten Lernumgebungen, vor allem in pädagogischen Institutionen (aber nicht nur dort) stattfindet, ist das informelle Lernen das Lernen en passant. Es geschieht einfach dadurch, dass man sich in bestimmten Kontexten bewegt und sich dadurch Strukturen, Werte, Normen, Wissen und Verhaltensweisen aneignet.

Dies ist der Prozess, den Bourdieu Habitualisierung nennt. Studien, die allerdings wenig belastbar sind, gehen davon aus, dass etwa 80% unserer Lebenskompetenzen nicht durch formales, sondern durch nonformales und vor allem durch informelles Lernen, also in nicht professionell gestalteten pädagogischen Settings, erworben werden. Zu beachten ist allerdings hierbei, dass diese Unterteilung formal, nonformal und informell nicht identisch ist mit der Unterscheidung Schule/Außerschulisches. Vielmehr ist davon auszugehen, dass auch in der Schule als dem zentralen Ort des formalen Lernens in erheblichem Umfang nonformal und vor allem informell gelernt wird: In den Pausen, in der Art der Zeit- und Raumorganisation, durch die Architektur etc.

Offensichtlich geschieht das, was man Sozialisation und Enkulturation nennt, also die Hineinentwicklung des Einzelnen in gesellschaftliche und kulturelle Kontexte, vor allem über informelles Lernen. Dieser Bereich, der per Definition ohne professionelle Pädagogik auskommt, ist trotzdem pädagogisch zu analysieren. Denn natürlich sind soziale und räumliche Kontexte gestaltet – möglicherweise mit kommerzieller Absicht. Und natürlich lassen sich dann auch „Bildungs- und Lernwirkungen" solcher Kontexte informellen Lernens untersuchen. Nicht umsonst sprach man schon vor Jahrzehnten von „heimlichen Erziehern" und meinte Verlage und Medien. Dies ist allerdings nicht Thema dieser Ausführungen. Hier geht es vielmehr um das intendierte Lernen, das in professionell gestalteten pädagogischen Settings – etwa in pädagogischen Institutionen und von pädagogischen Profis organisiert – stattfindet.

Es hat sich in diesem Zusammenhang eingebürgert, eine Makro-, Meso- und Mikroebene zu unterscheiden. Die Makroebene erfasst gesellschaftliche (z.B. gesetzliche) Vorgaben und Einflüsse, die Mesoebene bezieht sich auf die pädagogische Institution, die Mikroebene erfasst die zwischenmenschliche Interaktion, etwa zwischen Lehrer und Schüler. Diese Unterscheidung von Ebenen gestattet es, zwei oft als Alternative vorgestellte Zugangsweisen zu dem Handeln in bestimmten Kontexten als komplementäre, sich ergänzende Sichtweisen zu verstehen:

>> die Perspektive der (objektiv vorgegebenen) Struktur oder des Systems (dies kann sich auf das gesellschaftliche Gesamtsystem, aber auch auf die Schule als System beziehen),

>> die Perspektive der handelnden Akteure (Mikroebene).

Es geht also um eine sinnvolle Integration beider Ansätze. Eine solche Integration ist – gerade im Kontext der kulturellen Bildungsarbeit – notwendig. Denn in den kulturpädagogischen Diskursen lassen sich Schwerpunkte der Debatten identifizieren:

Es gibt recht ausgeprägte Debatten über das Konzept der kulturellen (künstlerischen oder ästhetischen) Bildung, wobei es die Natur des Bildungsbegriffs mit sich bringt, dass man sich hier auf einer hohen Abstraktionsstufe bewegt.

Es gibt zudem eine ausufernde Literatur, die sich mit der Beschreibung von Praxis befasst, meist ohne theoretische Reflexionsebene.

Kaum thematisiert wird hingegen, dass auch kulturelles (ästhetisches oder künstlerisches) Lernen in pädagogisch inszenierten Kontexten stattfindet. Dies gilt ohnehin für kulturpädagogische Einrichtungen. Es gilt sogar für offene Angebote in der Kinder- und Jugendkulturarbeit. Diese Mesoebene wird jedoch kaum in ihrer Wirkung auf die pädagogischen Prozesse reflektiert. Man braucht daher eine Theorie kulturpädagogischer Institutionen. Greift man zu verbreiteten Handbüchern der Organisationstheorie, so wird man mit einer Vielzahl unterschiedlicher Zugangsweisen konfrontiert. So sind Organisationen Thema soziologischer, psychologischer, betriebswirtschaftlicher, politikwissenschaftlicher und in letzter Zeit auch pädagogischer Studien.

Während psychologische Organisationslehren naturgemäß das Verhalten der Menschen in Organisationen untersuchen (etwa die Mikroebene bearbeiten), finden sich in sozialwissenschaftlichen Zugangsweisen beide Zugriffe: das Ausgeben von System/Struktur und die Fokussierung auf die Akteure und ihr Handeln. So beschreibt das verbreitete Handbuch (Weik/Lang 2005) im ersten Band handlungstheoretische Ansätze:

Sensmaking (Weick), Organisationskultur (Schein), organisationales Lernen und Mikropolitik auf der Grundlage philosophischer und sozialwissenschaftlicher Basistheorien (Rational Choice, Ansätze des Verstehens, Hermeneutik und Phänomenologie und Ethnomethodologie).

Im zweiten Band werden strukturtheoretische Ansätze vorgestellt: Systemtheorie, institutionensoziologische Ansätze, Selbstorganisation, organisationale Transformation und Kontrolle auf der Basis der folgenden Theorien: Neomarxismus und kritische Theorie, Strukturalismus und Poststrukturalismus, Postmoderne und Theorie sozialer Systeme.

Alleine die Aufzählung zeigt, dass Organisationstheorie und das systematische Gestalten und Verändern von Organisationen inzwischen ausgesprochen elaboriert und theoretisch anspruchsvoll ist.

In der Schulentwicklung sind es (unter anderem) die Dortmunder Gruppe um ihren früheren Leiter Rolff und Helmut Fend, die die Komplexität dieser Debatte aus pädagogischer Sicht aufgearbeitet haben. Helmut Fend bezieht sie in seine in den letzten

Jahren quasi als Fazit seiner mehrere Jahrzehnte dauernden Forschungstätigkeiten systematisch ein (Fend 2008, 2006a und b). Er erweitert seine stark am Strukturfunktionalismus (in Anlehnung von Parsons) orientierte frühere Theorie der Schule um die Berücksichtigung des Handlungsaspektes durch eine ausgeprägte Akteursperspektive, fasst also das System Schule (Mesoebene) sowohl als „korporativen Akteur im lokalen Umfeld" (Fend 2006, Kap. 3) auf der Makroebene, aber auch als systemischen Zusammenhang schulischer Akteure auf. Die Mikroebene wird durch Einbeziehung von Theorie der verstehenden Soziologie (in der Folge von Max Weber) handlungstheoretisch erfasst. Als Theoriemodell zieht er den in der Politikwissenschaft entwickelten Ansatz eines „akteurszentrierten Institutionalismus" zu, in dem er beide Dimensionen, die des Handelns und die des Systems, aufgehoben und integriert sieht.

Aufgabe des Bildungswesens ist „Humangenese", wobei seine früheren Ansätze einer Identifikation gesellschaftlicher Funktionen (Qualifikation, Allokation/Selektion, Legitimation und Enkulturation) erhalten bleibt. Es geht um die Konstruktion der jeweils erforderlichen Subjektivität (in meinen Worten), um „Menschengestaltung" (so Fend), bei der das Lernen eine zentrale Rolle spielt.

Die Arbeiten von Fend dürften die theoretisch komplexesten und empirisch gehaltvollsten Beiträge zur Theorie der Schule im gesellschaftlichen Kontext sein. Sie bilden damit auch eine Art Resonanzboden für andere Ansätze. Michael Göhlich (hier v.a. 2001), einer der Hauptvertreter einer pädagogischen Organisationsforschung, legt ebenfalls die Unterscheidung Struktur vs. Handeln zugrunde (und berücksichtigt überraschenderweise kaum die reichhaltige Literatur zur Organisationstheorie).

In einem systemtheoretischen Zugriff stellt er knapp die Entwicklung von philosophischen Vorläufern bis zu aktuellen systemtheoretischen Ansätzen dar. Im handlungstheoretischen Teil verfolgt er den Weg von Aristoteles über Thomas von Aquin und Kant bis zu Weber, Habermas, Bourdieu und Gebauer/Wulf.

Im Kontext des Lehrens ist dies hochrelevant, weil Lernen und Lehren in Institutionen hier im Mittelpunkt steht und pädagogische Professionalität somit auch bedeutet, pädagogische Praxis in einem organisatorisch-institutionellen Rahmen zu realisieren. Nun ist gerade an Theorien des Handelns kein Mangel, zumal gerade bei diesem Thema nicht bloß Zugangsweisen von unterschiedlichen Großtheorien hier möglich sind, sondern die Auffassung von Handeln stark von dem dahinter stehenden Menschenbild abhängt.

Verhalten, Handeln, Tätigsein: von der Philosophie zur pädagogischen Praxis

An Handlungstheorien ist kein Mangel. Dies liegt daran, dass es eine anthropologische Grundbestimmung des Menschen ist, handelnd sein Leben zu bewältigen. Natürlich spielt (heute) Kontemplation (als bewusstes Seinlassen des Handelns) eine wichtige Rolle. Doch braucht man eine hohe Sicherheit des Überlebens, um als Gruppe auf die produktive Tätigkeit Einzelner verzichten zu können. Tätig muss der Mensch die Natur domestizieren, tätig muss er sich und seine Gruppe organisieren, tätig muss er sich vorhandene Wissensbestände aneignen, tätig muss er vorhandenes Können üben. Selbst Meditation braucht „Techniken" (!), die erlernt und geübt werden müssen: Geistiges Handeln ist ebenfalls eine Form von Tätigkeit.

Die philosophische Handlungstheorie findet sich in Moralphilosophie und Ethik, der „Praktischen"(!) Philosophie. Aber auch das Erkennen wird spätestens seit der Neuzeit als (handelnde) Konstruktion verstanden. Sprechen wird als Sprechhandeln verstanden, soziale Beziehungen werden unter der Überschrift des sozialen Handelns diskutiert. Ein wichtiger Schritt war der Übergang von Reiz-Reaktions-Theorien, bei denen Verhalten determiniert wird durch Reize, hin zu komplexeren Ansätzen. Handeln wird gegenüber Verhalten als reflektierte, bewusste, meist absichtsvolle Bewegung in Richtung auf ein Handlungsziel verstanden, für dessen Erreichung wiederum geeignete Mittel zur Verfügung stehen müssen. Ziel, Absicht, Intention, damit verbunden der Wille, das Ziel zu erreichen, woraus sich die Motivation zum Handeln ergibt, und schließlich die Auswahl geeigneter Mittel sind die Bestimmungsmomente des Handelns. Handeln geschieht dabei stets in einem sozial-kulturellen Kontext. Die kulturelle Dimension mag man auf gesellschaftlich vorhandene Handlungskompetenzen beziehen (die jeweils subjektiv – zumindest teilweise – anzueignen sind). Die soziale Dimension weist darauf hin, dass man stets gemeinsam mit anderen handelt. Selbst dort, wo scheinbar nur ein Einzelner am Werke ist, steht er in sozialen Beziehungen, da jeder Moment seiner Handlung (Ziel, Mittel, Kompetenzen etc.) in früheren Zeiten von anderen entwickelt worden ist. Handeln überwindet daher bereits in dieser Hinsicht Zeit und Raum. Anthropologisch handelt es sich hier um das Prinzip der Aneignung und Vergegenständlichung menschlicher Wesenskräfte (so Marx): Menschen gestalten aktiv ihre Umgebung, ändern sie mit ihren Kompetenzen, Fähigkeiten und Fertigkeiten, Gegenstände anzufertigen, in denen diese dann vergegenständlicht sind. Der aktive Gebrauch der gestalteten Dinge führt – meist unbewusst – zur Aneignung der im Gegenstand vergegenständlichten Fähigkeiten. Daraus entsteht menschliche Entwicklung als kumulativer Prozess, denn jede Generation kann so auf den Kenntnissen und Fähigkeiten der Alten aufbauen.

Handeln hat es stets mit subjektivem Sinn zu tun. Kaum eine Handlungstheorie versäumt es, auf die klassische Definition von Max Weber zurückzugreifen:

> „Soziologie – soll heißen: eine Wissenschaft, welche soziales Handeln deutend verstehen und dadurch in seinem Ablauf und seinen Wirkungen ursächlich erklären will. „Handeln" soll dabei ein menschliches Verhalten (einerlei ob äußeres oder innerliches Tun, Unterlassen oder Dulden) heißen, wenn und insofern als der oder die Handelnden mit ihm einen subjektiven Sinn verbinden" (Weber 1970, S. 11).

Offensichtlich versucht Weber hier auch, den von Dilthey stark betonten Unterschied zwischen Erklären und Verstehen (und somit die Differenz zwischen Natur- und Geisteswissenschaften) zu überbrücken. An Max Weber und Husserl schließen dann die Versuche der phänomenologischen Soziologie (Schütz) an.

Heute kann man Lernhandeln, Spielhandeln, soziales Handeln, Arbeitshandeln, Sprachhandeln etc. unterscheiden.

Nützlich ist die von Hannah Arendt (1960) in Anschluss an Aristoteles herausgearbeitete Unterscheidung von Arbeit, Herstellen und Handeln in ihrer Philosophie des tätigen (!) Lebens: der Vita Activa. Andere unterscheiden Praxis (= körperliches Handeln), Poiesis (Gestalten der physischen Welt) und theoretische Tätigkeit (= Erkennen und Denken; vgl. Göhlich 2001, S. 111ff).Wichtig ist, bei aller Konzentration auf den Einzelnen den sozialen Kontext und dessen Beeinflussung des individuellen Handelns nicht zu vergessen. Ohne an dieser Stelle ausführlich die Entscheidung begründen zu können, sehe ich in der Tätigkeitstheorie, so wie sie in einer eigenständigen Interpretation der Philosophie von Marx in der russischen kulturhistorischen Schule (Wygotski, Leontiew, Galperin, u.a.) entwickelt wurde und wie sie nach dem Ende des Ost-West-Konflikts geradezu einen Siegeszug weltweit antritt (Veer/Valsiner 1994). In Deutschland haben sich auf dieser Grundlage gleich mehrere, gelegentlich miteinander konkurrierende Ansätze (z.B. in Berlin, und in Bremen) entwickelt. Lernen (und Lehren) aus dieser Perspektive wird untersucht in dem Dreischritt: Phylo- und Antrhopogenese des Lernens, sozialhistorische Überformtheit, d. h. Berücksichtigung der konkret-historischen Rahmenbedingung und Ontogenese (Fichtner 2008). Damit sind zumindest die Makro- und die Mikroebene sowie die „biologischen Grundlagen des Lernens" (Scheunpflug 2001 a und b) erfasst. Spätestens mit seinem Grundlagenbuch über Lernen hat Holzkamp (1993) auch die Rolle der Mesoebene, also der Institutionen einbezogen, interessanterweise unter Bezug auf die Disziplinierungstheorie von Foucault, wodurch der einschränkende Charakter der Institution betont wird. Die neuere – auch pädagogische – Organisationsforschung (z. B. Göhlich u.a. 2005) betont neben diesem repressiven Aspekt auch den Aspekt der Ermöglichung durch Institutionen. Wir haben es also mit einer Dialektik von Ordnung und Freiheit zu tun (vgl. zur Anwendung auf Fragen der Schulentwicklung Rihm 2008). Göhlich (in seinem Vorwort zu Göhlich u.a. 2005) unterscheidet vier Ebenen, in denen Lernen und Lehren (verstanden als Lernunterstützung) thematisiert werden können, hier in Form einer Matrix (S. 17; Abb. 49):

	System	Handeln
Eigenaktivität	Lernendes System	Lernhandeln
Unterstützungshandeln	Lernunterstützungssystem	Lernunterstützungshandeln

Abb. 49: Lernen und Lehren

Einige Hinweise zu Theorien des Handelns und der Praxis

Die Entscheidung dafür, von dem Menschen als handelndem aktiven Wesen auszugehen, führt zu der Frage, welches der in der Überschrift genannten Konzepte ist (Handeln, Praxis etc.) der zentrale Grundbegriff? Immerhin haben die kurzen Hinweise (unter Bezug auf Göhlich 2001, Kap. 2) bereits gezeigt, das es eine beachtliche Theorientradition bis in die jüngsten Tage hierzu gibt. Einige Ausführungen zu „Tätigkeit" als Grundkategorie wurden vorgestellt. Hier will ich auf einige weitere prominente Ansätze hinweisen, bei denen ich davon ausgehe (ohne dies hier belegen zu können), dass sie anschlussfähig an die Tätigkeitstheorie sind. Manche unterscheiden sich in ihrem theoretischen Bezug voneinander, andere in der Frage, auf welcher Hierarchieebene das Individuum, die Gruppe oder der kulturelle Kontext in Erscheinung tritt. *In jedem Fall muss am Ende der Theoriearbeit der Einzelne im sozialen Kontext mit seinen biologischen Grundlagen und der gesellschaftlich-kulturellen Überformtheit erkennbar werden, der sein Leben aktiv auf der Basis eigener Willensentscheidungen gestaltet.*

Eine einflussreiche Theorielinie geht auf Kant zurück. Münch (1988) zeigt in seiner Rekonstruktion der „voluntaristischen Handlungstheorie" von Talcot Parsons, wie stark dieser Theorieansatz Anleihen bei Kant macht: Analog zu dem transzendentalen Zugriff auf Erkennen, moralisches Handeln und ästhetisches Urteil, bei denen jeweils die Bedingungen der Möglichkeit ihres Stattfindens ausgelotet werden, lotet Parsons die Bedingungen der Möglichkeit sozialer Ordnung aus, die sich durch das Handeln des Menschen konstituiert und perpetuiert. Dabei wird durchaus nachvollziehbar gezeigt, dass sich eine Tendenz zur Universalisierung und Harmonisierung bei der Betrachtung sozialer Ordnungen ergibt und immer wieder das idealtypisch gesehene Modell der amerikanischen Gesellschaft als Vorbild dient.

Foucault thematisiert das Handeln der Menschen unter der Perspektive der Macht, wobei bei ihm in den frühen Schriften der Aspekt der Disziplinierung und Unterordnung dominiert und – gerade bei der Analyse von Institutionen – deren Rolle als Ermöglichung von Freiheit vernachlässigt wird. In der Machttheorie seiner späteren Schriften wird diese Einseitigkeit zurückgenommen (vgl. meinen entsprechenden Aufsatz in Bockhorst 2011).

Der Strukturanhänger Parsons ist – so Münch (1988) in seiner Rekonstruktion – ein Anhänger Kants und ein Handlungstheoretiker. Offenbar sind bestimmte Gegensätze weniger dramatisch, als gelegentlich beschrieben. Letztlich kommt kein Handlungstheoretiker an der Erkenntnis vorbei, dass regelmäßige Handlungsabläufe zu Ordnungsstrukturen führen, die dann einen Rahmen für späteres Handeln darstellen. Und letztlich wissen auch die Strukturalisten, dass Systeme und Strukturen nur durch das Handeln der Einzelnen lebendig werden. Letztlich geht es also weniger um die Frage, ob man beide Dimensionen und Sichtweisen braucht – offensichtlich ist dies kaum zu bezweifeln, sondern es handelt sich vielmehr um die grundlagentheoretische Frage danach, was im Aufbau der Theorie Priorität hat. In unserem Anwendungszusammenhang, bei dem es nicht um die Grundlegung einer Sozialtheorie geht, lässt sich daher diese Fragestellung vernachlässigen. Interessant sind vielmehr solche Ansätze, die beide Sichtweisen, den Struktur- und den Handlungsaspekt, integrieren. In Hinblick auf Schule arbeitet Fend (2006) wie gesehen mit einem akteurszentrierten Institutionalismus. Auch neuere Theorieentwicklungen in der Sozialwissenschaft gehen von der Notwendigkeit der Integration beider Dimensionen aus.

John Dewey ist als politischer Philosoph zu nennen, bei dem das Handeln der Menschen sogar der philosophischen Schule („Pragmatismus") den Namen gab. In Deutschland von Vertretern der geisteswissenschaftlichen Pädagogik (v.a. Spranger) lange als oberflächlicher Utilitarismus denunziert, hatten selbst diesem Ansatz nahestehnde Erziehungswissenschaftler eine Scheu, sich dazu offensiv zu bekennen (z.B. Kerschensteiner; vgl. das Nachwort von J. Oelkers zu Dewey 2010). Dewey orientiert sich dabei eher an Hegel, während sein Co-Begründer des Pragmatismus Ch. S. Peirce sich an Kant orientiert. Es geht um aktive Lebensbewältigung, bei der auch Theorie ihre praktische Bewährungsprobe abzuliefern haben. Aktuell beziehen sich Shustermann, Rorty und Sennett explizit auf Dewey. Auch Gehlen stützte seine Anthropologie mit dieser Philosophie.

Pierre Bourdieu hat uns eine reichhaltige Praxistheorie hinterlassen. Der handelnde Mensch ist bei Bourdieu sowohl innen- als auch außengeleitet (Sandmann in Fröhlich/ Rehbein 2009, S. 199ff.). Der Mensch ist mit seinem gesamten Körper in die Handlungslogiken der verschiedenen, für ihn relevanten Felder involviert und inkorporiert durch sein Handeln innerhalb dieser Strukturen, sodass sich sein spezifischer Habitus (als strukturierende Struktur) entwickelt: Habitus und Feld stehen in einem gewissen homologen Verhältnis zueinander. Sandmann identifiziert als wichtige Kennzeichen der Praxiskonzeption von Bourdieu Situationsgebundenheit, Körperlichkeit, Strukturiertheit, Unbestimmtheit.

Habermas (1981) wiederum legt in seinem Hauptwerk das „kommunikative Handeln" seiner einflussreichen Sozialtheorie zugrunde. Der vielleicht ambitionierteste Versuch einer Handlungstheorie stammt von Reckwitz (2000/2006 und 2006), der Sozialtheorie als Kulturtheorie konstituiert und letztere als Theorie der Herstellung jeweils „passender" Subjektivitätsformen modelliert (vgl. auch Fuchs 2008).

Seine Ausgangsfrage: „Was sind die spezifischen Praktiken, in denen die moderne Kultur Subjekte mit bestimmten Dispositionen, am Ende auch mit bestimmten kognitiven und emotionalen Innenwelten beständig hervorbringt?" (Reckwitz 2006, S. 35). Als Bezugsautoren für seine Praxistheorie nennt er Bourdieu, Foucault, Giddens und Schatzki. Eine „Praktik" ist eine „sozial geregelte, typisierte, routinisierte Form des körperlichen Verhaltens (einschließlich des zeichenverwendenden Verhaltens) und umfasst darin spezifische Formen des Wissens, des know how, des Interpretierens, der Motivation und der Emotion. Körperliches Verhalten, Wissen, Interpretationen, Regeln und Codes fügen sich in Praktiken …. zu einem Komplex zusammen, aus dem sich keines der Elemente herausbrechen lässt: Die Praktik ist weder nur Verhalten noch nur Wissen." (ebd., S. 36 f.).

Praktiken setzen Subjekte als Träger voraus. Dieses Subjekt ist nicht Denken, sondern Tun (39). Praktiken werden angeeignet und trainiert in spezifischen Feldern. Es entsteht eine innere Disposition zu Handeln, die Bourdieu als Habitus beschreibt (41). Diskurse sind dabei spezifische Praktiken (43). Soziale Felder mit ihren spezifischen Strukturen wiederum entstehen durch Verdichtung und Ballung von entsprechenden Praktiken. Reckwitz unterscheidet eine größere Zahl von Feldern, unter denen er für seine Analyse der Subjektkombination in den letzten 200 Jahren drei auswählt: das ökonomische Feld, das private Feld der persönlichen und intimen Beziehungen und das Feld selbstreferentieller Praktiken (53). Dass das Feld der Bildung und Erziehung Relevanz hat, erkennt er durchaus, verzichtet aber auf seine Analyse. Hier könnte also sein Ansatz produktiv fortgeführt werden, zumal es gehaltvolle Vorarbeiten zu dem Thema (z. B. Berg u.a. 1987) gibt. Einen ähnlichen Weg schlägt Hörning (in Jaeger/Liebsch 2004, Bd. 1, 139ff: „Kultur als Praxis") ein. „Soziale Praxis meint das Ingangsetzen und Ausführen von Handlungsweisen ......, die in relativ routinierten Formen verlaufen .... Durch häufiges und regelmäßiges Miteinandertun bilden sich gemeinsame Handlungsgepflogenheiten heraus, die sich zu kollektiven Handlungsmustern und Handlungsstilen verdichten und so bestimmte Handlungszüge sozial erwartbar werden lassen." (ebd., S. 141). Ich gehe daher von einer grundsätzlichen Kompatibilität der genannten Ansätze aus.

Ebenso sind andere handlungstheoretische Konzeptionen wie die von Piaget (vgl. Dux 2005) oder Dewey kompatibel (auch wenn man sich aus phänomenologischer Sicht sehr deutlich an Piaget abarbeitet; Piaget war der Nachfolger von Merleau-Ponty auf dem Psychologie-Lehrstuhl in Paris, was vielleicht einige harte Abgrenzungskämpfe erklärt).

Betrachtet man die Literatur, auf die sich Reckwitz und Hörning stützen, dann fällt eine angloamerikanische Dominanz auf (obwohl die Theorie des Sprachspiels des späten Wittgenstein eine wichtige Rolle spielt). Alle tätigkeitstheoretischen Ansätze in Anschluss an Wygotski werden nicht zur Kenntnis genommen, sind vermutlich noch nicht einmal bekannt, obwohl es – nach dem Zusammenbruch der Sowjetunion – eine sich rasch verbreitende internationale Diskussion gibt. Immerhin gibt es vereinzelte Hinweise auf Marx bei Reckwitz sowohl in seiner Arbeitstheorie, v.a. aber in Hinblick auf die (tätigkeits- und praxisorientierten) Marxschen „Thesen zu Feuerbach".

Göhlich stützt seine handlungstheoretischen Überlegungen z. T. auf dieselben Autoren, bemängelt jedoch ohne weitere Begründung bei Bourdieu dessen kapitalismuskritischen Grundansatz. Es ist daher kaum verwunderlich, wenn bei aller Plausibilität seines Ansatzes eine gewisse Abstraktheit dadurch entsteht, dass politische Rahmungen kaum eine Rolle spielen. Hier verabschiedet sich die Erlanger Theoriearbeit m.E. ein wenig zu rasch von den Überlegungen zur gesellschaftlichen Funktion des Systems Schule, so wie es – in überarbeiteter Form – noch in den jüngsten Arbeiten von Fend eine Rolle spielt.

Die hier favorisierte Tätigkeitstheorie (des Lernens und Lehrens) kann wie folgt charakterisiert werden (nach Giest/Lompscher 2004):
1. „Anschauliches Bewusstsein entsteht aus der menschlichen Tätigkeit als spezifisch menschlicher Existenzweise.
2. Tätigkeit ist stets gemeinsame Tätigkeit. Tätigkeit hat einen Systemcharakter
3. Eine zentrale Rolle spielen die Mittel (Werkzeuge, Begriffe)
4. Zeichen und Bedeutungen sind Produkte gesellschaftlich-historischer Entwicklung
5. Die kulturhistorischen Existenzbedingungen realisieren sich durch soziale Interaktion und Kommunikation in gemeinsamer Tätigkeit.
6. Tätigkeit ist das Prinzip der Ontogenese
7. Es sind zwei Entwicklungszonen zu unterscheiden: die „Zone der aktuellen Leistung" und die „Zone der nächsten Entwicklung"."

Daraus ziehen Giest/Lompscher die folgenden Schlussfolgerungen für Lernen und Lehren, hier als Originalzitat:

>> „Lernen ist – wie auch Lehren – als jeweils spezifische Tätigkeit zu betrachten. Damit Lernen eine produktive Aneignung der Kultur ermöglichen kann, muss es selbst als Bestandteil der Kultur verstanden und schrittweise als Tätigkeit angeeignet, ausgebildet, d.h. die Lernenden müssen zum Lernen befähigt – nicht nur beim Lernen beobachtet, begleitet usw. werden.

>> Jede Tätigkeit wird zu allererst durch ihren Gegenstand gekennzeichnet. Lerntätigkeit ist immer gegenstandsspezifisch, was u. a. die differenzierte Analyse von Lernanforderungen und -bedingungen mit Bezug auf die jeweils bereits vorhandenen, aber auch die noch nicht vorhandenen Lernvoraussetzungen bedeutet.

>> Subjekt der Lerntätigkeit ist nicht schlechthin ein Individuum, sondern sind in soziale Strukturen eingebettete individuelle Lerner, die Anforderungen des Lerngegenstands und der Lernsituation gemeinsam bewältigen, deren Tätigkeit unter Bedingungen der Interaktion, Kommunikation, Kooperation vonstatten geht, was auch die Beziehungen zwischen Lernenden und Lehrenden sowie weiterer Beteiligten einschließt. Im Unterricht agiert immer ein pädagogisches Gesamtsubjekt.

>> Inhalt und Qualität einer Tätigkeit wird vorrangig durch ihre Motive und Sinnbezüge bestimmt. Ohne gegenstandsbezogene Motive ist aktive, bewusste Lerntätigkeit nicht möglich. Deshalb kann Lerntätigkeit nicht einfach gefordert oder gar erzwungen werden. Lernmotive entstehen, wenn Lerngegenstand und -situation so gestaltet werden, dass sie für die Lernenden Persönlichkeitssinn gewinnen.

>> Jede Tätigkeit wird durch konkrete Handlungen realisiert. Lernhandlungen sind die wichtigsten Mittel der Lerntätigkeit. Gegenständliche Lernmittel wirken als solche nur, wenn sie in die Struktur der Lerntätigkeit integriert werden. Die für die Aneignung konkreter Lerngegenstände erforderlichen Handlungen sind nicht voraussetzungslos verfügbar, sondern müssen durch Analyse des Lerngegenstands und Lernziels unter Beachtung der Lernvoraussetzungen bestimmt, und es müssen Bedingungen für ihre systematische Ausbildung und Anwendung geschaffen werden, was wiederum eigene Aktivität der Lernenden voraussetzt.

>> In einem Lerngegenstand lassen sich Oberflächen- und Tiefenstrukturen unterscheiden. Darauf basieren die Wechselbeziehung von empirischem und theoretischem Verallgemeinern bei der Begriffsbildung und damit das Eindringen in die wesentlichen Merkmale und Relationen eines Lerngegenstands. Die Lehrstrategie des Aufsteigens vom Abstrakten zum Konkreten schafft Bedingungen, unter denen die Lernenden durch eigene aktive Einwirkung auf den Lerngegenstand Ausgangsabstraktionen gewinnen, die als Mittel des weiteren Eindringens in den Lerngegenstand genutzt und selbst schrittweise inhaltlich angereichert werden.

>> Ein Lernender wird zum Subjekt seiner Tätigkeit, indem er sich diese Tätigkeit wirklich aneignet, was u.a. bedeutet, zunehmend selbständig Lernziele zu bilden, Lernhandlungen auszuwählen und gegenstands- und zielspezifisch

einzusetzen sowie Lernverlauf und Lernergebnisse selbst zu kontrollieren, zu analysieren und zu bewerten. Bewusste Reflexion auf die eigene Tätigkeit muss bei den Lernenden angeregt und gefördert werden. Damit entwickelt sich auch Verantwortungsbewusstsein für die eigene Tätigkeit und Selbständigkeit ihrer Planung und Ausführung.

>> Die Funktion des/der Lehrenden besteht – wie aus den vorangehenden Thesen ersichtlich – nicht in erster Linie darin, Wissen und Können an die Lernenden zu übermitteln (obwohl auch das nicht ausgeschlossen werden sollte), sondern darin, gegenstands-, ziel- und lerneradäquate Tätigkeitssituationen zu schaffen und zu gewährleisten, entsprechende Tätigkeiten anzuregen, die Bewältigung der Lernanforderungen zu unterstützen und zu fördern, für die Aneignung und Entwicklung der Lerntätigkeit und dadurch für die Entwicklung der Lernenden zu sorgen – dies alles durch Gestaltung der pädagogischen Interaktion, Kommunikation und Kooperation mit den Lernenden.

>> Nur der Unterricht ist gut (d. h. entwicklungsförderlich) – so Vygotskij – der der Entwicklung vorauseilt, d. h. sich nicht schlechthin auf die bereits voll ausgebildeten, sondern vor allem auf die gerade in Entwicklung befindlichen psychischen Funktionen und damit auf die jeweilige Zone der nächsten Entwicklung orientiert und sich dabei auf die innere Logik der historischen Entwicklung des Denkens, des Sprechens usw. stützt, die in der Kultur materialisiert ist."

Offensichtlich leitstet dieser Ansatz eine Integration von System und Handeln.

Göhlich (2001, S. 155ff.) referiert und bewertet einige Ansätze, die pädagogisches Handeln – stets bezogen auf das Handeln pädagogischer Profis –konzeptionalisieren (Giesecke, Wellendorf, Masschelein u.a.). Von besonderem Interesse ist dabei der Ansatz von Bauer (1997) u.a. deshalb, weil Bauer Mitarbeiter des für die Schulforschung und -entwicklung einflussreichen Dortmunder Instituts für Schulentwicklungsforschung war (vgl. Fuchs/Braun 2011).

Im Mittelpunkt steht das „professionelle Selbst" des Lehrenden (Werte, Überzeugungen, Handlungsrepertoire), bei dem sechs Dimensionen unterschieden werden:
>> Organisation/Schule
>> Momente der Muße
>> Zeitmanagement
>> Methoden entwickeln
>> Hintergrundarbeit
>> Arbeitsaufgabe

Das Handlungsrepertoire als zentraler Teil des „professionellen Selbsts" kennt wiederum fünf Dimensionen:
>> soziale Strukturbildung
>> Interaktion
>> Kommunikation und Interaktion
>> Gestaltung
>> Hintergrundarbeit

Diese differenzieren sich weiter aus:

Soziale Strukturbildung

>> Selbstorganisation fördern
>> Leitung und Führung
>> Kleingruppen anleiten
>> Regeln entwickeln
>> Soziale Bindung fördern
>> Gruppen moderieren

Interaktion

>> Gefühle wahrnehmen
>> Gefühle zeigen
>> positives Klima schaffen
>> Humor
>> Spielen
>> Aufwärmen/Abschließen

Kommunikation

>> Kurzvortrag halten
>> Diskussion leiten
>> Feedback geben
>> Fragen stellen
>> Feedback empfangen
>> Zuhören
>> Visualisieren (was geäußert wurde)

Gestalten

>> den Körper einsetzen
>> Räume zweckentfremden
>> Rituale schaffen
>> Materialien erfinden
>> Rollen darstellen
>> den Clown spielen
>> Rhythmen finden
>> Figuren bilden

Hintergrundarbeit

>> Organisieren
>> Planen/Zeitmanagement
>> Archivieren
>> Material produzieren
>> Ablegen
>> Auswählen/Abrufen

Göhlich (ebd., S. 174ff) kritisiert an dieser Modellierung pädagogischer Professionalität einen Rückfall in „die Webersche Tradition zweckrationaler Handlungstheorie", weil gelungenes pädagogisches Handeln als unmittelbare Folge pädagogischer Professionalität gesehen wird. Zudem wird Schülerhandeln ebenso vernachlässigt, vor allem in Momenten wie Störungen, Übergänge, Anfänge, Pausen etc.

Was heißt Lehren?

Nimmt man die inzwischen unstrittige These ernst, dass Lernen nur als subjektive Tätigkeit und nicht als bewusst produziertes Ergebnis eines Lehr-Handelns verstanden werden kann, dann ergibt sich zwangläufig die folgende Erkenntnis:

Lehren kann nur als Unterstützungshandeln von Lernen verstanden werden. Lehren heißt dann, Lernen zu ermöglichen.

Die Aufgabenbestimmung ist komplexer und komplizierter, als man vielleicht meinen könnte. Denn die Schaffung von Umgebungen, die günstig sind für Lernen, hat mindestens die folgenden Dimensionen:

>> Es sind die konkreten Voraussetzungen und die Lebensbedingungen der Lernenden zu kennen, also das, was die Berliner („lerntheoretische"") Didaktik die Analyse des Bedingungsfeldes nennt.

>> Es sind die „gesellschaftlichen Rahmenbedingungen – etwa die gesetzlichen Vorgaben, aber es ist auch die spezifische gesellschaftliche Problematik – zu kennen.

>> Es sind Kenntnisse über die Auswirkung der sozialen Gruppe, der zeitlichen Ordnung und des Ortes der Bildungseinrichtung im Sozialraum, sowie über die Auswirkung der Atmosphäre (räumlich und sozial) des Lernortes etc. nötig.

>> Es ist nötig, die kulturelle und individuelle Relevanz der Inhalte beurteilen zu können.

>> Kenntnisse über Lerntheorie und Gruppenverhalten, über Entwicklungs- und Lernpsychologie.

>> Verfügen über ein Methodenrepertoire.

Diese Liste ließe sich fortführen, sodass am Ende deutlich wird, dass alle in der Allgemeinen und Fachdidaktik (ohnehin zu verstehen als Berufswissenschaft von Lehrenden) auftauchen müssen. Dies lässt sich nicht nur an gängigen Einführungen in die Didaktik ablesen, auch das „Handbuch Unterricht" (Arnold u.a. 2009), das quasi das Berufswissen von LehrerInnen in Hinblick auf ihr Kerngeschäft Unterricht darstellt, bestätigt dies. So werden „Bedingungen und Kontexte des Unterrichts" beschrieben (Schule als Institution, Schulsystem, Familie, Peers, individuelle Voraussetzungen), also Rahmenbedingungen, die der einzelne Lehrer kaum beeinflussen kann, die er aber kennen sollte, weil sie seinen „Möglichkeitsraum des Lehr-Handelns" bestimmen. Das umfangreichste Kapitel befasst sich mit Methoden, mit der sozialen Gestaltung der Lernsituation, mit Arbeits- und Organisationsformen und mit Medien. Die menschliche Dimension wird durch Thematisierung des Schülers (Kognition und Motivation, Herkunft etc.) und des Lehrers (Berufsrolle, Belastung) sowie die oft leidige Frage der Leistungsbeurteilung eingeholt.

Lohnenswert wäre es, sich mit der durch den Bologna-Prozess ausgelösten „Reform" der Lehrerausbildung und die in diesem Prozess formulierten „Standards für die Lehrerausbildung" (2004) der Kultusministerkonferenz in Hinblick auf das dort formulierte Lehrerbild anzusehen. Der im Handbuch vorgestellte Ansatz des Lehrerhandelns(!) formuliert die folgenden Grundannahmen(a.a.O., S. 463):

>> „Lehrkräfte werden als autonom und verantwortlich Handelnde gesehen.
>> Bei diesem Handeln gehen sie in der Regel zielgerichtet vor, d.h. sie ver-
folgen bestimmte Zwecke.
>> Im Zuge dieses Handelns strukturieren die Lehrkräfte ihren Handlungsraum
aktiv-kognitiv.
>> Bei all dem greifen Lehrkräfte auf Wissensbestände zurück. Diese im Laufe
der Zeit aufgebauten kognitiven Strukturen können als professionelles
Wissen bezeichnet werden, das reicher als nur Fachwissen ist.
>> Das individuelle professionelle Wissen enthält auch überindividuelle gesell-
schaftliche Wissensbestände."

An Wissensbeständen werden Inhaltswissen, curriculares Wissen, Philosophie des
Schulfachs, pädagogisches Wissen und fachspezifisch-pädagogisches Wissen unterschieden (S. 465).
Offensichtlich wird in diesem Ansatz die kognitive Dimension des Lehrerhandelns
stark hervorgehoben (als Studium der teachers's cognition als Teil der teacher's ac-
tion; S. 462).
Es würde Sinn machen, diese kognitive Dimension des Handelns (Wissen lernen)
zu erweitern um die weiteren Dimensionen des Lernens (Können lernen, Leben lernen,
Lernen lernen), das dann auch die mimetische, emotionale, motivationale etc. Dimension des Handelns berücksichtigt, sodass Handeln vollständiger erfasst werden könnte.
Denn der Lehrende agiert in pädagogischen Situationen als ganze Person, weshalb
das auf Weinert zurückgehende Resümee auch erklärbar wird: „Lehrkräfte können auf
eine sehr unterschiedliche, aber nicht beliebige Art und Weise gleichermaßen guten
und erfolgreichen Unterricht halten." (zitiert auf S. 462). Als Zielvorstellung kann das
in der us-amerikanischen Literatur diskutierte Modell des „reflektierten Praktikers"
(dessen (Selbst-)Reflexion sich auf die gesamte Person bezieht) dienen.

Die Gestaltung von Ermöglichungsbedingungen erfolgreichen Lernens erfasst u.a.
>> Erfahrung im Umgang mit Differenzen
>> Kommunikations- und Sozialkompetenz
>> Selbstkompetenz
>> Gruppenkompetenz
>> Gestaltungskompetenz in Hinblick auf den Rahmen
>> Inhaltskompetenz
>> Methodenkompetenz

Lehren, so eine zu erweiternde Liste von Kennzeichen, heißt also (Abb.50)

Lehren heißt:
>> Unterstützung von Lernprozessen
>> Organisation/Steuerung von individuellen Lernprozessen
>> Organisation/Steuerung des Lernens in Gruppen
>> Ermöglichen von Erfahrungen
>> tätig sein
>> absichtsvolle Veränderung der mentalen Strukturen anderer
>> Organisation/Führen von Gruppen
>> Vormachen, Zeigen, Modell sein für andere, „Vorbild" sein

Lehren ist:
>> Inhalt/Gegenstand pädagogischer Berufe/Professionen
>> Organisation von Rahmenbedingungen und Ressourcen des Lernens
>> lernbar
>> Gestaltung von anregungsreichen (Lern-)Milieus
>> Beratung von Selbst-Lern-Prozessen
>> Bearbeiten von Widersprüchen, Konflikten und Widerständen
>> Einsicht in die Relevanz des zu Lernenden.

Abb. 50

Speziell in Hinblick auf kulturelle Schulentwicklung wurde in der BKJ die in Abb. 48 gezeigte Matrix entwickelt.

Ein anderer Strukturierungsversuch wurde von der Kinder- und Jugendstiftung vorgelegt (Abb. 51).

Man sieht, dass die untere Zeile der BKJ-Matrix den aktiven Lernprozess des Individuums in seinem Lernhandeln zeigt. Alle darüber liegenden Zeilen beschreiben Bedingungsfaktoren für gelingendes Lernen, gehören also im hier vorgestellten Verständnis zum Lehren.

Die Matrix formuliert damit auch ein Professionsprofil für Lehrende.

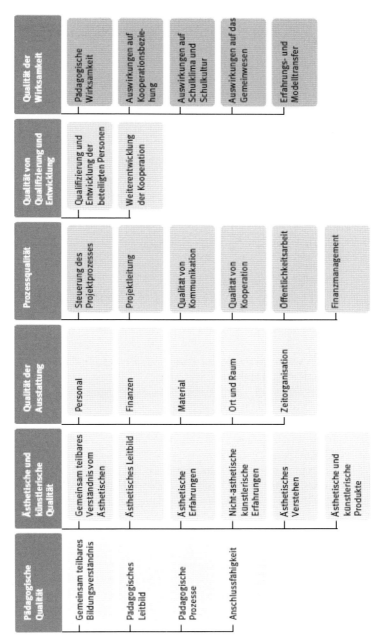

Abb. 51 Quelle: Thomas Busch: Gemeinsam Qualität entwickeln

Einen anderen Zugang zu dem Thema Lernen/Lehren wählt Göhlich 2001. Er unterscheidet vier Lernbereiche: Wissen lernen, Können lernen, Leben lernen, Lernen lernen und dies unter dem Aspekt der Mesoebene, der pädagogischen Institutionen. Bei der Unterstützungsleistung der Lehrenden unterscheidet er wiederum drei Aspekte: Stabilisieren, Aufklären, Anregen – durchaus in einer Nähe zu Hartmut von Hentigs pädagogischer Aufgabenbestimmung „Die Menschen stärken – die Sachen klären", sodass sich folgende Matrix ergibt (Abb. 52; ebd. S. 240).

		Lernen-Unterstützen		
		Stabilisieren	(Auf)Klären	Anregen
Lernen	Wissen-Lernen	Wissenlernen wird stabilisiert	Wissenlernen wird (auf)geklärt	Wissenlernen wird angeregt
	Können-Lernen	Könnenlernen wird stabilisiert	Könnenlernen wird (auf)geklärt	Könnenlernen wird angeregt
	Leben-Lernen	Lebenlernen wird stabilisiert	Lebenlernen wird (auf)geklärt	Lebenlernen wird angeregt
	Lernen-Lernen	Lernenlernen wird stabilisiert	Lernenlernen wird (auf)geklärt	Lernenlernen wird angeregt

Abb. 52 Aspekte des Pädagogischen der Praxis pädagogischer Institutionen

Offensichtlich wird durch solche Festlegungen von Aufgaben und Anforderungen das Professionsprofil von Lehrenden bestimmt.

Terhart (2002, 106f.) zitiert eine Schweizer Studie über zwölf Standards in der Lehrerbildung:

1. *„Zur Lehrer-Schüler-Beziehung*: Ich habe gelernt, den Schülerinnen und Schülern (in jeder Situation, mit unterschiedlichen Mitteln) fördernde Rückmeldung zu erteilen.

2. *Zu schülerunterstützendem Handeln*: Ich habe den entwicklungspsychologischen Stand der Schülerinnen und Schüler in verschiedenen Bereichen (Intelligenz, Sprache, Moral, soziales Verstehen) zu diagnostizieren und daran anzuknüpfen gelernt.

3. *Zu Disziplinproblemen und Schülerrisiken*: Ich habe gelernt, wann ich bei Verletzungen (Auslachen, Kränkungen, Eifersucht, Diebstahl usw.) den Unterricht zu unterbrechen und unter den Aspekten von Gerechtigkeit, Fürsorglichkeit und Wahrhaftigkeit einen „Runden Tisch" zu organisieren habe.

4. *Zum Aufbau von sozialem Verhalten*: Als Lehrer/Lehrerin habe ich in meiner Ausbildung gelernt, Besonderheiten von Ausländerkindern für die Entwicklung von Schulkultur zu nutzen und sie in ihrer Auseinandersetzung mit der neuen Welt zu unterstützen.

5. *Zur Lernprozessbegleitung*: Ich habe gelernt, wie man mit Schülerinnen und Schülern Fehler so bespricht, dass sie davon profitieren können (Fehlerkultur aufbauen).

6. *Zur Gestaltung des Unterrichts*: Ich habe gelernt, die Phasen des Unterrichts, in denen Schülerinnen und Schüler je aufnehmend, verarbeitend oder kontrollierend tätig sind, eindeutig zu bestimmen und flexibel zu gestalten.

7. *Zur Evaluation und Leistungsmessung*: Ich habe gelernt, den individuellen Fortschritt der Leistung nach unterschiedlichen Kriterien und mit unterschiedlichen Instrumenten zu messen und transparent zu machen.

8. *Zum Medieneinsatz*: Ich habe gelernt, Unterrichtsmedien (PC, Bild, Ton, Film, Modelle) bereitzustellen und so einzusetzen, dass sie der Anschauung (nicht der Ablenkung) dienen.

9. *Zur Team-Arbeit der Lehrerschaft*: Ich habe gelernt, ein Berufs- und Schulleitbild mit zu formulieren und im alltäglichen Unterricht zu realisieren.

10. *Zur Öffentlichkeitsarbeit*: Ich habe gelernt, die Aufgaben der Schule an Elternabenden darzustellen und die Eltern in die Bildungsarbeit einzubeziehen.

11. *Zum Kräftehaushalt der Lehrperson*: Ich habe gelernt, wie ich ein persönliches Fortbildungs- und Zusatzausbildungsprogramm zusammenstellen und verwirklichen kann.

12. *Zur Fachdidaktik*: Ich habe gelernt, den Aufbau der Fachinhalte additiv über mehrere Klassen mit Hilfe des Lehrplans und der Schulbücher zu strukturieren."

Zum Vergleich gebe ich den KMK-Beschluss zu „Standards für die Lehrerbildung" (2004) wieder. Als Grundsätze werden formuliert:

1. *„Lehrerinnen und Lehrer sind Fachleute für das Lehren und Lernen.* Ihre Kernaufgabe ist die gezielte und nach wissenschaftlichen Erkenntnissen gestaltete Planung, Organisation und Reflexion von Lehr- und Lernprozessen sowie ihre individuelle Bewertung und systemische Evaluation. Die berufliche Qualität von Lehrkräften entscheidet sich an der Qualität ihres Unterrichts.

2. *Lehrerinnen und Lehrer sind sich bewusst*, dass die *Erziehungsaufgabe* in der Schule eng mit dem Unterricht und dem Schulleben verknüpft ist. Dies gelingt umso besser, je enger die Zusammenarbeit mit den Eltern gestaltet wird. Beide Seiten müssen sich verständigen und gemeinsam bereit sein, konstruktive Lösungen zu finden, wenn es zu Erziehungsproblemen kommt oder Lernprozesse misslingen.

3. *Lehrerinnen und Lehrer üben ihre Beurteilungs- und Beratungsaufgabe* im Unterricht und bei der Vergabe von Berechtigungen für Ausbildungs- und Berufswege kompetent, gerecht und verantwortungsbewusst aus. Dafür sind hohe pädagogisch-psychologische und diagnostische Kompetenzen von Lehrkräften erforderlich.

4. *Lehrerinnen und Lehrer entwickeln ihre Kompetenzen ständig weiter* und nutzen wie in anderen Berufen auch Fort- und Weiterbildungsangebote, um die neuen Entwicklungen und wissenschaftlichen Erkenntnisse in ihrer beruflichen Tätigkeit zu berücksichtigen. Darüber hinaus sollen Lehrerinnen und Lehrer Kontakte zu außerschulischen Institutionen sowie zur Arbeitswelt generell pflegen.

5. *Lehrerinnen uns Lehrer beteiligen sich an der Schulentwicklung,* an der Gestaltung einer lernförderlichen Schulkultur und eines motivierenden Schulklimas. Hierzu gehört auch die Bereitschaft zur Mitwirkung an internen und externen Evaluationen."

Es werden die folgenden Kompetenzbereiche unterschieden:
„Kompetenz 1:
Lehrerinnen und Lehrer planen Unterricht fach- und sachgerecht und führen ihn sachlich und fachlich korrekt durch.

Kompetenz 2:
Lehrerinnen und Lehrer unterstützen durch die Gestaltung von Lernsituationen das Lernen von Schülerinnen und Schülern. Sie motivieren Schülerinnen und Schüler und befähigen sie, Zusammenhänge herzustellen und Gelerntes zu nutzen.

Kompetenz 3:
Lehrerinnen und Lehrer fördern die Fähigkeiten von Schülerinnen und Schülern zum selbstbestimmten Lernen und Arbeiten.

Kompetenz 4:
Lehrerinnen und Lehrer kennen die sozialen und kulturellen Lebensbedingungen von Schülerinnen und Schülern und nehmen im Rahmen der Schule Einfluss auf deren individuelle Entwicklung.

Kompetenz 5:
Lehrerinnen und Lehrer vermitteln Werte und Normen und unterstützen selbstbestimmtes Urteilen und Handeln von Schülerinnen und Schülern.

Kompetenz 6:
Lehrerinnen und Lehrer finden Lösungsansätze für Schwierigkeiten und Konflikte in Schule und Unterricht.

Kompetenz 7:
Lehrerinnen und Lehrer diagnostizieren Lernvoraussetzungen und Lernprozesse von Schülerinnen und Schülern; sie fördern Schülerinnen und Schüler gezielt und beraten Lernende und deren Eltern.

Kompetenz 8:
Lehrerinnen und Lehrer erfassen Leistungen von Schülerinnen und Schülern auf der Grundlage transparenter Beurteilungsmaßstäbe.

Kompetenz 9:
Lehrerinnen und Lehrer sind sich der besonderen Anforderungen des Lehrerberufs bewusst. Sie verstehen ihren Beruf als ein öffentliches Amt mit besonderer Verantwortung und Verpflichtung.

Kompetenz 10:
Lehrerinnen und Lehrer verstehen ihren Beruf als ständige Lernaufgabe.

Kompetenz 11:
Lehrerinnen und Lehrer beteiligen sich an der Planung und Umsetzung schulischer Projekte und Vorhaben."

Zur ästhetischen Dimension des Lehrens

Ästhetisches Lehren kann verstanden werden zum einen als Ermöglichung ästhetischen Lernens, das wiederum nicht möglich ist, wenn nicht alle Dimensionen der Lernunterstützung in ihrer ästhetischen Qualität berücksichtigt werden. Ästhetisches Lernen basiert auf einer handelnd erworbenen ästhetischen Erfahrung. Offensichtlich kann diese nur dann erfolgreich und dauerhaft ermöglicht werden, wenn der Lehrende selber von der fördernden Qualität des Ästhetischen in seinen eigenen Lernprozessen überzeugt ist und sich diese bewusst gemacht hat. Eine ästhetische Gestaltungsdimension zu berücksichtigen heißt u.a. die Berücksichtigung der Sinnlichkeit des Menschen, und diese wiederum ist verankert in der Leiblichkeit des Menschen. Selbst in der abstraktesten Lernübung im Bereich der höheren Mathematik in der Oberstufe spielt diese körperliche Präsenz von Lehrenden und Lernenden eine Rolle. In meinem eigenen Studium hat es etwa durchaus eine Rolle für die Aufmerksamkeit bei Vorlesungen gespielt, ob der Professor still und stationär seine Folien am Tageslichtprojektor – und dies dann erzwungenermaßen in der linearen Abfolge des Foliendurchlaufs – dargestellt hat oder ob er in umfassendem Körpereinsatz die großen Wandtafeln verwendet hat, bei deren Nutzung die oft notwendige Herstellung von Querverbindungen zwischen dargestellten Wissenselementen leicht möglich war: Es war auch eine körperliche Darstellung mathematischer Sachverhalte (für das Beispiel des Religionsunterrichts siehe Leonhard 2006).

Eine ästhetische Dimension hat die gegenständliche Gestaltung des Lernraumes, die Organisation des zeitlichen Erlebens (etwa im Sinne „geschlossener Gestalten", wie es die Gestaltpädagogik lehrt), die sinnlich wahrnehmbare Form der Verteilung und Bewegung der beteiligten Menschen im Raum als Teil der verwendeten Sozialformen des Lernens. Ich selbst stehe in dem mir zur Verfügung stehenden Universitätsraum immer wieder vor dem Problem, Gruppenarbeit bei festgeschraubten Tischen und Bänken organisieren zu müssen. Ein simples Beispiel, das jedoch zeigt, wie groß der Einfluss der räumlichen Gegebenheiten auf Lehr-Lern-Situationen ist.

Inwieweit es möglich ist, eine nachvollziehbare praktische Handlungsrelevanz in allen Lernstoffen zu finden und auf sinnlich erlebbare Weise in Lehr-Lern-Situationen zu integrieren, ist eines der großen Probleme der allgemeinbildenden Schule. Es gehört geradezu zu den Strukturprinzipien von Schule, dass es eine Differenz zwischen der häuslichen und der schulischen Lebenswelt der SchülerInnen geben muss, dass es zudem eine Differenz zwischen unmittelbar und vermutlich erst zukünftig verwendbarem Wissen gibt, dass man es also stets mit einer behaupteten Relevanz für ein *späteres* Leben zu tun hat. Möglicherweise ist diese behauptete Relevanz auch fragwürdig, weil sich bestimmte Wissensbestände des Lehrplans eher aus historischen Gründen oder aufgrund von Machtkonstellationen bei der Erstellung des Lehrplanes ergeben haben. Ein Problem besteht zudem darin, dass die Perspektive auf das zukünftige Leben bei immer mehr Jugendlichen zur Zeit eher negativ gesehen wird, sodass auch der Verweis auf später wenig Wirkung zeigt: Viele haben offenbar die Hoffnung auf ein sinnvoll zu gestaltendes Leben aufgegeben.

Vor diesem Hintergrund ist es wichtig, die Chancen und Möglichkeiten des Ästhetischen – gerade bei der Herstellung einer „Lust am Leben", einer „Vorfreude auf die Zukunft" zu sehen. Auf allgemeiner Ebene liegen hier zahlreiche Texte vor (z. B. Fuchs 2008). Eine Präzisierung dieser allgemeinen Thesen und die Erarbeitung einer Art Methodologie muss weiteren Arbeiten vorbehalten bleiben. Zur Erinnerung: Bei dem vorliegenden Text handelt es sich um ein Werkstattpapier als Zwischenergebnis dieses „work in progress". Möglich ist es jedoch schon bei dem jetzigen Wissensstand, die Überlegungen zu (passenden) Theorien der Organisation und Institution (Fuchs in Braun 2011) auf das Handeln von Lernenden und Lehrenden zu beziehen.

Neben der deutschsprachigen Literatur zu einem anderen Lernen und Lehren und zu einer kulturellen Schulentwicklung ist dabei die Berücksichtigung der (u.a.) englischsprachigen Literatur von Interesse, so wie sie etwa rund um die Initiative creative partnerships entstanden ist und in der Praxis erprobt wurde (Sefton-Green u.a. 2011; Fleming 2008, Thomson 2007, Banaji/Burn 2006). Insbesondere ist die dortige Unterscheidung von „Lehren von Kreativität" und „kreativem Lehren" hilfreich. Ist Lehre die Ermöglichung von Lernen, so muss – in Ergänzung des in Teil 1 Ausgeführten – die Erwartung an erfolgreiches Lernen der Maßstab für das Lehren sein. Einen konkreten Maßstab bietet das berühmte Project Zero der Harvard Universität (Seidel u.a., o. J.). Dieser Ansatz unterscheidet sieben Zwecke ästhetischen Lernens:

> „Ästhetisches Lernen
> >> soll ein breites Spektrum an Dispositionen und Fähigkeiten entwickeln helfen, v.a. die Fähigkeit, kreativ zu denken und Verbindungen herzustellen
> >> soll künstlerische Techniken beinhalten, ohne dass diese Priorität haben
> >> soll ästhetische Bewusstheit entwickeln
> >> soll Wege aufzeigen, die Welt zu verstehen
> >> soll die Jugendlichen ermutigen, sich in der Kommune und bei sozialen Themen zu engagieren
> >> soll die Fähigkeit vermitteln, sich selbst anzudrücken
> >> soll den Jugendlichen helfen, sich als Individuen zu entwickeln."

Der „reflektierte Praktiker" als hier bevorzugtes Rollenmodell eines Lehrenden kann all diese Bestimmungen quasi als weitere Checkliste zur kritischen Selbstreflexion seiner Lehrpraxis nutzen.

Schlussbemerkungen

„Die Formung des Subjekts" – bereits die Grundidee dieser Formulierung ist für viele
eine Provokation, denn gerade im Hinblick auf das Subjekt ist Freiheit die zentrale
Leitkategorie der Moderne. Freiheit ist jedoch gerade das Gegenteil dessen, was man
mit „Formung" assoziieren könnte. Geht es also um einen erneuten Abgesang auf die
Moderne? Ist nach dem Tod Gottes, dem Ende der Kunst, dem Ende des Subjekts nun
endgültig das Ende jeglicher Hoffnung erreicht, dass eine Selbstbefreiung des Menschen,
für Ernst Cassirer und viele andere Wissenschaftler, Philosophen und Künstler die zentrale Vision, nicht mehr möglich? Vielleicht hilft als erste Antwort der Hinweis, der u.a.
auch von Ernst Cassirer immer wieder reflektiert wurde: Form ist nicht das Gegenteil
von Freiheit, sondern von Chaos. Und im Chaos wird gerade nicht das Freiheitsstreben
des Menschen mit seinem selbstgesteuerten Projekt des Lebens zur Realität, es gewinnt
vielmehr der Stärkste, der Cleverste. Form ist daher eine Voraussetzung von Freiheit,
nicht ihr Gegensatz. Es lautet also die genaue Formulierung nicht: „Realisierung des
individuellen Projektes des guten Lebens", es geht weiter mit dem wichtigen Zusatz:
„in einer wohlgeordneten Gesellschaft." Denn das Sprichwort, immerhin eine Weisheit
des Volkes, gilt auch hier: Es kann der Beste nicht in Frieden leben, wenn es dem bösen
Nachbarn nicht gefällt. Generell: Die Sicht auf den Einzelnen (wie in der Pädagogik)
und die Sicht aufs Ganze (wie in der Politik) gehören zusammen.

Jede Gesellschaft erfordert zudem bestimmte Kompetenzen, über die jeder verfügen
muss, um in dieser betreffenden Gesellschaft zu überleben. Bildung ist daher zurecht
Über-/Lebenskompetenz. Die Gesellschaft ist dabei nicht das Böse, das dem Individuum
feindlich gegenübersteht, sondern Bedingung der Möglichkeit für die Entwicklung seiner Individualität und Persönlichkeit. Jede Gesellschaft hat zudem Interesse an ihrem
Fortbestand. Es gibt daher keine Gesellschaft, in der nicht Vorsorge dafür getroffen
wird, dass die Einzelnen die notwendigen Überlebenskompetenzen auch erwerben. Je
entwickelter eine Gesellschaft ist, desto länger dauert die „Trainingszeit", die man dem
Einzelnen zugesteht. In der Moderne entwickelt sich daher – neben der immer schon
stattfindenden informellen Bildung – ein System von Instanzen, die ausschließlich mit
dem Aufwachsen der Kinder und Jugendlichen befasst sind. Dies ist es, was man die
„Formung des Menschen" nennen kann. So gesehen muss man aus dieser Formulierung
nicht den Tatbestand kompletter Unterdrückung herauslesen, sondern vielmehr eine
Feststellung, die – bei Lichte besehen – notwendiger Teil des Lebens ist.

Dennoch ist Skepsis trotz der Normalität dieses Vorgangs angebracht. Denn zur
Moderne, vermutlich zu jeder Gesellschaft, gehört zum Alltag ein Kampf um Macht und
Einfluss, um Hegemonie dazu. Es geht um Interessen, es geht darum, wer am meisten
von dem gesellschaftlichen Reichtum profitiert. Zu diesem Machtspiel gehört auch
ein Kampf um kulturelle Hegemonie, der ein Ringen um die Durchsetzung von Welt-
und Menschenbildern mit einschließt. Wenn es etwa gelingt, die Menschen davon zu

überzeugen, dass eine bestimmte Gruppe von Menschen (Adlige, Priester, Kapitalisten oder auch Wissenschaftler, Künstler oder Philosophen) es am besten weiß, was in der Gesellschaft zu geschehen hat, dann hat man die Macht dieser Gruppe erheblich stabilisiert. Deshalb stimmt der Slogan von Francis Bacon: Wissen ist Macht. Und deshalb ist die Geschichte des Bildungswesens auch eine Geschichte des Bildungsmonopols. Deshalb ist schließlich das Bildung- und Erziehungswesen ein heiß umkämpftes Terrain und deshalb wird der Kampf um die „richtige" Schulform so erbittert geführt: Es geht um die Köpfe und Herzen der Menschen. Bildungs- und Kulturpolitik sind also entschieden Mentalitätspolitik. Und Mentalitäten sind keineswegs bloß weiche und harmlose Machtfaktoren.

In der Bildungspolitik treffen daher generell verschiedene Machtambitionen, Weltbilder, Menschenbilder, Lebensvisionen, Weltanschauungen aufeinander. Es treffen auch Interessensgegensätze insofern aufeinander, als es um die Rolle geht, die die Subsysteme spielen: Ist Wirtschaft oder Politik der maßgebliche Bereich, aus dem die Entwicklungs- und Steuerungsimpulse kommen sollen, oder ist es die Kultur, wobei hier wieder Wissenschaften, Künste, Religionen oder Philosophie unterschieden werden müssen.

Dass totalitäre Systeme, in denen alles gemäß einer einzigen Weltanschauung gleichgeschaltet ist, nicht funktionieren, hat die Geschichte gezeigt. Bislang hat jedes System Misserfolg gehabt, das versucht hat – etwa im Sinne des Romans 1984 von George Orwell –, alles Wissen und Denken zu vereinheitlichen. Dies macht Mut. Dabei war es nicht nur der Faschismus oder der Kommunismus, die hierbei nicht den erwünschten Erfolg hatten: Seit seiner Entstehung gibt es auch eine kräftige Kritik am Kapitalismus. Dass dieser seit über 200 Jahren so stabil ist, dass er sich nicht nur nicht von selbst aufhebt, wie es sozialistische Utopisten seit Mitte des 19. Jahrhunderts immer gehofft haben, ist erwiesen. Man muss sogar feststellen, dass er trotz des nachweislichen Elends, das er über die Welt gebracht hat, trotz immer neuer Hungerkatastrophen, trotz der alltäglichen Armut auch in reichen Ländern, von der Mehrheit der Bevölkerung nicht grundsätzlich in Frage gestellt wird. Aber auch in dem elaborierten System des Kapitalismus, dessen Denkweise alle Bereiche des Lebens – von der Wirtschaft über die Politik bis hin zur persönlichen Lebensgestaltung und zur Kultur – erfasst hat, ist widerständiges Denken möglich. Die Frage heute ist daher nicht nur, welche Formen von Subjektivität und damit auch welche Möglichkeiten von Widerständigkeit und Kritik möglich sind, die Frage ist auch, welchen Beitrag die unterschiedlichen Felder der formalen, nonformalen und informellen Bildung dabei leisten.

Die vorliegende Arbeit versucht, sich diesem Fragekomplex in mehreren Schritten anzunähern: von allgemeinen Rahmenbedingungen und Entwicklungstrends über vorliegende Theorieentwürfe zur Analyse unserer Zeit bis hin zur individuellen Einübung in die Kultur über vielfältigste Lernprozesse. Dabei ist ein, zumindest implizit immer vorhandener Aspekt der Ansatz von Michel Foucault. Dieser hat zwar eine dialektische Theorie der Macht entwickelt, derzufolge jeder gleichzeitig Täter und Opfer bei Unterwerfungsprozessen ist (Stichwort Subjektivierung), doch scheint mir in der Rezeption dieses Ansatzes in Deutschland eine gewisse Form von Hoffnungslosigkeit verbreitet zu sein, dass nämlich der Einzelne sich aus den subtilen Machtmechanismen des zeitgenössischen Kapitalismus nicht mehr herauswinden kann. Immerhin wird in diesen Ansätzen die Gesellschaftlichkeit von Bildung und Erziehung und es werden die gesellschaftlichen Funktionen von Bildungseinrichtungen thematisiert. Denn es gibt zur Zeit auch – gerade im Bereich der kulturellen Bildung – einen Trend, über gesellschaftliche Zusammenhänge erst gar nicht mehr nachdenken zu wollen. Offenbar glaubt man, dass alleine die utopische Kraft der Künste ausreicht, um zur Befreiung des Menschen beizutragen. Diese Sichtweise wird hier definitiv nicht geteilt. Eigentlich dürfte auch die Geschichte längst erwiesen haben, dass eine solche Hoffnung auf die Künste wenig begründet ist: Sowohl die Künste als auch KünsterInnen aller Sparten haben sich zu jeder Zeit jedem noch so inhumanen System (mit Erfolg!) angedient.

Interessanter und herausfordernder ist daher die Auseinandersetzung mit Foucaultschen Ansätzen. Eine besondere Herausforderung steckt in dieser Zugangsweise deshalb, weil viele Topoi einer kritischen oder emanzipatorischen Pädagogik hier als Teile eines umfassenden, allerdings subtilen Unterdrückungsapparates auftauchen. So tauchen in dem im Geiste Foucaults verfassten „Glossar der Gegenwart" (Bröckling u.a. 2004; vgl. auch Boltanski 2006) u.a. die Stichworte Aktivierung, Empowerment, Erlebnis, Flexibilität, Kreativität, Nachhaltigkeit, Partizipation, Selbstverantwortung oder Zivilgesellschaft auf, die alle auch in einer sich als emanzipatorisch verstehenden (Kultur-)Pädagogik verwendet werden könnten, in dem Glossar allerdings – gegen den Strich gebürstet – nur Elemente eines Anpassungs- und Unterdrückungsapparates sind. Dies könnte durchaus eine Herausforderung sein, sich offensiv mit diesen Deutungen und vor allem: mit realen Wirkungen der Kulturarbeit auseinanderzusetzen. Dies geschieht allerdings kaum. In wichtigen Zentren, in denen eine solche Forschungs- und eine entsprechende theoretische Auseinandersetzung stattfinden könnte – wie etwa in der Universität Erlangen, aber auch an anderen Hochschulen – gibt es dagegen eine Rückkehr zu einer rein geisteswissenschaftlichen Zugangsweise, die alle gesellschaftlichen Einflüsse und Wirkungen ignoriert – ganz so als ob es die kritische Auseinandersetzung mit den „Versprechungen des Ästhetischen" (Ehrenspeck 1998) oder die Ideologiegeschichte des Kunstdiskurses (Bollenbeck 1994, Eagleton 1994, Fuchs 2011) nie gegeben hätte. Dies ist also eine wichtige Forschungsfrage der Zukunft: Die Gesellschaftlichkeit der ästhetischen Bildung wieder zu entdecken und den massiven Vorwürfen bloßer Anpassung an die jeweils vorhandene Gesellschaft nachzugehen.

In einem weiteren Schritt wären daher die unterschiedlichen Sozialisationsfelder, Bildungs- und Erziehungseinrichtungen sowie die verschiedenen Alltagspraxen darauf zu untersuchen, in welcher Weise Formen der Unterdrückung und Möglichkeiten der Emanzipation zur Anwendung kommen. Insbesondere sind die Institutionen – also die Kultur- und Bildungseinrichtungen – auf ihre expliziten und impliziten Strategien der Subjektformung zu untersuchen. So sollte es insbesondere eine wichtige Aufgabe sein, die Schule als einflussreichste Bildungseinrichtung im Rahmen eines Konzeptes kultureller Schulentwicklung auf entsprechende Wirkungen zu untersuchen. Für eine solche Untersuchung werden in dem vorliegenden Text nützliche Befunde, Analysen, Thesen und Ansätze bereitgestellt. Auch ist für eine solche Untersuchung ein historisches Vorgehen nützlich. Denn während der zweiten industriellen Revolution während des deutschen Kaiserreiches reagiert die Bildungspolitik mit einer weitreichenden Anpassung des Bildungssystems: Ein Zurückdrängen der alten Sprachen, die Einführung und Abiturberechtigung von (naturwissenschaftlich-mathematisch orientierten) Oberrealschulen, die Promotionsberechtigung von Technischen Hochschulen. Der Kaiser selbst lud zu wichtigen Schulkonferenzen Anfang der 1890er Jahre ein und war ein engagierter Vertreter einer entsprechenden Modernisierung des Schulwesens. Deutlich waren auch die Widersprüche innerhalb der Wirtschaft, genauer: zwischen dem traditionellen Bereich der Montan- und Stahlindustrie, wo es kaum einen erhöhten Qualifikationsbedarf gab, und dem neuen Feld der Chemie- und Elektroindustrie, die in größerem Umfang eine hochqualifizierte technische Intelligenz brauchte. Gleichzeitig wusste man, dass eine besser ausgebildete Bevölkerung politisch weniger leicht zu händeln war, zumal man sich einer gut organisierten Arbeiterbewegung und Sozialdemokratie gegenüber sah. Diederich Heßling, promovierter Chemiker und Unternehmer, war der gewünschte Untertan (so in dem Roman von Heinrich Mann), ebenso wie „Professor Unrat" als Altphilologe Repräsentant des zurückgedrängten altsprachlichen Gymnasiums war.

Auch heute reagiert das Bildungssystem mit den durch PISA offensichtlich gewordenen Modernisierungsdefiziten mit gravierenden Veränderungen. Die Ganztagsschule, der Bolognaprozess, die Einführung von G8, der Abschied von der Hauptschule sind geradezu revolutionäre Veränderungen im Bildungssystem. Allerdings ist die Bildungspolitik alles andere als kohärent. Dies liegt nicht nur in der Zersplitterung in 16 Länderzuständigkeiten, es liegt auch an der hohen ideologischen Überlagerung der Bildungspolitik. So werden zur Zeit zwar einerseits dynamisch technokratische und geist- und kulturfeindliche Veränderungen (so wie die oben genannten) eingeführt. Gleichzeitig gibt es aber auch starke Gegenströmungen, die für mehr Kunst und Kultur, für mehr Muße in der Schule kämpfen. Wer oder was letztendlich den „Sieg" davontragen wird, ist zur Zeit noch unklar. Es zeigen sich nämlich die entgegengesetzten Strömungen auf allen Ebenen: Auf der Makroebene der politischen Rahmenbedingungen gibt es die oben genannten Veränderungen. Auch auf der Mesoebene der einzelnen Schule als Institution haben die Schulgesetze aller Länder Veränderungen ermöglicht , etwa solche, die eine deutliche Verstärkung der Schulautonomie vorsehen. Doch verhindert an vielen Stellen die staatliche Verwaltung das, was als Grundidee in den Gesetzen durchaus formuliert ist: Schule bleibt nach wie vor einer derjenigen Bereiche, in denen die staatliche Steuerung sehr stark ausgeprägt ist. Zum Teil liegt das an der etatistischen Tradition in Deutschland, die zuviel Autonomie nicht an BürgerInnen und an untere Hierarchie-Ebenen abgeben will. Zum Teil liegt es daran, dass Erziehung und Bildung zu Recht als wichtige Machtinstrumente – eben im Hinblick auf eine hegemonieorientierte Mentalitätspolitik – gesehen werden.

Auf der Mikroebene könnte man heute schon sehr viel weiter gehen bei der Einführung eines „anderen Lernens". Doch ist nachgewiesenermaßen im internationalen Vergleich das Methodenspektrum deutscher LehrerInnen ausgesprochen klein. Man spürt zudem allerorten die jährlich durch die OECD („Education at a Glance") belegte Unterfinanzierung des Bildungswesens, was sich etwa an zu großen Klassen oder dem Fehlen von Fachlehrern zeigt. Auch scheut man die Kosten, in einer nachholenden Modernisierung im Bereich der Kindererziehung das international übliche Hochschulstudium einzuführen. Die Schule ist zudem diejenige Instanz, die die oben beschriebenen Wandlungsprozesse am deutlichsten spürt, ohne dass sie von der Politik angemessen in die Lage versetzt wird, darauf zu reagieren. So werden viele gesellschaftliche Probleme wie Zuwanderung, Integration oder Kinderarmut bei der Schule abgeladen. Gleichzeitig wird der Druck – allen Redens von Schulautonomie zum Trotz – erheblich vergrößert. Parallel zur Schule gibt es erhebliche Probleme in der Jugendpolitik und in der außerschulischen Jugendarbeit. Beide Felder sind deutlich näher aneinandergerückt. Doch muss man eine erhebliche konzeptionelle Hilflosigkeit in der Jugendpolitik feststellen, wie man mit der großen Dominanz der Schule umgehen kann. Die Suche nach einer „eigenständigen Jugendpolitik" ist zur Zeit mehr Proklamation als dass sie in ihren Konturen erkennbar wäre.

Zusätzlich zu diesen Strukturproblemen gibt es jedoch die in dieser Arbeit immer wieder angesprochene grundsätzlich Frage nach den gesellschaftlichen Funktionen und Wirkungen der verschiedenen Bildungsinstanzen. Die seinerzeit von Helmut Fend ermittelten „gesellschaftlichen Funktionen" von Schule (Legitimation, Qualifikation, Allokation/Selektion und Enkulturation) sind nach wie vor aktuell, werden aber in Teilen der Schulpädagogik immer weniger berücksichtigt. Die außerschulische Pädagogik hat sich dieser Frage weitgehend erst gar nicht angenommen.

Man sieht es: Der gesellschaftliche Wandel, vielleicht sogar: der Epochenumbruch, den wir zur Zeit erleben, bringt zumindest eine große Verunsicherung mit sich. Immerhin heißt dies, dass die Anzahl der Forschungsfragen größer wird. Zumindest für die Erziehungs- und Sozialwissenschaften ist dies eine gute Zukunftsperspektive. Die Akteure der kulturellen Bildung sollten dabei durchaus über den Tellerrand ihres eigenen Feldes schauen. Sowohl inhaltlich als auch strukturell ist etwa der Bereich der politischen Bildung vergleichbar. Wolfgang Beier (1998) hat „politisch Bildung im Epochenwechsel" untersucht und dabei die Frage des Epochenumbruchs überhaupt nicht weiter problematisiert, sondern als selbstverständlich gegeben angenommen. Er beklagt sich, dass politische Bildung von der Politik stets dann entdeckt wird, wenn Krisen so manifest werden, dass die Legitimation der politischen Ordnung darunter leiden könnten: Politische Bildung als Kriseninterventionsinstrument und als politischer Stabilisierungsfaktor (ebd., S. 8), Schlagworte des Epochenumbruchs sind bei ihm Globalisierung, Individualisierung, Pluralisierung, zudem die Herausforderungen der ökologischen Risiken, eine Bedrohung des inneren Friedens (Generationskonflikte, Interkultur), die Dominanz vorgeblicher naturwissenschaftlich-technischer Sachzwänge und die Ökonomisierung immer weiterer Felder der Gesellschaft und der Lebenswelt des Einzelnen. Offensichtlich gibt es – bei allen Unterschieden in den spezifischen Aufgaben kultureller und politischer Bildung – eine große Gemeinsamkeit im Selbstverständnis und in der Situationsanalyse. Mir schient, dass es Zeit ist, auch in der Kulturpädagogik enge „Ressortgrenzen" zu überwinden und Kooperationspartner (in Reflexion und Praxis) dort zu suchen, wo die pädagogische Aufgabenstellung und die Analyse der gesellschaftlichen Basis ähnlich gesehen werden.

Literatur

Aissen-Crewett, M: Grundriß der ästhetisch-aisthetischen Erziehung. Potsdam: Universität 1998

Amend-Söchting, A.: Ich-Kulte. Heidelberg: Winter 2001

Arendt, H.: Vita Activa - oder vom tätigen Leben. Stuttgart: Kohlhammer 1960

Arnold, K.-H./Sandfuchs, U./Wieckmann, J. (Hg.): Handbuch Unterricht. Bad Heilbrunn: Klinkhardt 2009

Bachmann-Medick, D. (Hg.): Cultural Turn. Reinbek: Rowohlt 2006

Bamford, A.:Der WOW-Faktor. Eine weltweite Analyse der Qualität künstlerischer Bildung. Münster: Waxmann 2010

Banaji, Sh./Burn, A.: The Rhetorics of Creativity: A Review of the Literature. London: ACE/cp 2006

Barck, K. u. a. (Hg.): Ästhetische Grundbegriffe. Historisches Wörterbuch in sieben Bänden. Stuttgart/Weimar: Metzler 2000

Bauer, K.-O.: Professionelles Handeln in pädagogischen Feldern. Weinheim/München: Juventa 1997

Baumgart, F. (Hg.): Entwicklungs- und Lerntheorien. Bad Heilbrunn: Klinkhardt 1998

Beckers, E.: Ästhetische Erziehung. Ein Erziehungsprinzip zwischen Tradition und Zukunft. Sankt Augustin: Richarz 1985.

Beckers, E./Hercher, J./Neuber, N. (Hg.): Schulsport auf neuen Wegen. Herausforderungen für die Sportlehrerausbildung. Butzbach-Griedel: AFRA-Verlag 2000.

Beer, W.: Politische Bildung im Epochenwechsel. Grundlagen und Perspektiven. Weinheim/München: Juventa 1998

Benner, D./Oelkers, J. (Hg.): Historisches Wörterbuch der Pädagogik. Weinheim/Basel: Beltz 2004

Berg, Chr. u. a. (Hg.): Handbuch der deutschen Bildungsgeschichte. Bde.I-VI. München: Beck 1987 ff.

Bernhard, A./Rothermel, L. (Hg.):: Handbuch Kritische Pädagogik. Weinheim/Basel: Beltz/UTB 2001.

Bildungskommission NRW: Zukunft der Bildung - Schule der Zukunft. Neuwied: Luchterhand 1995.

Blanning, T.: Das Alte Europa 1660 - 1789. Darmstadt: WBG 2006

Blanning, T.: Triumph der Musik. Von Bach bis Bono. Bertelsmann: München 2010

Bockhorst, H. (Hg.): KUNSTstück FREIHEIT. München: kopaed 2011

Bohlken, E./Thies, Ch. (Hg.): Handbuch Anthropologie. Stuttgart: Metzeler 2009

Bollenbeck, G.: Bildung und Kultur. Glanz und Elend eines deutschen Deutungsmusters. München: Insel 1994.

Bollenbeck, G.: Eine Geschichte der Kulturkritik. Von Rousseau bis Günther Anders. München: Beck 2007

Bollnow, O.F.: Mensch und Raum. Stuttgart usw.: Kohlhammer 1980

Boltanski, L. u.a.: Der neue Geist des Kapitalismus. Konstanz: UVK 2006

Bourdieu, P.: Die feinen Unterschiede. Kritik der gesellschaftlichen Urteilskraft. Frankfurt/M.: Suhrkamp 1987.

Bourdieu, P.: Praktische Vernunft. Frankfurt/M.: Suhrkamp 1998.

Bourdieu, P.: Die Regeln der Kunst. Genese und Struktur des literarischen Feldes. Frankfurt/M.: Suhrkamp 1999.

Bourget, P.: Psychologische Abhandlungen über zeitgenössische Schriftsteller. München: Bruns 1903

Braun, K.-H./Holzkamp, K. (Hg.): Subjektivität als Problem psychologischer Methodik. Frankfurt/M.: Campus 1984

Braun, T./Kelb, V. (Hg.): Mit Kunst und Kultur Schule gestalten. Remscheid 2009

Braun, T./Fuchs, M./Kelb, V.: Wege zur Kulturschule. München: kopaed 2010

Braun, T. (Hg.): Lebenskunst lernen. München: kopaed 2011

Broch, H.: Dichten und Erkennen (Hg.: H. Arendt). Zürich: Rhein-Verlag 1955

Broch, H.: Der Tod des Vergil. Frankfurt/M.: Suhrkamp 1976

Broch, H.: Die Schlafwandler. Frankfurt/M.: Suhrkamp 1978

Broch, H.: Politische Schriften (Hg.: P.M. Lützeler). Frankfurt/M.: Suhrkamp 1978

Broch, H.: Massenwahntheorie. Frankfurt/M.: Suhrkamp 1979

Bröckling, U. u.a.: Vernunft – Entwicklung – Leben. Schlüsselbegriffe der Moderne. München: Finck 2004

Bröckling, U./Krasmann, S./Lemke, Th. (Hg.): Glossar der Gegenwart. Frankfurt/M.: Suhrkamp 2004

Bröckling, U.: Das unternehmerische Selbst. Soziologie einer Subjektivierungsform. Frankfurt/M.: Suhrkamp 2007

Brunken, W./Hurrelmann, B./Peck, K.-U. (Hg.): Handbuch zur Kinder- und Jugendliteratur. Von 1800 - 1850. Stuttgart/Weimar: Metzler 1998

Brunner, O./Conze, W./Koselleck, R. (Hg.): Geschichtliche Grundbegriffe. 8 Bde. Stuttgart: Klett-Cotta 1972/2004

Buck, G.: Rückwege aus der Entfremdung. München/Paderborn: Fink/Schöningh 1984.

Buck, G.: Lernen und Erfahrung - Epagogik. Darmstadt: WBG 1989

BUND/Brot für die Welt/Evangelischer Entwicklungsdienst (Hg.): Zukunftsfähiges Deutschland in einer globalisierten Welt. Bonn: BpB 2008

Bundesvereinigung Kulturelle Jugendbildung (Hg.): Kulturarbeit und Armut. Remscheid 2000.

Bundesvereinigung Kulturelle Jugendbildung (Hg.): Lernziel Lebenskunst. Konzepte und Perspektiven. Remscheid: BKJ 1999.

Bundesvereinigung Kulturelle Jugendbildung (Hg.): Partizipation und Lebenskunst . Beteiligungsmodelle in der kulturellen Jugendbildung. Remscheid: Schriftenreihe der BKJ 2000.

Bundesvereinigung Kulturelle Jugendbildung: Kulturelle Bildung und Lebenskunst - Ergebnisse und Konsequenzen aus dem Modellprojekt "Lernziel Lebenskunst" Remscheid: BKJ 2001.

Bundeszentrale für politische Bildung: Menschenrechte. Dokumente und Deklarationen. Bonn 2004

Burckhardt, J.: Das Geschichtswerk. Frankfurt/M.: Zweitausendeins 2007

Burrow, J. W.: Die Krise der Vernunft. Europäisches Denken 1848 - 1914. München: Sequenzia 2003

Cassirer, E.: Versuch über den Menschen. Einführung in eine Philosophie der Kultur. Frankfurt/M.: Fischer 1990 (Original: 1944).

Castells, M.: Das Informationszeitalter I: Der Aufstieg der Netzwerkgesellschaft. Opladen: Leske und Budrich 2001.

Dahlmanns, C.: Die Geschichte des modernen Subjekts. Münster etc.: Waxmann 2008

Dahrendorf, R.: Gesellschaft und Demokratie in Deutschland. München: dtv 1971.

Daniel, C.: Theorien der Subjektivität. Frankfurt/M.: Campus 1981

Dawydow, W.: Die Arten der Verallgemeinerung im Unterricht. Berlin: Volk und Wissen 1977.

Delors, J.: Lernfähigkeit - Unser verborgener Reichtum. Neuwied 1997.

Demirovic, A. (Hg.): Das Subjekt - zwischen Krise und Emanzipation. Münster: Westfälisches Dampfboot 2010

Deutscher Bundestag: Bericht über die Lebenssituation junger Menschen und die Leistungen der Kinder- und Jugendhilfe in Deutschland. 13. Kinder- und Jugendbericht. Drucksache 16/12860 vom 30.04.2009 (Vorsitz: H. Keupp)

Dewey, J.: Kunst als Erfahrung. Frankfurt/M.: Suhrkamp 1980 (Orig.:1934).

Dewey, J. Demokratie und Erziehung. Weinheim/Basel: Beltz 2010 (zuerst 1916, auf deutsch 1930)

Doerry, M.: Übergangsmenschen. Tübingen: Juventa 1986

Döring, S.A.: Ästhetische Erfahrung als Erkenntnis des Ethischen. Die Kunsttheorie Robert Musils und die analytische Philosophie. Paderborn: Mentis 1999

Dreitzel, H.-P.: Das gesellschaftliche Leiden und das Leiden an der Gesellschaft. München: dtv 1972

Drehsen, V. (Hg.): Vom Weltbildwandel zur Weltanschauungsanalyse. Berlin: Akademie-Verlag 1996

Dülmen, R. v.: Die Entdeckung des Individuums (1500 - 1800). Frankfurt/M.: Fischer 1997.

Duncker, L.: Erfahrung und Methode. Langenau-Ulm: Vaas 1987

Dux, G.: Historisch-genetische Theorie der Kultur. Weilerswist: Velbrück 2005.

Eagleton, T.: Was ist Kultur? München: Beck 2001.

Ehrenberg, A.: Das erschöpfte Selbst. Depression und Gesellschaft in der Gegenwart. Frankfurt/M.: Campus 2004

Ehrenberg, A.: Das Unbehagen an der Gesellschaft. Frankfurt/M.: Suhrkamp 2011

Elberfeld, J./Otto, M. (Hg.): Das schöne Selbst. Zur Genealogie des modernen Subjekts zwischen Ethik und Ästhetik. Bielefeld: transcript 2009

Elias, N.: Über den Prozeß der Zivilisation. 2 Bde. Frankfurt/M.: Suhrkamp 1982.

Elias, N.: Studien über die Deutschen. Frankfurt/M.: Suhrkamp 1989

Engel, B.: Spürbare Bildung. Münster: Waxmann 2004

Euler, P./Pongratz, L.A. (Hg.:) Kritische Bildungstheorie. Zur Aktualität Heinz-Joachim Heydorns. Weinheim: DSV 1995

Faulstich, P./Ludwig, J. (Hg.): Expansives Lernen. Baltmannsweiler: Schneider 2004

Faulstich, W.: Die bürgerliche Mediengesellschaft (1700 - 1830). Geschichte der Medien. Bd. 4. Göttingen: Vandenhoek & Ruprecht 2002.

Faulstich, W.: Medienwandel im Industrie- und Massenzeitalter. Göttingen: V & R 2004

Fauser, P./Veith, H.: Kulturelle Bildung und ästhetisches Lernen. www.ganztaegig-lernen.org letzter Zugriff 31.01.2011

Fellschers, J.: Pädagogik der Sinne. Essen: Die Blaue Eule 1991

Fend, H.: Neue Theorie der Schule. Einführung in das Verstehen von Bildungssystemen. Wiesbaden. VS 2006a

Fend, H.: Geschichte des Bildungswesens. Der Sonderweg im europäischen Kulturraum. Wiesbaden: VS 2006b

Fend, H.: Schule gestalten. Systemsteuerung, Schulentwicklung und Unterrichtsqualität. Wiesbaden: VS Verlag 2008

Fetz, R. L. u.a. (Hg.): Geschichte und Vorgeschichte der modernen Subjektivität. 2 Bde. Berlin/New York: de Gruyter 1998

Fichtner, B.: Lernen und Lerntätigkeit. Berlin: Lehmann 2008

Fischer-Lichte, E.: Geschichte des Dramas. Tübingen/Basel: Francke 1999

Fleming, M.: Arts in education and creativity: a review of literature. London: ACE/cp 2008

Forst, R.: Kontexte der Gerechtigkeit. Politische Philosophie jenseits von Liberalismus und Kommunitarismus. Frankfurt/M.: Suhrkamp 1994.

Foucault, M.: Die Ordnung der Dinge. Frankfurt/M.: Suhrkamp 1971

Foucault, M.: Dits et Ecrits. Schriften. Vier Bände. Frankfurt/M.: Suhrkamp 2001 - 2005

Foucault, M.: Sicherheit, Territorium, Bevölkerung. Geschichte der Gouvernementalität I. Frankfurt/M.: Suhrkamp 2006a

Foucault, M.: Die Geburt der Biopolitik. Geschichte der Gouvernementalität II. Frankfurt/M.: Suhrkamp 2006b

François, E./Schulze, H. (Hg.): Deutsche Erinnerungsorte. I - III. München: Beck 2002.

Frevert, U./Haupt, H.-G. (Hg.): Der Mensch des 19. Jahrhunderts. Frankfurt/M./New York: Campus 1999.

Fried, L.: Pädagogisches Professionswissen und Schulentwicklung. Weinheim: Juventa 2002

Fröhlich, G./Rehbein, B. (Hg.): Bourdieu Handbuch. Leben - Werk - Wirkung. Stuttgart: Metzler 2009

Fromm, E.: Anatomie der menschlichen Destruktivität. Stuttgart: DVA 1973

Fromm, E.: Haben oder Sein. Die seelischen Grundlagen einer neuen Gesellschaft. München: dtv 1979.

Fromm, E.: Furcht vor der Freiheit. Frankfurt/M.: Ullstein 1987

Fromm, E.: Vom Haben zum Sein. Weinheim: Beltz 1990

Früchtl, J.: Ästhetische Erfahrung und moralisches Urteil. Frankfurt/M.: Suhrkamp 1996.

Fuchs, M.: Das Scheitern des Philanthropen Ernst Christian Trapp. Eine Untersuchung zur sozialen Genese der Erziehungswissenschaft im 18. Jh. Weinheim/Basel: Beltz 1984.

Fuchs, M.: Untersuchungen zur Genese des mathematischen und naturwissenschaftlichen Denkens. Weinheim/Basel: Beltz 1984.

Fuchs, M.: Kultur Macht Politik. Studien zur Bildung und Kultur der Moderne. Remscheid: BKJ 1998.

Fuchs, M.: Mensch und Kultur. Anthropologische Grundlagen von Kulturarbeit und Kulturpolitik. Wiesbaden: Westdeutscher Verlag 1999.

Fuchs, M.: Bildung, Kunst, Gesellschaft. Beiträge zur Theorie der kulturellen Bildung. Remscheid: BKJ 2000

Fuchs, M.: Persönlichkeit und Subjektivität. Historische und systematische Studien zu ihrer Genese. Leverkusen: Leske + Budrich 2001.

Fuchs, M.: Kulturpolitik. Wiesbaden: VS Verlag für Sozialwissenschaften 2007

Fuchs, M.: Kulturelle Bildung. Grundlagen - Praxis - Politik. München: kopaed 2008a

Fuchs, M.: Kultur macht Sinn. Wiesbaden: VS 2008b

Fuchs, M.: Leitformeln und Slogans in der Kulturpolitik. Wiesbaden: VS 2010

Fuchs, M./Braun, T.: Gestaltung des kulturellen Schulentwicklungsprozesses. Werkstattbericht 4/10. In: Braun 2011

Fuchs, M./Braun, T.: Zur Konzeption der kulturellen Schulentwicklung. Werkstattbericht 3/10. In: Braun 2011

Fuchs, M.: Kampf um Sinn - Kulturmächte der Moderne im Widerstreit. München: Herbert Utz Verlag 2011a

Fuchs, M.: Kunst als kulturelle Praxis. Eine Einführung in die Ästhetik und Kunsttheorie für die Praxis. München: kopaed 2011b

Fuchs, Th.: Was ist Erfahrung? In Hauskeller 2003, S. 69 ff.

Funk, R. (Hg.): Erich Fromm heute: Zur Aktualität seines Denkens. München: dtv 2000 (1976)

Galperin, P.J.: Zu Grundfragen der Psychologie. Köln: PRV 1980

Geertz, C.: Dichte Beschreibung. Beiträge zum Verstehen kultureller Systeme. Frankfurt/M.: Suhrkamp 1987.

Gerhardt, V.: Friedrich Nietzsche. München: Beck 1992

Gerhardt, V.: Selbstbestimmung. Das Prinzip der Individualität. Leipzig: Reclam 1999.

Gerhardt, V.: Individualität. Das Element der Welt. München: Beck 2000.

Geyer, P.: Die Entdeckung des modernen Subjekts. Tübingen: Niemeyer 1997

Giest, H./Lompscher, J.: Tätigkeitstheoretische Überlegungen zu einer neuen Lernkultur (leicht zu googeln; letzter Zugriff 15.03.2011)

Göhlich, M: System, Handeln, Lernen unterstützen. Eine Theorie der Praxis pädagogischer Institutionen. Weinheim/Basel: Beltz 2001

Göhlich, M./Wulf, Chr./Zirfas, J. (Hg.): Pädagogische Theorien des Lernens. Weinheim/ Basel: Beltz 2007

Göhlich, M./Zirfas, J.: Lernen. Ein pädagogischer Grundbegriff. Stuttgart: Kohlhammer 2007

Göppel, R.: Aufwachsen heute. Veränderungen der Kindheitsprobleme des Jugendalters. Stuttgart: Kohlhammer 2007

Habermas, J.: Strukturwandel der Öffentlichkeit. Neuwied: Luchterhand 1962.

Habermas, J.: Legitimationsprobleme im Spätkapitalismus. Frankfurt/M.: Suhrkamp 1973.

Habermas, J.: Theorie der gesellschaftlichen Kommunikation. 2 Bde. Frankfurt/M.: Suhrkamp 1981.

Habermas, J.: Der philosophische Diskurs der Moderne - 12 Vorlesungen. Frankfurt/M.: Suhrkamp 1985.

Haselbach, D.: Autoritärer Liberalismus und Soziale Marktwirtschaft. Baden-Baden: Nomos 1991

Hasse, J.: Ästhetische Bildung. Beitrag zum Symposion „Ästhetische Erfahrung" des FB 16 der Universität Dortmund 2001 (www.fb16.uni-dortmund.de/kulturwissenschaft/ symposion/hasse.pdf; letzter Zugriff 10.02.2011)

Hasted, H.: Der Wert des Einzelnen. Eine Verteidigung des Individualismus. Frankfurt/M.: Suhrkamp 1998.

Haupt, S./Würffel, St. B. (Hg.): Handbuch Fin de Siècle. Stuttgart: Körner 2008

Hauskeller, M. (Hg.): Die Kunst der Wahrnehmung. Zug: Die graue Edition 2003

Hechter, D./ Philipps, A. (Hg.): Widerstand denken. Michel Foucault und die Grenzen der Macht. Münster: transcript 2008

Herzog, R./Koselleck, R. (Hg.): Epochenschwelle und Epochenbewußtsein. München: Fink 1987.

Heydorn, H.-J.: Über den Widerspruch von Bildung und Herrschaft. Frankfurt/M.: EVA 1970

Heydorn, H.-J.: Zu einer Neufassung des Bildungsbegriffs. Frankfurt/M.: Syndikat 1972

Holzkamp, K.: Sinnliche Erkenntnis - Historischer Ursprung und gesellschaftliche Funktion der Wahrnehmung. Frankfurt/M.: 1973³.

Holzkamp, K.: Grundlegung der Psychologie. Frankfurt: Campus 1983.

Holzkamp, K.: Lernen. Subjektwissenschaftliche Grundlegung. Frankfurt/M.: Campus 1993.

Honneth, A./Saar, M. (Hg.): Michel Foucault. Zwischenbilanz einer Rezeption. Frankfurter Foucault-Konferenz 2001. Frankfurt/M.: Suhrkamp 2003

Hörning, K. H./Reuter, J. (Hg.): Doing Culture. Bielefeld: transcript 2004

Hübinger, G./Mommsen, W. J. (Hg.): Intellektuelle im Deutschen Kaiserreich. Frankfurt/M.: Fischer 1993

Hurrelmann, K. u.a. (Hg.): Handbuch Sozialisationsforschung. Weinheim: Beltz 2008

Husserl, E.: Die Krisis der europäischen Wissenschaften und die transzendentale Phänomenologie. Haag: Nijhoff 1976

Israel, J.: Der Begriff Entfremdung. Reinbek: Rowohlt 1972

Jaeger, F./Liebsch, B. (Hg.): Handbuch der Kulturwissenschaften, Bd. 1: Grundlagen und Schlüsselbegriffe. Stuttgart/Weimar: Metzler 2004.

Jäger, J./Kuckhermann, R. (Hg.): Ästhetische Praxis in der Sozialen Arbeit. Weinheim: Juventa 2004

Jaeger, M.: Fausts Kolonie. Würzburg: Königshausen & Neumann 2004

Jenks, Chr. (Ec.): Culture. Critical Concepts. 4 Vol. London: Routledge 2003

Johnston, W.M.: Der österreichische Mensch. Kulturgeschichte der Eigenart Österreichs. Wien usw.: Böhlau 2010

Kajetzke, L.: Wissen im Diskurs. Ein Theorienvergleich von Bourdieu und Foucault. Wiesbaden: VS 2008

Kersting, W./Langbehn, C. (Hg.): Kritik der Lebenskunst. Frankfurt/M.: Suhrkamp 2007

Kessl, F.: Der Gebrauch der eigenen Kräfte. Eine Gouvernementalität Sozialer Arbeit. Weinheim/München: Juventa 2005

Keupp, H. (Hg.): Riskante Chancen. Heidelberg: Asanger 1988

Keupp, H./Höfer, R. (Hg.): Identitätsarbeit heute. Klassische und aktuelle Perspektiven der Identitätsforschung. Frankfurt M.: Suhrkamp 1997.

Keupp, H. u.a.: Identitätskonstruktionen. Das Patchwork der Identitäten in der Spätmoderne. Reinbek: Rowohlt 1999.

Kierkegaard, S.: Philosophische Schriften. Frankfurt/M.: Zweitausendeins 2008

Kleimann, B.: Das ästhetische Weltverhältnis. Eine Untersuchung der grundlegenden Dimensionen des Ästhetischen. München: Fink 2002.

Klinger, M.: Hermann Broch und die Demokratie. Berlin: Duncker & Humblot 1994

Klingorsky, U.: Schöne Neue Lernkultur. Münster: transcript 2009

Kneer, G./Nassehi, A./Schroer, M. (Hg.): Soziologische Gesellschaftsbegriffe. Konzepte moderner Zeitdiagnosen. München: Fink/UTB 1997.

Koch, L.: Logik des Lernens. Weilheim: DSV 1991

Koch, L./Marotzki, W./Peukert, H. (Hg.): Pädagogik und Ästhetik. Weinheim: DSV 1994

Koch, L.: Bildung und Negativität. Weinheim: DSV 1995

Kossakowski, A. u. a.: Psychologische Grundlagen der Persönlichkeitsentwicklung im pädagogischen Prozeß. Köln: PRV 1977.

Krasmann, S.: Die Kriminalität der Gesellschaft. Zur Gouvernementalität der Gegenwart. Konstanz: UVK 2003

Krieger, W.: Wahrnehmung und ästhetische Erziehung. Bochum/Freiburg: projekt 2004

Krüger, H.-H./Grunert, C. (Hg.): Handbuch Kindheits- und Jugendforschung. Wiesbaden: VS 2010

Küpper, J./Menke, Chr. (Hg.): Dimensionen ästhetischer Erfahrung. Frankfurt/M.: Suhrkamp 2003

Lafargue, P.: Lob der Faulheit. Berlin: Vorwärts 1891

Lahire, B.: La Culture des Individues. Paris: La Découverte 2006

Langer, S. K.: Philosophie auf neuem Wege. Das Symbol im Denken, im Ritus und in der Kunst. Mittenwald: Mäander 1979.

Leonhard, S.: Leiblich lernen und lehren. Ein religionsdidaktischer Diskurs. Stuttgart: Kohlhammer 2006

Lessenich, St. (Hg.): Wohlfahrtsstaatliche Grundbegriffe. Historische und aktuelle Diskurse. Frankfurt/M.: Campus 2003.

Lippitz, W./Meyer-Drawe, K. (Hg.): Lernen und seine Horizonte. Frankfurt/M.: Scriptor 1984

Lippitz, W.: Differenz und Fremdheit. Frankfurt/M.: Lang 2003

Lüddemann, St.: Kultur. Wiesbaden: VS 2010

Luft, D. S.: Robert Musil and the Crisis of European Culture 1880 - 1942. Berkeley usw.: UCD 1980

Lukacs, G.: Die Zerstörung der Vernunft. Drei Bände. Neuwied: Luchterhand 1983/1984.

Lützeler, P. M.: Herrmann Broch, Ethik und Politik. München: Winkler 1973

Lützeler P. M. (Hg.): Hermann Broch. Frankfurt/M.: Suhrkamp 1986

Lützeler, P. M. (Hg.): Spätmoderne und Postmoderne. Beiträge zur deutschsprachigen Gegenwartsliteratur. Frankfurt/M.: Fischer 1991

Lützeler, P. M.: Bürgerkrieg global. München: Fink 2009

Maedler, J. (Hg.): TeileHabeNichtse. Chancengerechtigkeit und kulturelle Bildung. München: kopaed 2008

Mann, Th.: Gesammelte Werke, 12 Bde. Frankfurt/M.: Fischer 1960.

Marcuse, H. Der eindimensionale Mensch. Neuwied: Luchterhand 1967.

Marx, K./Engels, F.: Werke. Berlin: Dietz 1956ff.

Mattenklott, G.: Grundschule der Künste. Hohengehren: Schneider 1998

Menke, C.: Zweierlei Übung. Zum Verhältnis von sozialer Disziplinierung und ästhetischer Existenz. In: Honneth/Saar 2003

Merleau-Ponty, M.: Phänomenologie der Wahrnehmung. Berlin: de Gruyter 1966.

Metscher, Th.: Welttheater und Geschichtsprozeß. Frankfurt/M. usw.: Lang 2003

Meyer-Drawe, K.: Leiblichkeit und Sozialität. München: Fink 1984

Meyer-Drawe, K.: Illusionen von Autonomie. Diesseits von Ohnmacht und Allmacht des Ich. München: Kirchheim 1990

Meyer-Drawe, K.: Diskurse des Lernens. München: Fink 2008

Middell, E.: Literatur zweier Kaiserreiche. Deutsche und österreichische Literatur der Jahrhundertwende. Berlin: Akademie-Verlag 1993

Miebach, B.: Organisationstheorie. Wiesbaden: VS 2007

Mitgutsch, K. u.a. (Hg.): Dem Lernen auf der Spur. Stuttgart: Klett-Cotta 2008

Moebius, St./Quadflieg, D. (Hg.): Kultur. Theorien der Gegenwart. Wiesbaden: VS 2006

Moebius, St.: Kultur. Bielefeld: transcript 2009

Mollenhauer, K.: Ästhetische Grundbildung. Weinheim: Juventa 1996.

Münch, R.: Die Kultur der Moderne. 2 Bde. Frankfurt/M.: Suhrkamp 1986.

Münch, R.: Theorie des Handelns. Zur Rekonstruktion der Beiträge von Talcot Parsons, Emile Durkheim und Max Weber. Frankfurt/M.: Suhrkamp 1988.

Münch, R.: Dialektik der Kommunikationsgesellschaft. Frankfurt/M.: Suhrkamp 1991.

Münchmeier, R. u.a. (Herausgeber im Auftrag des Bundesjugendkuratoriums): Bildung und Lebenskompetenz. Kinder- und Jugendhilfe vor neuen Aufgaben. Opladen: Leske und Budrich 2002.

Münkler, H.: Die Deutschen und ihre Mythen. Berlin: Rowohlt 2009

Musil, R.: Gesammelte Werke in Einzelausgaben (Hg.: A. Frisé), "Der Mann ohne Eigenschaften" (1952), "Tagebücher, Aphorismen, Essays und Reden" (1955). Hamburg: Rowohlt

Neymeyer, B.: Psychologie als Kulturdiagnose. Musils Epochenroman "Der Mann ohne Eigenschaften". Heidelberg: Winter 2005

Nipperdey, Th.: Deutsche Geschichte 1800 - 1918. 3 Bände. München: Beck 1998

Pfister, M. (Hg.): Die Modernisierung des Ich. Passau: Rothe 1989.

Plessner, H.: Grenzen der Gemeinschaft. Eine Kritik des sozialen Radikalismus. Bonn: Cohen 1924

Plessner, H.: Zwischen Philosophie und Gesellschaft. Bern: Francke 1953.

Plessner, H.: Die Stufen des Organischen und der Mensch. Einleitung in die philosophische Anthropologie. Berlin: de Gruyter 1965.

Plessner, H.: Philosophische Anthropologie. Lachen und Weinen. Das Lächeln. Anthropologie der Sinne. Frankfurt/M.: S. Fischer 1970.

Plessner, H.: Die verspätete Nation. Frankfurt/M.: Suhrkamp 1974.

Plessner, H.: Die Frage nach der Conditio humana. Frankfurt/M.: Suhrkamp 1976.

Plessner, H.: Gesammelte Schriften, Bd. VII: Ausdruck und menschliche Natur. Frankfurt/M.: Suhrkamp 1982.

Plessner, H.: Gesammelte Schriften, Bd. VIII: Conditio humana. Frankfurt/M.: Suhrkamp 1983.

Plessner, H.: Macht und menschliche Natur. Gesammelte Schriften V. Frankfurt/M.: Suhrkamp 2003

Plöger, W.: Phänomenologie und ihre Bedeutung für die Pädagogik. München: Fink 1986

Pongratz, L.: Pädagogik im Prozess der Moderne. Studien zur Sozial- und Theoriegeschichte der Schule. Weinheim: DSV 1989.

Prange, K.: Pädagogische Erfahrung. Weinheim: DSV 1989

Prange, K.: Die Zeigestruktur der Erziehung. Schöningh: Paderborn usw. 2005

Radkau, J. (Hg.): Das Zeitalter der Nervosität. München: Hanser 1998

Rasch, W.: Die literarische Decadence 1900. München: Beck 1986

Rau, A.: Psychopolitik. Frankfurt/M.: Campus 2010

Reckwitz, A.: Die Transformation der Kulturtheorien. Zur Entwicklung eines Theorieprogramms. Weilerswist: Velbrück 2000.

Reckwitz, A.: Das hybride Subjekt. Eine Theorie der Subjektkulturen von der bürgerlichen Moderne bis zur Postmoderne. Weilerswist: Velbrück 2006.

Reckwitz, A.: Subjekt. Bielefeld: transcript 2008

Ricken, N./Rieger-Ladich, M. (Hg.): Michel Foucault: Pädagogische Lektüren. Wiesbaden: VS 2004

Riesmann, D.: Die einsame Masse. Reinbek: Rowohlt 1958.

Rihm, Th.: Schulentwicklung durch Lerngruppen. Opladen: Leske + Budrich 2003

Rihm, Th.: Teilhabe an Schule. Wiesbaden: VS 2008

Ritter, J.(Hg.): Historisches Wörterbuch der Philosophie. Basel: Schwabe 1979

Ritzer, M.: Hermann Broch und die Kulturkrise im frühen 20. Jahrhundert. Stuttgart: Metzler 1988

Röbke, Th. (Hg.): Zwanzig Jahre Neue Kulturpolitik. Erklärungen und Dokumente. Essen: Klartext 1993.

Röll, F. J.: Identitätssuche und Beziehungskulturen. In: Kulturpolitische Mitteilungen 122, III/2008, S. 56 - 58

Rötzer, M.: Hermann Broch und die Kulturkrise im frühen 20. Jahrhundert. Stuttgart: Metzler 1988

Scheunpflug, A.: Biologische Grundlagen des Lernens. Berlin: Cornelsen 2001a.

Scheunpflug, A.: Evolutionäre Didaktik. Weinheim/Basel 2001b

Schimank, U./Volkmann, U. (Hg.): Soziologische Gegenwartsdiagnose I. Leverkusen: Leske + Budrich 2000.

Schmidt, R./Woltersdorf, V. (Hg.): Symbolische Gewalt. Herrschaftsanalyse nach Pierre Bourdieu. Konstanz: UVK 2008

Schorn, B.: Prinzipien kultureller Bildung integrieren. In: "Kulturelle Bildung" Nr. 3, Doppelausgabe 2009, S. 7ff.

Schulz, G.: Die beste aller Welten. Wohin bewegt sich die Gesellschaft im 21. Jahrhundert? München/Wien: Hanser 2003

Schulz, W. K.: Kulturtheorie und Pädagogik in der Weimarer Zeit. Ausgewählte Beiträge. Königshausen & Neumann 1993

Schulz, W.: Ästhetische Bildung. Weinheim/Basel: Beltz 1997

Seel, M.: Die Kunst der Entzweiung. Zum Begriff der ästhetischen Rationalität. Frankfurt/M.: Suhrkamp 1985.

Seel, M.: Versuch über die Form des Glücks. Frankfurt/M.: Suhrkamp 1995.

Seel, M.: Ethisch-ästhetische Studien. Frankfurt/M.: Suhrkamp 1996.

Seel, M.: Ästhetik des Erscheinens. München/Wien: Hanser 2000.

Seel, M.: Phänomenologie des Lassens. Merkur, Heft 2, Februar 2002, S. 149 - 154.

Seel, N.: Psychologie des Lernens. München/Basel: Reinhardt/UTB 2000

Sefton-Green, J./Thomson, P./Bresler, L./Jones, K. (eds.): The International Handbook of Creative Learning. Milton Park: Routledge 2011

Seidel, St. u.a.: The Qualities of Quality. Understanding Excellence in Arts Education. Cambridge: Harvard (Project Zero) o.J.

Selle, G./Boehe, J.: Leben mit den schönen Dingen. Reinbek: Rowohlt 1986

Sennett, R.: Verfall und Ende des öffentlichen Lebens. Die Tyrannei der Intimität. Frankfurt/M.: Fischer 1983.

Sennett, R.: Civitas. Die Großstadt und die Kultur des Unterschiedes. Frankfurt/M.: Fischer 1991.

Sennett, R.: Fleisch und Stein. Der Körper und die Stadt in der westlichen Zivilisation. New York/London: Norton 1994.

Sennett, R.: Der flexible Mensch. Die Kultur des neuen Kapitalismus. New/York/Berlin: Berlin-Verlag 1998.

Sennett, R.: Respekt. Berlin: BTV 2002

Sennett, R.: Die Kultur des Neuen Kapitalismus. Berlin: Berlin Verlag 2005.

Sennett, R.: Handwerk. Berlin: BTV 2008

Shell Deutschland Holding (Hg.): Jugend 2010. Eine pragmatische Generation behauptet sich. Bonn: BpB 2010 (Ltg. K. Hurrelmann)

Sieferle, R.P.: Epochenwechsel. Berlin: Propyläen 1994

Silbereisen, R.K./Hasselkorn, M.(Hg.): Entwicklungspsychologie des Jugendalters. Göttingen usw.: Hogrefe 2008

Sommer, A. U. (Hg.): Nietzsche - Philosoph der Kultur(en)?. Berlin/New York: de Gruyter 2008

Spengler, O.: Der Untergang des Abendlandes. München: Beck 1923

Stegmeier, W.: Philosophie der Orientierung. Berlin/New York: de Gruyter 2008

Steinbach, Chr.: Pädagogische Psychologie. 2003.

Stern, F.: Kulturpessimismus als politische Gefahr. Eine Analyse nationaler Ideologie in Deutschland. Bern/Stuttgart/Wien: Scherz 1963.

Stiftung Entwicklung und Frieden (Hg.): Globale Trends 2010. Bonn: Eigenverlag 2010

Straub, J./Renn, J. (Hg.): Transitorische Identität. Der Prozesscharakter des modernen Selbst. Frankfurt/M./New York: Campus 2002

Sturma, D.: Philosophie der Person. Die Selbstverhältnisse von Subjektivität und Moralität. Paderborn usw.: Schöningh 1997.

Taylor, Ch.: Ein säkulares Zeitalter. Frankfurt/M.: Suhrkamp 2009

Taylor, Chr.: Das Unbehagen an der Moderne. Frankfurt/M.: Suhrkamp 1994.

Thomson, P.: Whole school change: A review of literature. London: ACE/cp 2007

Thurn, H. P.: Kulturbegründer und Weltzerstörer. Der Mensch im Zwiespalt seiner Möglichkeiten. Stuttgart: Metzler 1990.

Timmerberg, V./Schorn, B. (Hg.): Neue Wege der Anerkennung von Kompetenzen in der kulturellen Bildung. Der Kompetenznachweis Kultur in Theorie und Praxis. München: kopaed 2009

Tomasello, M.: Die kulturelle Entwicklung des menschlichen Denkens. Frankfurt/M.: Suhrkamp 2006

Tomasello, M.: Die Ursprünge der menschlichen Kommunikation. Frankfurt/M.: Suhrkamp 2010

Tourraine, A.: Critique of Modernity. Oxford/Cambridge: Blackwell 1995

Treptow, R.: Die Willensfrage an die Jugend. In: Kulturpolitische Mitteilungen 125, II/2009, S. 53 - 55

Veer, v.d.R./Salsiner, J. (Eds.): The Vygotsky Reader. Oxford: Blackwell 1994

Veith, H.: Das Selbstverständnis des modernen Menschen. Frankfurt/M.: Campus 2001

Veith, H.: Kompetenzen und Lernkulturen. Zur historischen Rekonstruktion moderner Bildungsleitsemantiken. Münster: Waxmann 2003

Wagner, B: Fürstenhof und Bürgergesellschaft Zur Entstehung, Entwicklung und Legitimation von Kulturpolitik. Bonn/Essen: Klartext 2009

Wahl, K.: Die Modernisierungsfalle. Gesellschaft, Selbstbewußtsein und Gewalt. Frankfurt/M.: Suhrkamp 1989.

Waldenfels, B.: Das leibliche Selbst. Frankfurt/M.: Suhrkamp 2000

Waldenfels, B.: Bruchlinien der Erfahrung. Frankfurt/M.: Suhrkamp 2002

Waters, M. (Ed.): Modernity. Critical Concepts. Four Volumes. London/New York: Routledge 2001

Weber, M.: Wirtschaft und Gesellschaft. Grundriß der verstehenden Soziologie. Tübingen: Mohr 1972.

Weik, E./Lang, R. (Hg.:): Moderne Organisationstheorien 1 und 2. Wiesbaden GWV 2005

Weinert, F.E. (Hg.): Psychologie des Lernens und der Instruktion. Göttingen usw.: Hogrefe 1996

Welsch, W.: Vernunft. Die zeitgenössische Vernunftkritik und das Konzept der transversalen Vernunft. Frankfurt/M.: Suhrkamp 1996.

Willis, P.: Jugend-Stile. Zur Ästhetik der gemeinsamen Kultur. Berlin: Argument 1991

Winkel, S./Petermann, F./Petermann, U.: Lernpsychologie. Schöningh/UTB: Paderborn 2006

Winkler, H. A.: Der lange Weg nach Westen. München: Beck 2002

Winkler, H. A.: Geschichte des Westens. Bde. 1 und 2. München: Beck 2009/2011

Winkler, M: Artikel "Sozialpädagogik". In Benner/Oelkers 2004, S. 903 bis 928.

Wulf, Chr. (Hg.): Vom Menschen. Handbuch Historische Anthropologie. Weinheim/Basel: Beltz 1997.

Wulf, Chr. u.a.: Lernkulturen im Umbruch. Wiesbaden: VS 2007

Wulf, Chr./Zirfas, J. (Hg.) Pädagogik des Performativen. Weinheim/Basel: Beltz 2007

Wygotski, L.S.: Denken und Sprechen. Frankfurt/M.: Fischer 1974.

Zacharias, W.: KuBi 2.0: Schöne Aussichten? Kulturpolitische Mitteilungen 123, IV/2008, S. 70 - 75

Ziehe, Th.: Ein anderer Blick auf "Bildung" und "lernen". In: Kulturpolitische Mitteilungen 121, II/2008, S. 64 – 67

Kulturelle Bildung vol.1-

Ina Bielenberg (Hrsg.)
Bildungsziel Kreativität
Kulturelles Lernen zwischen
Kunst und Wissenschaft
vol. 1, München 2006, 160 S.,
ISBN 978-3-938028-91-9 € 14,80

Hildegard Bockhorst (Hrsg.)
Kinder brauchen Spiel & Kunst
Bildungschancen von Anfang an – Ästheti-
sches Lernen in Kindertagesstätten
vol. 2, München 2006, 182 S.,
ISBN 978-3-86736-002-9 € 14,80

Viola Kelb (Hrsg.)
Kultur macht Schule
Innovative Bildungsallianzen –
Neue Lernqualitäten
vol. 3, München 2006, 216 S. + CD-ROM,
ISBN 978-3-86736-033-3 € 14,80

Jens Maedler (Hrsg.)
TeilHabeNichtse
Chancengerechtigkeit und kulturelle Bildung
vol. 4, München 2008, 216 S.,
ISBN 978-3-86736-034-0 € 14,80

Birgit Mandel (Hrsg.)
**Audience Development, Kulturmanage-
ment, Kulturelle Bildung**
Konzeptionen und Handlungsfelder
der Kulturvermittlung
vol. 5, München 2008, 205 S.,
ISBN 978-3-86736-035-7 € 16,80

Jovana Foik
Tanz zwischen Kunst und Vermittlung
Community Dance am Beispiel
des Tanzprojekts *Carmina Burana* (2006)
unter der choreografischen Leitung von
Royston Maldoom
vol. 6, München 2008, 104 S.,
ISBN 978-3-86736-036-4 € 14,80

Kim de Groote / Flavia Nebauer
Kulturelle Bildung im Alter
Eine Bestandsaufnahme kultureller Bildungs-
angebote für Ältere in Deutschland
vol. 7, München 2008, 279 S.,
ISBN 978-3-86736-037-1 € 18,80

Vanessa-Isabelle Reinwand
„Ohne Kunst wäre das Leben ärmer"
Zur biografischen Bedeutung
aktiver Theater-Erfahrung
vol. 8, München 2008, 210 S.,
ISBN 978-3-86736-038-8 € 16,80

Max Fuchs
Kultur – Teilhabe – Bildung
Reflexionen und Impulse aus 20 Jahren
vol. 9, München 2008, 424 S.,
ISBN 978-3-86736-039-5 € 22,80

Max Fuchs
Kulturelle Bildung
Grundlagen - Praxis - Politik
vol. 10, München 2008, 284 S.,
ISBN 978-3-86736-310-5 € 19,80

Wolfgang Schneider
Kulturpolitik für Kinder
Eine Studie über das Recht auf ästhetische
Erfahrung und künstlerische Praxis
in Deutschland
vol. 11, München 2010, 188 S.,
ISBN 978-3-86736-311-2 € 16,80

Burkhard Hill / Tom Biburger /
Alexander Wenzlik (Hrsg.)
Lernkultur und kulturelle Bildung
Veränderte Lernkulturen – Kooperationsauf-
trag an Schule, Jugendhilfe, Kunst und Kultur
vol. 12, München 2008, 192 S.,
ISBN 978-3-86736-312-9 € 16,80

kopaed (muenchen) www.kopaed.de

Kulturelle Bildung vol.1-

Tom Biburger / Alexander Wenzlik (Hrsg.)
**„Ich hab gar nicht gemerkt,
dass ich was lern!"**
Zur Wirkung kultureller Bildung und
veränderter Lernkultur an Schulen
vol. 13, München 2009, 301 S.,
ISBN 978-3-86736-313-6 € 18,80

Almuth Fricke / Sylvia Dow (Hrsg.)
**Cultural Participation and Creativity
in Later Life**
A European Manual
vol. 14, München 2009, 182 S.,
ISBN 978-3-86736-314-3 € 16,80

Vera Timmerberg / Brigitte Schorn (Hrsg.)
**Neue Wege der Anerkennung von Kompe-
tenzen in der Kulturellen Bildung**
Der Kompetenznachweis Kultur
in Theorie und Praxis
vol. 15, München 2009, 296 S.,
ISBN 978-3-86736-315-0 € 18,80

Norma Köhler
**Biografische Theaterarbeit zwischen
kollektiver und individueller Darstellung**
Ein theaterpädagogisches Modell
vol. 16, München 2009, 215 S.,
ISBN 978-3-86736-316-7 € 16,80

Tom Braun / Max Fuchs / Viola Kelb
Auf dem Weg zur Kulturschule
Bausteine zu Theorie und Praxis
der Kulturellen Schulentwicklung
vol. 17, München 2010, 140 S.,
ISBN 978-3-86736-317-4 € 14,80

Wolfgang Zacharias
Kulturell-ästhetische Medienbildung 2.0
Sinne. Künste. Cyber
vol. 18, München 2010, 507 S.,
ISBN 978-3-86736-318-1 € 24,80

Kim de Groote / Almuth Fricke (Hrsg.)
Kulturkompetenz 50+
Praxiswissen für die Kulturarbeit mit Älteren
vol. 19, München 2010, 156 S.,
ISBN 978-3-86736-319-8 € 16,80

Max Fuchs
Kunst als kulturelle Praxis
Kunsttheorie und Ästhetik
für Kulturpolitik und Pädagogik
vol. 20, München 2011, 202 S.,
ISBN 978-3-86736-320-4 € 18,80

Gerhard Knecht / Bernhard Lusch (Hrsg.)
Spielen Leben lernen
Bildungschancen durch Spielmobile
vol. 21, München 2011, 211 S.,
ISBN 978-3-86736-321-1 € 18,80

Hildegard Bockhorst (Hrsg.)
KUNSTstück FREIHEIT
Leben und lernen in der Kulturellen BILDUNG
vol. 22, München 2011, 260 S.,
ISBN 978-3-86736-322-8 € 18,80

Tom Braun (Hrsg.)
Lebenskunst lernen in der Schule
Mehr Chancen durch
kulturelle Schulentwicklung
vol. 23, München 2011, 333 S.,
ISBN 978-3-86736-323-5 € 19,80

Flavia Nebauer / Kim de Groote
Auf Flügeln der Kunst
Handbuch zur künstlerisch-kulturellen Praxis
mit Menschen mit Demenz
vol. 24, München 2012, 206 S.,
ISBN 978-3-86736-324-2 € 16,80

kopaed (muenchen) www.kopaed.de

**Bundesvereinigung
Kulturelle Kinder- und Jugendbildung e.V.**

Wir fördern soziale und kreative Kompetenz

Die BKJ ist der Dachverband der Kulturellen Kinder- und Jugendbildung in Deutschland. Sie vertritt die jugend-, bildungs- und kulturpolitischen Interessen von 56 bundesweit agierenden Institutionen, Fachverbänden und Landesvereinigungen der Kulturellen Kinder- und Jugendbildung. Vertreten sind die Bereiche Musik, Spiel, Theater, Tanz, Rhythmik, bildnerisches Gestalten, Literatur, Museum, Medien, Zirkus und kulturpädagogische Fortbildung. Die BKJ und ihre Mitglieder unterstützten und fördern gemeinsam Vielfalt, Qualität und Strukturen der Kulturellen Bildung.

Durch Tagungen, Seminare, Evaluationen und Fachpublikationen trägt die BKJ zur Qualifizierung und Qualitätssicherung sowie zum Transfer zwischen Praxis und Wissenschaft bei und regt den Informations- und Erfahrungsaustausch an. Mit ihren Modellprojekten liefert sie Impulse für die Praxis. Dabei agiert sie sowohl außerhalb von Schule als auch in und mit Schulen sowie in den kulturellen Freiwilligendiensten und dem internationalen Jugendkulturaustausch.

Kontakt
BKJ – Bundesvereinigung Kulturelle Kinder- und Jugendbildung e. V.
Küppelstein 34
42857 Remscheid
Fon: 02191.794 390
Fax: 02191.794 389
info@bkj.de
www.bkj.de
www.facebook.com/kulturelle.bildung